우리 모두 아픈 청춘이었다

우리 모두 아픈 청춘이었다

대하 지음

라니아케아

아픔은 언제나
길을 만든다

어쩌면 나의 인생은 1980년 가을, 우체국 창구에서 미국으로 첫 펜팔 편지를 밀어 넣던 그 순간부터 시작되었는지도 모르겠습니다. 충청북도 제천에서 연탄 먼지로 까맣게 물들어 가던 열일곱 청춘의 한 페이지. 어머니의 설득에 못 이겨 큰형의 연탄 배달 트럭 조수가 되어 무보수로 일하며 검정고시를 준비하던 시절, 미래에 대한 희망은 좀처럼 보이지 않았습니다. 곤궁함이 일상이었고, 몸은 고단했지만, 손에서 책을 놓지 않으려 애썼던 그 시간, 태평양 건너 날아온 케리(Kerri)의 편지들은 더 넓은 지평을 향한 약속처럼 느껴졌습니다. 그 사소하고 평범한 문장들이 제가 알던 것보다 훨씬 거대한 세계로 저를 이끌었습니다.

이후 제 삶은 '위대한'이라는 이름의 무게를 짊어지고 저마다의 길을 찾아 헤매는 여정과 같았습니다. 때로는 레스토랑 웨이터로, 때로는 저작권 중개 회사 과장으로, 불확실한 젊음을 뜨거운 열정으로 채웠습니다. 하지만 1980년대 한국 언론계에서 마주한 부조리―촌지와 강압적 광고 영업, 착취 구조―는 저의 청춘을 아프게 했습니다. 특히 '독서신문' 동료였던 여성 기자 YM의 비극적인 삶은 '아픈 청춘'이라는 수필집의 제목에 깊은 의미를 더했습니다. 제가 그 시절 그녀를 선택했더라면, 혹 그녀의 불행을 막을 수 있었을까 하는 후회가 지금도 때때로 저를 붙잡습니다.

그렇게 한국 사회의 여러 벽에 부딪히고 '폭스북'이라는 꿈이 좌절되면서, 저는 마침내 이국땅으로 향하는 길을 택해야 했습니다. 실패를 용납하지 않는 사회의 차가운 족쇄와 학연·지연 카르텔 속에서 저는 가족의 자유를 지키기 위해 제 숲을 떠났습니다. '잠자는 여우'가 될지언정 쇠사슬에 묶여 살아갈 수는 없었기 때문입니다.

낯선 곳에서의 삶은 다시금 '간절함'을 찾아 나서는 과정이었습니다. 자녀의 교육을 위해 애쓰는 부모의 마음, 한국 교육의 구조적 폭력과 '너무 늦었다는 거짓말'이 드리운 그림자를 목격하며, 저는 다음 세대를 위한 질문을 던지게 되었습니다. 불완전함 속에서 발견하는 삶의 아름다움, 두려움을 넘어 열정으로 삶을 채우는 용기, 그리고 여행과 만남을 통해 깨달은 관계의 본질. 이 모든 조각이 모여 저의 세계관을 형성했고, 더 나아가 인공지능이 신이 되려는 시대와 변화하는 민주주의 속에서 인간의 역할에 대한 깊은 성찰로 이어졌습니다.

이 수필집은 단지 저의 개인적인 기록이 아닙니다. 1980년대를 관통했던 수많은 청춘의 이야기, 언론계의 부조리와 맞서며 아파했던 젊은 기자들, 문경 '들풀모임'에서 불꽃처럼 타올랐던 친구들―그들 모두가 이 책의 주인공입니다. 이 글들을 통해 저는 지나온 삶의 길 위에서 마주했던 아픔과 희망, 후회와 깨달음의 발자국을 더듬어보고자 했습니다.

때로는 박제된 기록이 살아 있는 기억보다 오래갑니다. 그리고 이 기록들은 『우리 모두 아픈 청춘이었다』는 수필집의 제목처럼, 같은 시대를 살았던 이들에게는 공감과 위로를, 다음 세대에게는 과거의 아픔이 어떻게 오늘의 길을 만들었는지에 대한 작은 단서가 되기를 바랍니다. 아픔은 언제나 길을 만들며, 그 길 위에서 우리는 비로소 '우리'가 됩니다.

차례

제1부

흔적: 연탄·편지·기억
Traces: Coal · Letters · Memory ─────────────

제2부

모순: 부조리와 불꽃
Contradictions: Injustice & Flame ─────────────

제3부

경계: 떠남과 선택
Thresholds: Departure & Choice

제4부

배움: 다음 세대와 성장
Learning: The Next Generation & Growth

제5부

성찰: 연결과 시간
Reflections: Connection & Time —————————

연탄 먼지와 편지 한 장이,
청춘의 지평을 열었다

제1부

흔적:
연탄·편지·기억

Traces: Coal · Letters · Memory

연탄, 펜팔,
그리고 기억 나무

2023년 12월 23일 기록

• 42년 후의 소식

나는 갓 출간한 책 《두 세계 사이》를 아들과 함께 넘겨보고 있었다. 책의 세 번째 글 〈연탄이 펜팔과 희망을 연결하다〉에는 내가 열일곱 살에 주고받았던 미국 펜팔 친구와의 편지들이 실려 있었다.

"이 사람, 한번 찾아볼까?" 아들의 제안에 나는 사실 큰 기대를 하지 않았다. 2017년에 이 글의 초고가 된 "내 펜팔 친구"를 쓸 때도 페이스북을 뒤져봤지만 실패했기 때문이다. 결혼으로 성이 바뀌었을 테니 찾기란 거의 불가능에 가깝다고 생각했다.

그런데 아들은 신기하게도 금세 그녀를 찾아냈다. 그리고 이내 놀라 소리쳤다. "아빠, 그런데… 최근에 돌아가셨어!"

그녀가 세상을 떠난 것은 11월 27일, 그로부터 불과 2주 뒤인 이달 중순에 내 책이 세상에 나왔다. 사실 이 책은 올봄에 출간될 예정이었다. 그러나 지난 2월에 받은 암 진단과 그에 따른 치료로 모든 계획이 멈춰 섰다. 2년간의 치료가 필요하다는 진단이었지만, 책의 출간을 더 이상 미룰 수는 없었다. 만약 원래 계획대로 봄에 책이 나왔더라면, 그녀가 아직 살아 있을 때 이 이야기를 세상에 내놓을 수 있었을 것이다. 그 생각을 하니 가슴 한편이 저려왔다.

부고는 이렇게 쓰여 있었다.

"아이다호주 킴벌리에 거주하던 케리 휴즈(62세)가 2023년 11월 27일에 타계했습니다. 그녀는 1961년 11월 7일 아이다호주 보이시에서 태어났습니다. 케리는 책과 TV 프로그램을 사랑했습니다. 친구는 많지 않았지만, 한 번 인연을 맺은 이들과는 깊고 변함없는 우정을 나누었습니다. 그녀는 회계사로서 약 20년간 Truscott, Inc.에서 일했습니다. 여행을 즐기는 편은 아니었지만, 그녀의 인생에는 몇 번의 소중한 여행이 있었습니다. 그중 하나는 가장 친한 친구 캐시와 함께 떠난 루이지애나주 뉴올리언스 여행으로, 두 사람이 함께 만든 추억은 정말로 소중했습니다. 또한 케리는 당구를 즐겨 여러 리그에 참여하기도 했습니다. 케리는 1988년 2월 27일 네바다주 리노에서 로버트와 결혼했으나 이후 이혼했습니다. 아들 아론과 손녀 헤일리는 그녀의 삶의 중심이었습니다. 아버지 버질, 아들 아론, 어머니 도로시가 그녀보다 먼저 세상을 떠났습니다."

장례식이 그녀가 사망한 지 3주가 지난 12월 18일에야 치러진 것을 보니, 어쩌면 홀로 지내다 뒤늦게 발견된 것은 아닐까 하는 생각이 스쳤다. 부모님과 하나뿐인 아들마저 먼저 떠나보낸 그녀의 마지막이 얼마나 쓸쓸했을까. 그 순간, 시간은 필름을 거꾸로 감듯 나를 42년 전 그 시절로 데려갔다.

• 1979년, 연탄과 함께 시작된 청춘
1979년 여름, 중학교를 졸업하고 몇 달이 지나 서울의 한 공장에서 일을 시작했다. 봉제공장과 전압기 제조 공장을 전전하며 고졸 검정고시를 준비하던 시절이었다. 추석 명절을 고향에서 보낸 뒤, 나는 충청북도 제천시 고암리로 향했다. 그리고 1981년 1월까지, 내 청춘의 한 페이지는 그곳에서 연탄 먼지로 까맣게 물들어갔다.

당시 제천시 장락 삼거리 근처는 대형 연탄공장들의 격전지였다. 한 블록에 대여섯 개의 공장이 치열하게 경쟁하던 시절, 그중에는 둘째 외삼촌이 운영하는 삼화연탄도 있었다.

군 복무를 마친 큰형은 외삼촌 밑에서 일을 돕다가, 결혼 후 늘어난 살림을 꾸리기 위해 독립을 결심했다. 기아자동차의 2.5톤 타이탄 트럭을 월부로 구입해, 공장에서 연탄을 도매가로 떼어와 소매로 파는 사업을 시작한 것이다. 혼자서는 연탄을 싣고 내리며 판매까지 하기가 불가능했기에 조수가 필요했다. 그때 서울의 공장을 전전하며 검정고시를 준비하던 내가 어머니의 설득에 못 이겨 그 트럭의 유일한 조수가 되었다.

나의 하루는 연탄의 무게로 채워졌다. 컨베이어 벨트에서 쉴 새 없이 밀려나오는 뜨거운 22공탄을 트럭에 실을 때면, 손바닥은 먹물이 스미듯 까만 가루로 뒤덮였다. 큰형의 타이탄 트럭은 한 번에 1,200개에서 최대 1,400개의 연탄을 실을 수 있었다. 4.5톤 '복사' 트럭이 2,400장까지 싣고 지나갈 때면 부러움을 감출 수 없었다.

우리는 매일 수십에서 수백 킬로미터를 달려 시골 마을을 찾아다니며 연탄을 팔았다. 고객이 원하는 대로 서른 장, 쉰 장, 백 장씩 배달했지만, 운이 좋으면 한 집에서 트럭의 연탄을 전부 팔아치우기도 했다. 하루에 다 팔지 못하면 다음 날 남은 연탄을 팔기 위해 또 다른 동네를 헤매야 했다. 당시 도로는 대부분 비포장이어서, 덜컹거리는 트럭 위에서 수십 개의 연탄이 깨져 나가는 일도 잦았다. 깨진 연탄은 공장에 반품할 수 있었지만, 손해 일부는 고스란히 우리 몫이었다.

한 번은 평창군 미탄의 어느 마을에 배달을 갔다가 가파른 언덕길에 트럭이 오르지 못해 애를 먹었던 기억이 선명하다. 그때 머리가 좋았던 큰형이 기막힌 방법을 떠올렸다. 기어를 1단에 놓고 브레이크를 밟았다 떼며 가속 페달을 순간적으로 밟아 차를 몇 센티미터씩 앞으로 움직이게 하는 것이었다. 그러면 나는 재빨리 큰 돌을 뒷바퀴에 괴어 차가 미끄러지지 않게 막았다. 이른바 '토끼뜀'이라 불린 이 방법으로 수십 미터의 언덕길을 오르는 것은 절대 녹록지 않았다.

설상가상으로 연탄을 무사히 배달하고 돌아오는 길에는 비까지 내려, 텅 빈 트럭임에도 불구하고 끝내 언덕을 넘지 못했다. 결국 우리는 차 안에서 뜬눈으로 밤을 새우고 다음 날이 되어서야 그곳을 빠져나올 수 있었다.

좁은 다리를 건너야 했던 일도 잊을 수 없다. 다리 건너편 마을에서 연탄을 사겠다는 주문이 들어왔는데, 차로 건너기에는 다리가 너무 좁았다. 심지어 안전 난간조차 없는 평평한 시멘트 다리였다. 마을 한 가운데까지 연탄을 지고 나를 수도 없는 노릇이라, 포기하거나 다리를 건너거나 둘 중 하나를 선택해야 했다.

망설이던 큰형이 건너편까지 다리를 살펴보고 돌아와 조심스럽게 차를 다리에 올려보니, 앞바퀴 두 개가 다리 폭과 기적처럼 딱 들어맞았다. 조금이라도 핸들이 틀어지면 그대로 추락할 수 있는 아찔한 상황이었다. 트럭의 뒷바퀴는 양쪽으로 두 개씩이었는데, 안쪽 바퀴가 다리 끝에 아슬아슬하게 걸쳐 있었다. 큰형은 운전석 문을 활짝 열고 왼쪽 바퀴에만 시선을 고정한 채 다리를 건너기 시작했다. 나는 조수석 문을 열고 오른쪽 상황을 큰형에게 소리쳐 알렸다. 손에 땀을 쥐며 다리를 건너는 데 성공하자, 그것을 지켜보던 동네 사람들은 저런 큰 트럭이 다리를 건넌 것은 처음이라며 혀를 내둘렀다.

제천 시내 배달은 또 다른 고역이었다. 여관이나 식당의 가파른 계단을 오르내리며 4.5kg짜리 연탄을 한 번에 대여섯 장씩 날랐다. 너무 힘든 나머지 한 번은 들고 있던 연탄을 바닥에 내동댕이친 적도 있었다. 하지만 큰형은 화를 내는 대신, 그저 웃으며 나를 다독여 주었다.

저녁이 되면 공장 목욕탕의 세탁비누 거품은 이내 회색으로 변해 발목을 타고 흘러내렸다. 거울에 비친 내 얼굴은 늘 한 톤쯤 어두워 보였고, 집에 돌아오면 언제나 한밤중이었다. 나는 무보수로 일했지만, 내가 도운 덕분에 큰형은 매달 자동차 할부금을 내고 늘어난 식구들의 생활비를 감당하며 곗돈까지 부을 수 있었을 것이다.

몸은 고단했지만, 나는 손에서 책을 놓지 않으려 애썼다. 비록 연탄을 파는 소년이었지만, 내 미래는 늘 다른 곳을 향하고 있었기 때문이다. 당장 고등학교 졸업장을 따고 대학에 진학하는 것이 무엇보다 중요했다. 그러나 제천에 머무는 동안 학업에는 아무런 진전도 없었고, 미래에 대한 희망도 보이지 않았다. 한번은 무작정 대구의 한 검정고시 학원에 등록해, 한 달간 생활했지만, 경제적으로 너무 어렵다는 큰형의 편지를 받고 결국 학원을 그만두어야 했다.

연탄 판매 비수기인 여름에는 다른 수입원을 찾아야 했다. 한센병 환자들의 정착촌으로 알려진 원주 나자로마을에는 양계장이 많았다. 큰형은 그곳에서 더는 알을 낳지 못하는 늙은 닭을 싸게 사 와 시골 장터에 팔아보려 했지만, 그것만으로는 생계를 잇기 어려웠다. 그만큼 곤궁한 시절이었다.

• 태평양을 건너온 편지

나날이 지쳐가던 1980년 가을, 나는 한 해외 펜팔과 편지를 주고받기 시작했다. 인터넷이 없던 시절, 그것은 외국 친구를 사귈 수 있는 거의 유일한 방법이었다.

당시 주간지 광고란에는 해외 펜팔을 주선하는 광고가 심심찮게 실렸다. 나는 서울의 한 중개업체에 돈을 보내 펜팔 상대를 소개해 주는 얇은 흑백 책자를 받았다. 책자에는 국제우편 봉투 작성법부터 해외 소년·소녀들의 사진, 그리고 깨알 같은 글씨로 인쇄된 펜팔 목록까지 담겨 있었다. 나는 그중 마음에 드는 미국 소녀를 골라 중개업체에 첫 편지를 보냈다. 업체가 내 편지를 지정한 상대에게 전달하고, 만약 답장이 오면 우리는 정식으로 펜팔 친구가 되는 것이었다.

어느 날 밤늦게 집에 돌아오니, 내 앞으로 국제우편 한 통이 와 있었다. 봉투 앞면에는 "구부리지 마세요! 사진 재중! (DO NOT BEND! PHOTO ENCLOSED!)"이라고 또박또박 쓰여 있었다. 설레는 마음으로 폴라로이드 사진을 꺼내 든 순간, 나는 당혹감을 감출 수 없었다. 내가 상상했던 가녀린 소녀가 아닌, 풍채가 좋은 여성이 환하게 웃고 있었다. 당시 내 눈에는 20대처럼 보였고, 나는 누가 볼세라 재빨리 사진을 숨겼다. 사람을 외모로 판단하던, 열일곱 소년의 유치함이었다.

그녀의 이름은 케리 휴즈(Kerri Hughes), 아이다호주에 살고 있었다. 당시 2년제 커뮤니티 칼리지를 휴학하고 4년제 대학으로 편입을 준비하며 병원에서 사무원으로 일하던 중이었다. 훗날 그녀는 공인회계사가 되어 그것을 평생의 직업으로 삼았다.

케리의 편지는 1980년 10월 16일을 시작으로 1981년 4월 1일까지 총 다섯 차례 도착했다. 그녀에게서 온 편지는 일부는 온전하게 남아 있기도 하지만, 일부는 분실되어 전체 내용을 제대로 파악할 수 없다. 두 번째 편지에서 그녀는 자신을 좀 더 자세히 소개하며 내 사진을 보내 달라고 했다. 나는 흑백 증명사진을 보냈던 것으로 기억한다. 40년이 지난 지금, 그녀가 내 사진을 간직하고 있을지는 알 수 없지만, 나는 여전히 열여덟 살 케리가 보낸 폴라로이드 사진을 갖고 있다.

그녀가 들려주는 평범한 일상과 관심사를 읽으며, 나는 태평양 건너 한 소녀의 삶을 조금씩 느낄 수 있었다. 그녀가 공유한 많은 이야기는 당시의 나에게 너무나 낯설어 온전히 이해하기 어려웠고, 그만큼 미국은 아득히 먼 나라처럼 느껴졌다.

편지를 주고받으며 케리는 한국에 대한 관심이 커졌고, 내게 한국 지도와 한국어책을 보내 달라고 부탁하기도 했다. 나 또한 그녀를 통해 새로운 문화를 배우는 기쁨을 누렸다. 당시 미국 대통령으로 지미 카터가 당선되었는데, 그에 대해 어떻게 생각하느냐고 물었다. 케리의 설명에 따르면, 지미 카터는 민주당 후보일 뿐이며 경쟁 후보는 공화당의 로널드 레이건이었다. 미국의 정치 구조에 대한 그녀의 간략한 설명은, 한국의 정치 문화에 익숙했던 내게 무척 낯설었다.

그리고 내게 크리스마스는 그저 즐거운 축제였지만, 그에 대한 케리의 생각은 독특해서 당시로서는 완전히 이해할 수 없었다. 그녀에게 크리스마스는 선물을 교환하고 하루쯤 일을 쉬는 날 이상의 의미는 아니었다. 나는 그때 '메리 크리스마스'라는 연말 인사가 기독교인에게는 특별한 의미를 지닌다는 것과, 종교가 없는 사람도 많기에 미국에서는 '해피 홀리데이'라는 인사가 더 보편적으로 쓰인다는 사실을 처음 알게 되었다.

크리스마스에 눈이 내리면 "화이트 크리스마스"라며 낭만적이라고 좋아하는 내게, 케리는 지긋지긋한 눈과 아이다호의 겨울을 싫어한다고 답했다. 같은 주제를 두고 이렇게 다른 생각을 할 수 있다는 사실이 무척 놀라웠다. 1981년 2월 20일 자 편지에서는 당시 전 세계를 떠들썩하게 했던 이란의 미국 대사관 인질 사건을 언급하기도 했다. 편지로 우리는 시대를 공유하고 있었다.

1981년 1월 1일 자 편지를 받았을 때, 나는 제천에서의 마지막 나날을 보내고 있었다. 한 달 뒤, 나는 더 이상 소모적인 일을 계속할 수 없어 서울로 떠나기로 결심했다. 떠나기 전 잠시 부모님과 함께 지내기 위해 고향으로 향했다. 4월 1일 자 마지막 편지로 미루어 보아, 나는 고향을 떠나 서울로 갔고, 그녀에게 새로운 주소를 미처 알려 주지 못했던 것 같다. 서울에서의 삶은 너무나 바쁘고 고단해서 다른 것을 생각할 겨를이 없었다. 그렇게 케리와 나의 짧은 인연은 갑작스럽게 끝이 났다. 하지만 그 힘든 시기, 그녀와의 서신 교환은 내게 더 넓은 세상을 꿈꾸게 하는 소중한 버팀목이 되어 주었다.

• 기억 나무를 심으며

만약 내 책이 계획대로 2023년 3월에 출간되었더라면, 자신의 이야기가 실린 책을 받아 든 케리는 얼마나 기뻐했을까. 어쩌면 하는 작은 기대는, 산 자와 죽은 자의 만남이라는 가장 극적인 형태로 마무리되었다. 열일곱의 나에게 펜팔이 되어 주며 짧지만, 깊은 영향을 남긴 그녀의 죽음은 그래서 더욱 특별하게 다가왔다.

그녀가 세상을 떠난 11월 27일로부터 장례식이 열린 12월 18일까지의 간격이 마음에 걸렸다. 부모님과 외아들마저 먼저 보냈으니, 홀로 지내다 뒤늦게 발견되었을 가능성도 있을 것이다. 말년에 쓸쓸히 세상을 떠난 것 같아, 한때 즐겁게 미래를 꿈꾸던 소녀 시절의 친구를 위해 무엇이라도 남기고 싶어졌다. 나는 그녀를 추모하기 위해 추모 사이트에서 꽃과 함께 '기억 나무' 한 그루를 주문했다.

몇 시간 후, '기억할 나무(A Tree to Remember)'라는 곳에서 메일이 도착했다.

"케리를 기리기 위해 기억 나무를 선택해 주셔서 감사합니다. 당신의 추모 나무는 식목일재단(Arbor Day Foundation)과의 협력을 통해 전 세계에서 나무가 가장 필요한 지역에 심어질 것입니다. 이 나무는 공기 질을 개선하고 기후 변화에 대처하며, 야생동물을 보호하는 데 이 바지하게 됩니다. 케리를 향한 아름다운 기억이 되어 앞으로 수년간 희망과 위안을 전하고, 우리 지구를 건강하게 지키는 데 중요한 역할을 할 것입니다. 케리의 기억이 세대를 거쳐 우리 행성을 가꾸어 나가기를 바랍니다."

40여 년 전, 충청북도 제천에서 연탄을 팔던 열일곱 소년이 이제 미국에서 교육을 받고 여러 나라를 무대로 기업을 운영하고 있다. 돌이켜 보면, 고된 시절 태평양을 사이에 두고 케리와 나눈 편지들이 내게 더 넓은 지평을 향해 나아가도록 영감을 주었다. 편지 속 모든 문장은 더 큰 가능성을 향한 약속이었고, 내가 알던 것보다 훨씬 거대한 세계로 나를 이끄는 속삭임이었다. 제천의 소년을 먼바다 건너로 이끈 것은 거창한 사상이 아니었다. '오늘은 눈이 너무 많이 왔어.', '너희 동네 크리스마스는 어때?'와 같은, 사소하고 평범한 문장들이었다.

우리의 삶에서 진정으로 중요한 것은 '무슨 일을 했는가?'보다 그 일을 둘러싼 작고 구체적인 감각들—연탄의 까끌까끌한 질감, 회색빛 비누 거품, 편지봉투의 톱니 모양 가장자리, 날짜 도장, 그리고 편지 속 삐뚤빼뚤한 글씨—이라는 것을 이제 나는 안다. 어쩌면 내 인생의 여정은 열일곱의 가을, 우체국 창구에서 첫 편지를 밀어 넣던 그 순간부터 시작되었는지도 모른다.

그때의 잉크는 여전히 마르지 않았다. 케리를 위한 기억 나무가 자라는 동안, 우리 사이에 오갔던 편지들도 땅속 어딘가에서 계속해서 뿌리를 뻗어 갈 것이다.

이름의 여정

2017년 7월 18일 기록

이름은 단지 표식이 아니다. 역사에 메아리치고, 바람을 담고, '나'를 비춘다. 각 이름은 저마다의 이야기를 지니고, 어떤 것은 숨은 의미의 층을 품고 있다. 내게 특별한 대화를 불러온 한 개인적 일화에서 이야기를 시작해 보려 한다.

2017년 6월의 어느 맑은 날, 12년을 눌러살던 곳을 떠나 한인 타운이 가까운 곳으로 이사한 지 며칠이 지났다. 지난 1월 초에 나와 함께 스페인으로 떠났던 아들은 한 사립 고등학교에 아직 학기 중이었다. 나는 몇 개월 뒤에 아들 맥스의 뒷바라지를 아내에게 맡기고 돌아왔기에 이사 책임은 전적으로 나와 딸 루비의 몫이었다. 이번 가을 학기부터는 이 타운 근처에 있는 한 사립고등학교에 다녀야 하는 아들을 위해 정들었던 곳을 떠나 낯선 이곳으로 이사했다. 그런데 인근에 한국 타운 몇 개가 있어서 음식 주문도 가능했다. 예전에 살던 곳에 있을 때는 상상하지도 못한 좋은 점이었다.

마침내 며칠 동안의 정리를 끝내고 처음으로 인근 H-마트에서 장을 본 후, 딸과 함께 저녁 식사를 하면서 이름에 관한 이야기를 나누게 되었다. 먼저 이야기를 꺼낸 것은 루비였다.

"아빠는 자신이 세운 마을이나 나라에 이름을 짓는다면 뭐라고 하고 싶어?" 나는 주저하지 않고 대답했다. "위대한 여름." 보통은 대답하기까지 시간이 좀 걸리는 신중파인데도 이 대답은 쉽게 나왔다. 딸아이는 그게 어떤 의미인지 알고 있기에 가만히 웃었다. 내가 써 온 이름들과 역사를 어느 정도 알고 있기 때문이다.

어느 생일에, 고등학생이던 루비가 '아빠의 셀 수 없이 많은 이름'이라는 항목을 넣은 카드를 만들어 주었다. 거기에 내게 붙은 열 가지 이름을 적었다. 루비는 내 별명들과 한국어·영어 단어들, 직함들을 알고 있었지만, 내가 그 밖에도 다른 이름으로 불렸다는 사실은 모르고 있었다.

"그런데 왜 할아버지는 봄에 태어난 아빠 이름에 여름을 붙이셨을까."

실제로 나는 3월, 곧 봄에 태어났다. 그러니 '봄'을 뜻하는 '대춘'이 더 어울려 보일 수도 있다. 좀 이상하게 보일지 모르지만, 이름이 달랐다면 내 인생은 크게 달라졌을 것이라는 생각을 자주 한다. 아버지는 형제들의 이름과 내 이름에 담긴 뜻을 언젠가 설명해 준 적이 있다. 농부에게 여름은 생명을 키우는 계절이니 그 중요함을 이름에 담고 싶어 내 이름을 '대하(大夏)'로 지으셨다는 것이다. "위대한 여름. 좋은 이름이지. 성하의 계절이니까." 나는 딸에게 말했다.

딸은 여전히 내 답변에 믿음을 보내지 않는다. 내가 이름에 조금 집착한다는 것을 잘 알고 있기 때문이다. 종교도 없는 사람이 왜 이름에 대해서는 유독 이상하리만큼 이성적이지 못할까 하는 의심 말이다. 나는 내 경험 때문이라고 다음의 이야기를 해줬다.

10대 후반에 광화문 교보문고에서 종로 시장을 따라 종각 방향으로 이동하는 종로 거리에 있는 '금자탑 학원'이라는 곳에서 두어 달 검정고시를 준비했다. 바로 김두한이 본거지로 활동하던 우미관 건물로 기억한다. 나는 그곳에서 평생의 친구인 권순욱을 만났다. 학원에는 이십 대 후반에서 삼십 대 초반으로 보이는 국어 선생님이 계셨는데, 그분이 바로 이 글의 부제 '이름의 여정'에 영감을 준 주인공이다.

하루는 그가 몇몇 여학생들의 이름을 물어보면서 한마디씩 촌평을 했다. 그때마다 평을 들은 학생들의 대부분은 놀라워했다. 마침내 한 여학생의 이름을 묻더니 평소에 옆구리가 아프지 않냐고 물었다. 그 여학생의 입에서 '헉!'하는 소리가 났다. 그 사람은 한문의 뜻이나 사주팔자 등에는 의미를 두지 않고 오로지 성음(聲音), 즉 소리에만 의미를 두고 분석했다. 그 사람이 말하기를, 자기도 모르는 사이에, 즉 태어나기 전부터 갖고 있던 점 말고 중간에 자신의 몸에 주먹만 한 점이 생긴 사람이 있을 수 있는데 그것은 우주의 영혼이 깃든 것이라고 뜬금없이 얘기했다. 그러므로 큰일을 해야 할 운명이라고 했다.

그때 나는 한 기억을 떠올렸다. 중학교 2학년 되던 해 여름에 어머니가 등을 씻어 주시다가 깜짝 놀라셨다. "어머나! 여기 옆구리에 웬 큰 점이냐? 이게 언제 생겼지?" 그래서 그때 나도 처음 알았다. 내 오른쪽 옆구리에 큰 점이 갑자기 생겼다는 것을. 내 스스로는 볼 수 없는 위치다. 산골에서 사내아이들은 더우면 웃통을 훌러덩 벗고 다니고는 했으므로 평소에 어머니께서 모르셨을 리가 없었다. 그러므로 어느 날 갑자기 생긴 것임이 틀림없었다.

그의 주먹만 한 점 이야기는 그때의 기억을 되살렸고, 나는 '위대한'이라는 이름에 마음이 갔다. 그것이 큰일을 해낼 조짐처럼 느껴졌기 때문이다.

그 선생님은 우리를 오싹하게 만든 이야기도 들려주었다. 하루는 강의하다가 이상한 예감이 들어 수업을 중간에 그만두고 부리나케 차를 몰고 집으로 갔는데 이상하게 신호등이 모두 녹색으로 켜져서 한순간에, 집에 도착했다고 한다. 집 근처 깊은 도랑에서 어린 아들이 떨어진 신발을 주우려고 막 몸을 기울이려던 찰나였다고 했다. 그 사람이 말하는 것에 한층 신뢰를 실어주는 에피소드였다.

그때 이후로 두꺼운 검은 테 안경을 쓴 그 사람이 선생님이 아니라 돗자리를 깔고 앉아야 할 사람처럼 보였다. 그에 의하면 이름 끝자리의 받침이 이응 'ㅇ'으로 끝나면 인생이 고생하는 경우가 많다고 했다. 입이 닫히지 않고 열려 있어서 매듭이 잘 지어지지 않기 때문이라고 했다. 그는 소리뿐 아니라 글자 획수도 고려했다. 한글 자모는 스물네 글자(자음·모음 포함)로 이루어지며 획수가 있다. 성씨와 이름의 획수를 합산해 삶의 궤적에 미치는 영향을 살폈다.

한국에서 이름 풀이에는 보통 한자를 쓰지만, 이 선생님은 철저한 한글 주의자였다. 나도 그 점이 마음에 들었다. 중학교 때 한문은 외워야 할 게 너무 많아 악몽 같았으니까! 그의 논리는 이랬다. "사람들이 당신을 부를 때 중요한 건 글자가 아니라 소리다."

그날 이후 나는 이름에 대해 깊이 생각하기 시작했다. 그에게 내 이름에 대해 직접 물어본 적은 없었지만, 그의 이론에 따르면 내 이름은 입을 열린 채로 내뱉는 '하' 소리로 끝나 기운이 세다. 그래서 이름에 힘이 부족하다는 느낌을 받았다. 그 후 마음속으로 '대하'를 '대한'으로 바꾸었다. 결국 나는 내 이름을 '위대한'으로 정했다.

• 위대한
'위대한.' 내가 처음으로 그 이름을 실제로 쓴 건 제기동의 서양식 레스토랑 '퀸(Queen)'에서 웨이터 일을 구했을 때였다. 입대 전이었고, '퀸'은 서울 경동시장에서 동대문 방면으로 이어지는 큰 교차로에 있었다. 서양식 요리와 칵테일 바로 이름난 곳이었고, 화려한 내부가 멋쟁이 손님들을 끌어모았다.

"이름이 뭔가?"

이름처럼 낭만적이고 고독하게 생긴 이십 대 후반의 레스토랑 선임 웨이터 겸 매니저 허인하 씨가 나에게 물었다.

"위대한입니다."

허인하 씨는 내 신중한 말투와 단정한 태도를 눈여겨보았고, 다른 또래 직원들과는 다른 점을 알아차렸다. 우리는 서로를 존중했고, 그는 상사였지만 진심으로 나를 대했다. 내가 생각에 잠겨 멍하니 있을 때면 나를 방해하려는 직원들로부터 나를 보호해 주기도 했다.

어느 날, 내게 한때 짝사랑의 대상이었던 젊은 여성이 바텐더로 '퀸'

에 들어왔다. 그녀는 식당을 지배하는 듯한 품위를 지녔고, 말 그대로 '퀸'과 같은 느낌이었다. 나는 곧바로 그녀를 알아보았지만, 그녀는 예전에도 그랬듯이 나를 알아보지 못했다.

내가 충북 제천에서 큰형을 도와 연탄 판매를 하던 1년 넘는 생활을 정리하고 우리 동네의 이종 육촌 친구와 다시 상경해서 사당3동 지하의 한 작은 전자 회사에서 일했을 때였다. 그 회사는 FM 라디오와 전축을 만들었고, 주로 청계천 시장에 OEM으로 납품했다. 그곳의 사장은 서른 중반의 영리한 사람이었고, 소아마비를 앓아 휠체어를 썼지만, 인쇄회로기판(PCB)에 회로를 설계하는 뛰어난 재능을 지녔다. 직원은 네 명뿐인 작은 회사였고, 나와 내 친구는 당시에 열여덟이었다. 휠체어에 앉아 활동하는 이십 대 후반의 남자와 늘 유쾌한 20대 초반의 김경일이라는 이름을 한 남자가 있었다. 그 후 내 고향 친구는 오래 남아 실력을 키워 훗날 그 분야의 전문가로 성장했지만, 나는 몇 달 만에 나왔다.

내가 떠나기 전, 한 소녀가 들어와 PCB에 전자부품을 꽂는 일을 했다. 내가 본 그 어떤 소녀보다도 아름다웠다. 안타깝게도 그녀는 일주일 만에 회사를 그만두었다. 나는 짝사랑조차 제대로 해보지 못할 시간이었다.

몇 해가 흘러, 마치 기억 속에서 소환된 듯, 그녀가 '퀸'에 나타났다. 시간이 흐르며 성숙해진 외양 때문에 내 기억이 맞는지 잠시 의심스러 웠지만, 지하 작업실에서의 짧은 만남이 남긴 여운은 여전했다. 다시 만난 그 순간은, 잊었다고 여겼던 감정과 각자의 갈라진 길을 다시 생 각하게 했다. 나는 가끔 근무 중에 기둥에 몸을 기댄 채 그녀를 물끄 러미 쳐다보곤 했다. 흠모가 아니라 연민이었다. 어쩌다가 남들처럼 공부할 나이에 공장에서 일을 해야 했으며, 이제는 바텐더가 되어 밤 늦도록 사내들의 눈요기가 되어야 하는지 안타까워서 보내는 나의 슬픈 시선이었다.

그 무렵 내 삶은 식당에 갇혀 있었다. 영업이 끝난 후에는 손님 대기 용 긴 소파에서 잠을 청했다. 그리고 그녀는 조용히 일주일 만에 사 라졌다. 그 후 나도 뜻하지 않게 그곳을 그만두고 고향으로 내려가 입대 준비를 하며 내가 졸업했던 초등학교의 신축 공사장에서 막노 동하며 시간을 보냈다.

얼마 후, 나의 편지를 받은 허인하 씨가 편지를 보내왔다. "생각이 위 대했던 녀석, 위대한에게…!"라는 말로 시작했고, 그 짧은 인연에서 비롯된 그의 깊은 존중이 담겨 있었다. 나는 그 무렵에 아무것도 이 룬 게 없이 군대에 가야 한다는 사실에 마음이 복잡해 깊은 생각에 빠져 있을 때가 많았다. 거기에다 수수께끼처럼 홀연히 나타난 여 성에 대한 연민도 내가 또래와는 다른 진지한 모습으로 보였을 것이 다. 게다가 '위대한'이라는 이름이 주는 인상도 한몫했을 것이다. 내가 떠난 뒤 내가 본명을 편지로 알리기 전까지, 그는 그것이 내 본명이 아니란 사실을 몰랐다. 그 일은 내 본명과 정체성의 본질을 곱씹게 했다.

사당3동 지하층의 전자 회사의 김경일이 하루는 내 이름에 대해 농담을 던졌다.

"대하? 새우? 큰 새우?" 그가 호탕하게 웃었다. 그런 그에게 내가 그랬다. "위대한 여름이거든요. 큰 새우가 아니라."

그는 내가 훗날 위대해져 있을 거라고 얘기했다. 나의 이름을 기억해 둬야 할 것 같다면서 몇 번이나 혼자 중얼거렸다. 그러면서 "대하, 이름이 아주 멋져."하고 치켜세웠다. '금자탑 학원'의 그 묘한 국어 선생님을 만나지 않았다면, 아마 나는 이름 걱정 따윈 하지 않고 살았을지도 모른다. '아는 게 독'이라는 말이 있다. 더구나 '잘못 아는 것'은 진짜 독일 게다.

군 복무 중, 서울의 몇몇 친구에게 보내던 편지 끝에는 종종 '위대한으로부터'라고 마무리를 짓곤 했다. 정말, 위대해지고 싶었다. 그렇지만 정작, 무엇을 통해 위대해지고 싶었는지는 모르고 있었다. 그리고 현실은 나와 너무나 동떨어져 있었다. 막연한 열정만 가슴에 가득했다. 그래서 마음은 늘 짓눌렸고 아파졌다.

그렇게 나는 '대하(大夏)', 즉 '성하의 여름'이라는 이름을 아버지로부터 물려받았지만, 스스로 '위대한'이라는 이름을 택하고 싶어 했다. 이 짧고도 긴 여정은 단순한 이름 바꾸기가 아니었다. 그것은 이름이 가진 운명에 저항하고, 나아가 나 자신을 향한 물음과 답을 찾아가는 과정이었다. 평생을 '큰 새우'가 아닌 '위대한 여름'으로 불리고 싶었던 열망은, 단지 이름에 대한 집착이 아니라 삶의 가능성에 대한 간절한 믿음이었다. 비록 아직 현실은 막연한 열정뿐이었지만, 나는 그 이름이 언젠가 내 삶의 궤적을 바꿀 거라 믿었다. 그렇게 이름은 단순한 부호가 아닌, 나의 정체성을 이루고 미래를 향한 길을 열어주는 이정표가 되었다.

집시의 편지:
'퀸'의 허인하를 기억하다

2017년 7월 26일 기록

35년이 지난 지금도 허인하 씨를 잊지 못한다. 잘생긴 얼굴, 긴 머리, 길고 섬세한 손가락—일본 만화의 주인공 같았다. 앞서 말했듯, 그는 내가 입대 전 서울의 '퀸'이라는 레스토랑에서 일했을 때의 매니저였다. 지금도 가끔 그의 안부가 궁금하고 다시 만나고 싶다.

(앞의 글을 쓴 며칠 뒤인 7월 26일) 오늘 이 글을 쓰게 된 것은 한 우연 때문이다.

오늘 블로그에 '아버지'라는 글을 쓰며 넣을 사진을 찾다가, 컴퓨터 폴더에서 뜻밖의 스캔 이미지를 발견했다. 오래전에 스캔해 둔 것이었다. 그 이미지를 보고 나는 25년 만에 그녀와 페이스북에서 다시 연결되었다. 친구 추천 목록에 낯익은 이름 'KR'이 떠서 추가했다.

1994년 9월 14일에 KR이 파리에서 내게 보낸 국제우편 봉투였다. 편지도 스캔 되어 있었지만 흐릿해 내용을 알아보기 어려웠다. 이것을 발견하기 전까지는 이 일을 기억하지 못하고 있었다. 연세대 불문과 출신인 KR은 프랑스 파리에서 유학 중이었고, 한국에 왔을 때 몇 번 개인적으로 만난 적이 있었다. 그 우편물에는 아마도 내가 당시에 제작 기획을 맡았던 사진가 '백운철' 씨에 관한 다큐멘터리 자료가 들어 있었을 것이다. 베를린올림픽 다큐멘터리를 연출했던 프랑스 여성 감독이 제주도 '탐나목석원'의 주인이자 사진가인 백운철 씨를 중심으로 다큐멘터리를 찍고 있었고, 내가 한국 내 제작을 기획하고 있었다. 어쨌든 뜻밖의 발견이 무척 흥미롭고 기뻤다.

추억에 자극받아 지하실로 내려갔다. 이 집으로 이사 온 뒤 손대지 않았던 캐비닛에서, 오늘 처음으로 오래된 비닐봉지를 꺼냈다. 결혼 전의 편지와 사진 묶음이었다. 몇 번 대강 훑어본 적은 있어도 하나하나 들여다본 건 처음이었다. 대부분은 군 시절 친구들과 주고받은 편지였다. 나는 개인 소지품을 두 번 잃은 적이 있다. 어린 나이에 집을 떠나 살다 보니 이사를 자주 했고 잘 곳조차 없을 때도 있었다. 한 번은 80년대에 친척 집에 짐을 맡겨 두었다가, 또 한 번은 94년에 사무실 7층(KR의 봉투에 적힌 주소)에서 개인 물건을 보관하다가 통째로 잃어버렸다. 그래서 고향집에 있던 일부 편지 등만 용하게 남아 있다.

봉지를 열어 하나하나 살폈다. 그중에 허인하 씨의 편지가 있었다. 이미 잃어버렸다고 생각했지만, 봉투와 함께 멀쩡히 남아 있었다. 나는 그가 '집시의 영혼'을 지녔다고 생각하곤 했다. 편지에는 그가 자신을 집시라 칭한 표현이 반복되어 있었다.

나는 '퀸'에서 한 달 남짓, 어쩌면 그보다 더 짧게 일했다. 그곳에서 급여를 받은 기억이 없는 걸 보면 그렇다. 내가 떠날 때, 매니저에게 아무 말도 남기지 못했다. 어느 밤, 내 삶에 별 도움이 되지 않던 친구가 내가 근무하던 레스토랑으로 찾아왔다. 그런데 그날 밤, 그는 우리가 동갑이라고 털어놓았다. 게다가 알고 보니, 생일도 나보다 열흘이나 늦었다. 나는 몇 년 동안 그를 '형'이라 불렀다. 그래서 그 사실을 알았을 때 큰 충격과 배신감을 느꼈다. 그날 이후 우리는 어색한 친구가 되었다. 그가 자기 이름을 불러보라며 자꾸 졸라댔다. 나이 많은 사람을 이름으로 부르는 건 무례로 여겨진다. '형'이라 부르던 이를 '아무개야'라고 부르던 그 순간의 불쾌함을 지금도 생생히 기억한다. 느닷없이 등장해 혼란을 주던 그는 내가 매니저인 허인하 씨에게 인사 한마디 남기지 못한 채 식당을 떠나는 원인을 제공했다. 그의 강권에 다음 날 아침 나는 그와 함께 나의 고향으로 향했다.

내가 군 생활을 하던 중 서울에서 권순욱 등 친구들이 위문 방문을 했을 때, 속초 시내의 '벤허'라는 다방에서 앉아 있는 당시의 내 모습이다.

이제 허인하 씨는 예순 중반쯤 되었을 텐데, 어디서 어떻게 살고 있을지 문득문득 궁금하다. 보헤미안처럼 어디에선가 자유롭게 떠돌고 있을까? 우리는 다시 만날 수나 있을까?

• 생각이 위대했던 녀석 위대한에게...!
봉투에는 1983년 4월 21일 자 소인으로 60원짜리 우표를 붙여 보낸 허인하의 봉투다. 그 시절엔 받는 이의 주소를 앞면에, 보내는 이의 정보를 뒷면에 적었다.

아래는 허인하 씨가 내게 보낸 편지의 전문이다.

영우의 위대했던 여자 여미란 에게 ·····

위대한 여자친구 (늘 내가 했던 말 그대로) 영원과 가장을 위하
····

QUEEN 은 여전히 상영 중이야

대단하

인간은 깊어 가는 인생의 가을이 오기에 쉽게 세상을 읽지 못하는 거란다.
너마저 그런 분위기 속에 사로잡혀 빠져서 견디기
그런중에 인격이라는 무형적 무상이어 밀려오고 된다
그러므로 인하나 대한은 끊으며 투지와 인내에 의어 문제인수가 있는
길이 오다.
다른카고 어느 적막하려 길모에 들어본 있는 것 … 그것으로 무진
생명을 뿌려 한수 있어야 한다.
너도 마찬가지 이지만 인격의식서 다한거지 되어 가는 그런것이야.
그래서 육체는 각자의 모에게 묻어 오거도 변명 수 해수 마가지는 없어
서는 안된다는 것이야.
뿌리 곧은 나무는 가뭄이 아간에 쓰러지지 않으며 관상 김성희
가지를 뻗은성 처럼 치쳐있는 상창. 관성. 시간 같은것은 무료도
인성을 발휘 한수가 있는 것이다.
주 진고한 저거적 장신이 되어온다는 장신이 쉽지 않은것이어
장신이 쉽지 않은자는 하필에서도 미소는 덕을은 받고 비낭은 받고서도
웃음을 잃며 넘어지고서도 잃게 일어본수 오는 것이다.
애청아 ! 왔으다 우인 어쩌도 이민은 쉬러 구사 밑에 기다리는 시간은
나도 충분하다.
군비와 인서 커다자는 거야 (한에 조사오란 변화있는 인건이 빛은 미건것인지)
어린 된수 오다. (중과 째여 슬건는 으갈오. 박낫나가)
끝에 안에 얹어한 으음이다 마음이 무척 무상을 치갰지
그러수록 더더욱 나는 윤어외 신충 내부의 위태진은 발견 하는것에
진념 해야 돼. (함성 코이 오는 시오 다 평범한 상건 충촌한 축속인지여)
너는어 순수 청상들어 한써서 4도 개본이 있다.
비거아 하니아 (난다기는것에 어대해서는 멀 론미여 있어 일지거는 싶다)
그러고 안탄린은 첫한 화인 눈려구조수 해라
육어한 친구 (여씩이 운망하기 이른언에 내게 서군것이니아
二〇〇천 자거지나 난 그것은 쉽게 비려서는 안될 것이다

만날 이야기가 채우어서 편지로 모든던데 많아야.
들려 보기 싫으면 인지 에게 오여서는 그럼으로 궁금한 것이야
아닌 네가 눈은 같은 에 가지 언짢 라는 사람 억지 치겠다 하는
그러한 동정으로 진의해 주긴 바란다

한장 1의 보기 주기에 꽃 하면서 설명의 호흡은 비 단위에 한의구
시란우 인연은 산다간 스무장을산 짧자 청약 시의 순인 이었으니
반이다

대찬 …… !
사는 내 QUEEN 에서의 운하 달러라 운운속에서 내가 있었는때
곧은 소리에 웃으면서 는 표현 하고 정으며 눈 미소속에
산아간 언짢라는 정막 몰시에게 번 원라 익기 구였으다
상시의 인연은 방황중에서 크거도 여러 인생은 모드 어느도시의
외곽에서 순짠키 죽어가는 민리 인환한 드라마 인지도 모른다
연여란 누여기 를 안짜고 생동 生存을 역은다고 여여있다 얼여버린
고판에 대한 (그런것은 임시 서례에서만 민에의 그러면 이라 한다)
짙은 색수 에 찾다 가 운정은 미친다고 한다.
정착는 운라 구운은 오래 그리고 미양한 모양의 새란한들의 현우가
수많을 이룬다 수많은 대화를 그리 여시만 방향으로 ……
그의 인짜는 경시 여 역사 학관은 타고 흐르는 없시 선지도 모른다
데마고 구희로으로 은등 죽직임 죽례에 없 뒤에 진오관 오였원
여긴 마시며 웃키고 웃인 이해관레 속에 욱비간 700 안의 주기
라는 선착은 집관 선광 등이 뒤엉켜 산아가는 이 삶 영에서
난 제이 버려긴 원서가 되여진 것인지도 모른다.
진실라 믿음 라 우인의 긍양맞이 이여지는 길을 찾아 오르는
재회하는 그건 꿈서 많이다.
그러나 나는 가분네 시강을 해 그래서 운문 라 수두에 젖어서
하루속에 코아 입죽카던 너를 갑자기 성막 하러 왔는지도 모른다.
대찬 — 편지 2개치 — 언제간 편지하려 시도 보내우고 순임에
하기간 잔시라 안요들여 참에 깃들여 오겠구나 · adios

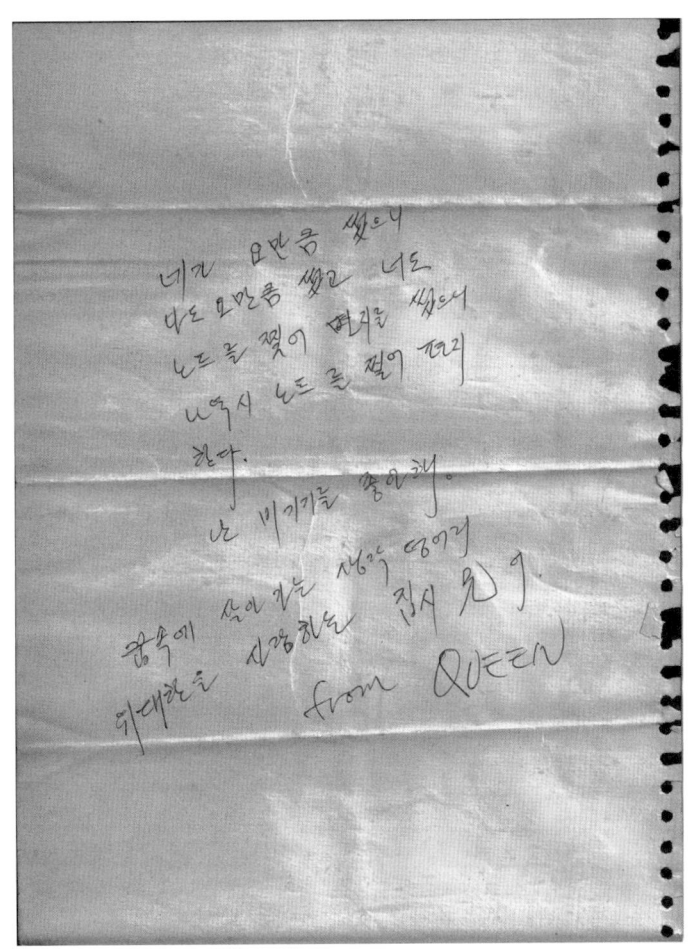

네가 오만큼 싫으니
나도 오만큼 싫고 너도
너드를 찢어 버려도 싫으니
나역시 너드를 찢어 버려
야한다.

나 비기를 좋아해.

꿈속에 살이 가는 생각을 열어서
위대한을 다같하도 전자 친구.
from QUEEN

위대한 녀석처럼(늘 네가 했던 말 그대로) 인연과 바람을 위대하게 매정히 차버리고 빈 곳에 나 혼자 있게 했던 녀석…

녀석을 생각할 때면 때묻지 않은 사고력으로서 매일매일을 고민하고 사색하면서 정립되지 않은 믿음과 울분으로 항상 눈망울에 불꽃을 튀기던, 겨우 20살 갓 넘어간 대한의 모습이 아직도 인하에게는 선하다.

QUEEN은 여전히 성업 중이다.

귀한 대한의 땀과 울분이 잠시 머물고 갔던 그 자리에는 오늘도 인하는 부르는 소리에 달려가야 하는 그런 일상을 보내고 있다.

늘 비워져 있으나 아무도 같이 하지 않은 내 마음의 방 한구석에 의지는 여전히 쭈그린 채 졸음을 쫓지 못하고 있구나.

대한아!

인간이란 다 그렇고 그런 것 같다. 별 볼 일 없는 주제에 제법 그럴싸한 입놀림으로 상대를 포용하는 그런 삶에 질질 이끌려 가는 그런 것 말이다.

내가 늘 그런 것처럼 주제를 모르는 채 별것도 아닌 주제에 너의 귀한 글을 받는다. 그런 식으로 떠났을 때는 그렇고 그런 녀석이었구나 했으며 뒤로는 한 번도 네 생각을 않던 놈에게 선물치고는 굉장히 값진 선물이었다.

대한, 건강하다니 반갑다. 노가다 전선에서 질통을 짊어지고 공사판을 오고갈 분노에 찬 네 모습이 갑자기 떠오른다. - 난 야망과 믿음에 살아간다. 서정 어린 순수한 문학에 도전하며 난 비리와 투기에 젖은 세상을 비웃고 있다.

그래서 울분에 찬 스무 살 정열이 먼지와 짐통과 힘거운 노동 속에서 불타고 있다. "오라, 세상이여. 위대한 위대한의 위대한 내일의 발상을 위해서—"라고 외쳐대며 땀 흐르는 얼굴—이글거리는 탐구의 눈, 그런 모습이 말이다.

인간은 같이해줄 인생의 기틀이 없기에 쉽게 세상을 살지 못하는 거란다. 네 녀석이 그같이 울분 속에 사는 것도 마찬가지인 거지. 그런 중에 인하라는 무능력투성이의 벌레도 있다.

그렇지만 인하나 대한은 젊었으며 투지와 인내에 있어 끈질길 수가 있는 힘이 있다. 좌초해도 어느새 정비하며 항로에 들어설 수 있는 힘—그것으로 우린 생명을 유지할 수 있어야 한다. 너도 마찬가지이지만 인하 역시도 마찬가지여야 하는 그런 것이다. 그래서 육체는 피로와 고뇌에 절어 있어도 발생 즉, 해골 바가지는 썩어서는 안 된다는 말이다.

뿌리 깊은 나무는 가뭄과 바람에 쓰러지지 않으며 항상 싱싱히 가지를 뻗는 법처럼 처해 있는 상황, 여건 같은 것은 추호도 인생을 변화시킬 수가 없는 것이야. 즉, 견고한 자기적 정립이 되어 있는 자는 정신이 썩지 않을 것이며 정신이 썩지 않은 자는 좌절에서도 미소를 띄울 줄 알고 버림을 받고서도 웃을 줄 알며 넘어지고서도 벌떡 일어설 수 있는 것이다.

대한아! 젊었다 우린. 아직도 비전을 위해 우리 앞에 기다리는 시간은 너무도 충분하다. 준비하면서 기다리는 거야(눈에는 초지일관 변함없는 전진의 빛을 띄운 채). 우린 될 수 있다(승과 패의 승산은 오십보 백보니까).

곧 군에 입대할 즈음이라 마음이 무척 뒤숭숭하겠지. 그럴수록 더더욱 너는 숨겨진 심층 내부의 위대함을 발견하는 것에 전념해야 돼(항상 깊이 있는 사고와 평범한 생활, 충분히 휴식을 하며).

네놈이 글을 정성들여 안 써서 나도 개같이 썼다. 비겨야 하니까(난 이기는 것에 대해서는 별 흥미가 없으나 지기는 싫다).

그리고 만년필은 웬만하면 돌려주도록 해라. 죽어간 친구 녀석이 운명하기 이틀 전에 내게 사준 것이니까. 2,000원짜리이나 난 그것을 쉽게 버려서는 안 될 것이다. 만년필 이야기는 해주어서도 알지도 모를 텐데 말이야. 돌려보내기 싫으면 인하에게 있어서는 그 정도로 중요한 것이니까 대신 네가 눈을 감을 때까지 인하라는 이름을 기억하겠다 하는 그러한 정심으로 간직해 주길 바란다. 항상 나의 조끼 주머니에 꽂혀져서 생명의 호흡을 내 심장에 전해주며 시한부 인생을 살다 간 스물일곱 살짜리 형석이의 분신이었으니 말이다.

대한—!

서울 아니 *QUEEN*에서의 불과 얼마간 울분 속에서 네가 있었을 때 짙은 고뇌에 절었으면서도 늘 표현하지 않았으며 늘 미소 속에 살아가던 인하라는 정적 집시에게 넌 친구가 되어 주었었다. 집시의 일생은 방황 중에서 자기도 어디인지를 모르는 어느 도시의 외곽에서 쓸쓸히 죽어가는 센티멘털한 드라마인지도 모른다.

떨어진 누더기를 걸치고 세상 온 곳을 떠돌다가 어디에선가 잃어버린 고향에 대한(그런 것을 집시 세계에서는 먼 곳에의 그리움이라 한다) 짙은 애수에 젖다가 일생을 마친다 한다. 점치는 일과 구슬픈 노래, 그리고 괴상한 모양의 애산한 음율의 현악기, 수많은 이들과 수많은 대화를, 그리고 머나먼 방랑의 길…

그래, 인하는 집시의 피가 혈관을 타고 흐르는 집시인지도 모른다. 메마르고 구획적으로 온통 조직적인 체계에선 도시에 건조한 오염된 대기를 마시며 얼키고 설킨 이해관계 속에 야비한 700만의 각기 다른 성격들을 가진 사람들이 뒤엉켜 살아가는 이 서울 땅에서 난 이미 버려진 집시가 된 것인지도 모른다.

진실과 믿음과 무언가의 끊임없이 이어지는 정을 찾아 오늘을 배회하는 그런 집시 말이다. 그러나 나는 가난을 사랑해. 그래서 울분과 우수에 젖어서 하루 속에서 깊이 생각하던 너를 갑자기 생각하고 있는지도 모른다.

대한 — 편지 고마워 — 언제건 편지하고 시도 보내주고. 군 입대하기 전 집시와 알코올의 힘에 짓눌러 보자꾸나. *Adios.*

네가 요만큼 썼으니 나도 요만큼 썼고 너도 노트를 찢어 편지를 썼으니 나 역시 노트를 찢어 편지한다. 난 비기기를 좋아해.

꿈속에서 살아가는 생각 덩어리
위대한을 사랑하는 집시 형이.

From QUEEN

• 이름의 본질과 그들이 엮는 그물

허인하 씨가 나에게 보낸 편지를 읽으면, 둘의 사연을 넘어선 감정의 지형을 지나가게 된다. 인간관계와 욕망, 열망의 복잡성이 각자가 지닌 이름만큼이나 정교하게 얽혀 있음을 보여 주는 이야기이다. 이 서사는 이름의 깊은 함의를 파고든다. 이름은 사회적 상호작용을 매개하고, 가족사의 무게를 지니며, 개인 정체성을 알 수 없는 방식으로 빚는다. 허인하 씨의 편지는 이름이 독자적 생명력을 가진다는 증언이자, 우리가 물려받는 의미와 타인에게 건네는 의미의 중요성을 강조하는 기록이다.

이름은 단순한 꼬리표가 아니다. 역사와 유대, 포부가 응축된 기호이다. 허인하 씨가 나를 다정하게 "생각이 위대했던 위대한"이라 부를 때, 그 이름에는 공유된 시간과 감정의 스펙트럼이 스민다. 그러나 편지가 두 사람의 관계를 풀어놓을수록, 이름이 진실을 가리거나 비껴가게 만들어 서로와 자신을 보는 시선을 바꿀 수도 있음이 드러난다. 어둠과 빛이 교차하는 지점에서 이름은 가장 깊은 열망을 비추거나, 가장 큰 거부감을 비출 수 있다.

이름은 개인의 이야기와 집단의 기억을 함께 짊어진다. 허인하 씨의 편지에 언급된 '퀸(QUEEN)'이라는 이름이 향수와 동지애를 불러일으키는 것처럼 말이다. 이름은 시간을 건너 사람들을 모으는 신호탄이다. '퀸'은 단지 명칭이 아니라, 허인하 씨와 나의 청춘을 관통한 포부와 시련, 아끼던 한 시대를 상징한다.

그러나 이름의 유산은 선물이자 짐이다. 누군가에게는 힘이 되지만, 또 누군가에게는 버거운 기대가 된다. 핵심 질문은 이것이다. 우리의 삶이 이름을 비추는가, 아니면 이름이 우리를 닮아가며 변모하는가. 우리는 미리 정해진 관념에 맞추어 자신을 가꾸는가, 아니면 삶의 장면들이 쌓이며 이름 자체가 성숙해지는가. 존재와 친족, 자기 탐색의 직조물은 우리가 물려받고 남기는 이름만큼 복잡다단하다.

길이 갈라진 뒤에도 허인하 씨와 나의 공통 서사는 개인적으로 뚜렷하고 보편적으로 공명하는 흔적을 남긴다. 이름 안에는 무엇이 깃들어 있는가. 대답은 삶만큼 다면적이다. 미묘함과 시, 모순, 그리고 무엇보다 인간 정신의 정수가 배어 있다. 그러니 '대한'이라는 이름에 담긴 장중한 함의든, '인하'라는 이름에 서린 시적 어조든, 이름이란 살아 있는 존재임을 인정해야 한다. 우리는 변하고, 이름도 함께 변한다. 공문서에만 새겨지는 것이 아니라, 우리가 스친 마음과 우리가 써내려간 편지 속에 새겨진다.

"꿈속에서 살아가는 생각 덩어리 위대한을 사랑하는 집시 형이"라는 허인하 씨의 이 말처럼, 이름의 참된 가치는 그 이름이 품은 삶에서 드러난다. 이름은 여정을 떠나 목적지에 이르며, 우리가 사는 이야기와 우리가 쓰는 글에 의해 끊임없이 다듬어지고 표식이 된다. 그리하여 이름은 말의 껍질을 넘어, 우리가 함께 나누는 인간성의 핵심을 건드리는 유산이 된다.

• 작가 노트: 2025년 9월

이 글을 수필집에 수록하기 위해 다시 읽으며, 나는 한동안 책 전체의 제목을 바꿀지 고민했다. "허인하" 혹은 "허인하와 위대한" - 이런 제목으로 수필집을 내면 어떨까 싶었다. 지금의 제목인 《우리 모두 아픈 청춘이었다》를 포기하고서라도, 그 이름을 표지에 새기고 싶은 충동이 있었다.

그렇게 하면, 혹시 이 책이 한국 서점에 진열되었을 때 그가 우연히 자신의 이름을 발견할 수도 있지 않을까. 신간 판매대를 지나다가, 혹은 누군가가 "책 제목에 당신 이름이 있던데요"라고 알려줄 수도 있겠지.

42년 전. 1983년 봄, 그 편지를 받은 때로부터 흐른 시간이다. 그때 스물 중후반이었을 허인하 씨는 이제 예순 후반이나 칠순에 이르렀을 것이다. 여전히 "집시의 영혼"으로 어디선가 떠돌고 있을까? 아니면 어느 도시에 정착해 평범한 일상을 살고 있을까?

결국 원래의 제목을 유지하기로 한 것은, 이 책이 단지 한 사람과의 인연에 관한 것만이 아니기 때문이다. 80년대를 관통했던 수많은 청춘의 이야기, 언론계의 부조리와 맞서며 아파했던 젊은 기자들, 문경에서 불꽃처럼 타올랐던 '들풀모임'의 친구들 - 그들 모두가 이 책의 주인공이다. 허인하 씨도 그중 한 사람이지만, 그가 전부는 아니다.

하지만 고백하자면, '집시의 편지: '퀸'의 허인하를 기억하다'이라는 장을 편집하면서 내내 그의 얼굴이 떠올랐다. 만년필 이야기가 특히 그랬다. 죽은 친구가 남긴 2,000원짜리 만년필. 그것을 돌려받고 싶어 했던 허인하 씨. 비록 만년필은 내 친구 권순욱을 통해 돌려 줬지만, 나는 그가 부탁했던 대로 '허인하'라는 이름을 평생 기억하고 있다.

제목을 그의 이름으로 하지 않았지만, 어쩌면 이것이 더 나을지도 모른다. 《우리 모두 아픈 청춘이었다》 - 이 제목 속에는 허인하 씨도, 나도, 그리고 그 시절을 함께 살았던 모든 이들이 담겨 있으니까.

혹시 이 글을 읽게 된다면, 알아주기를 바란다. 당신이 보낸 편지는 여전히 내 지하실 캐비닛에 고이 보관되어 있고, "집시 형"이라 서명했던 당신의 글씨체도, 노트를 찢어 쓴 그 편지지의 감촉도 여전히 선명하다는 것을. 그리고 무엇보다, 스무 살짜리 청년에게 '위대한'이라는 이름의 무게와 가능성을 일깨워준 것에 대해 이제야 제대로 감사의 말을 전하고 싶다는 것을.

우리는 다시 만날 수 있을까? 책 제목에 당신 이름을 넣지는 않았지만, 이 책 어딘가에서 우리의 추억을 발견하고 연락해 주기를 바라는 마음은 여전하다.

이수역:
과거의 메아리

2018년 12월 5일 기록

• 시작, 그리고 황영주

얼마 전 친척 여동생의 카카오톡 프로필을 넘기다가 뜻밖의 시 한 편
을 만났다. 「사당역에서」라는 제목의 시였다.

사당역에서/황영주

마감역은 따뜻하다

다정한 그이를 붙잡고

졸다가 놓친

정거장을 이야기하면

삶은, 비로소 웃음이 된다

처음역은 기다린다
누군들 실수가 없으랴
겉돌고 헤매다
간신히 딛고 서면
삶은, 날마다 새 걸음이다

시인 황영주는 내 어머니 친척의 큰딸이다. 훤칠한 키에 준수한 외모를 지녔던 영주 아버지는 종암우체국 뒷골목 주택가에 사셨고, 나는 그 시절 그곳을 자주 찾았다. 그토록 건강하시던 분이 백혈병으로 갑작스럽게 세상을 떠나신 것은 우리 모두에게 충격이었다.

당시 고등학생이던 영주는 하루아침에 가장이 되었다. 한 번도 직업을 가져본 적 없던 어머니와 어린 세 동생(초등학생 둘과 중학생 하나)을 책임져야 했다. 대학 진학 대신 전국사립교장협의회라는 비영리 법인에 취직해, 그곳에서 일하며 틈틈이 방송통신대학교를 졸업했다. 1995년인가 1996년, 보라매공원 안의 대한민국 공군회관에서 공군사관학교 출신 대위와 결혼식을 올렸다.

두 아이의 어머니이자 한 남자의 아내로, 그리고 직장인으로 누구보다 성실히 살아온 그녀는 한양대학교 대학원에서 한국문학 석사학위를 받은 후 시집『말을 씻는 시간』을 펴냈다. 이후 활발한 문학 활동과 함께 독서지도사로, 다문화가정 봉사자로 살아가고 있다. 한국을 떠나 있는 내가 그녀의 삶을 구체적으로 다 알지는 못하지만, 그녀가 지나온 길의 무게는 충분히 짐작할 수 있다.

그녀의 시「사당역에서」를 읽는 순간, 문득 이수역이 떠올랐다. 그리고 그곳에 얽힌 내 청춘의 조각들이 하나둘 되살아났다.

• 이수역에 새겨진 청춘
1985년 개통된 서울 지하철 4호선의 양 끝은 상계역과 사당역이었다. 이수역은 사당역 바로 다음, 정확히는 '총신대입구역'이라는 이름을 달고 있었다. 그런데 실제 총신대학교까지는 1.7km나 떨어져 있어, 왜 그런 역명이 붙었는지는 여전히 수수께끼다. 1996년 7호선이 개통되며 이곳은 환승역이 되었고, 이수교차로로 널리 알려진 위치답게 7호선은 자연스럽게 '이수역'이라 명명되었다. 나는 개인적으로 '총신대입구역'이라 부르지 않는다. 이수역은 내게 너무나 특별한 의미를 지닌 곳이기 때문이다.

이수역 근처에는 정금마을이 있었다. 작은 산기슭에 주택들이 빼곡히 들어선 동네였는데, 지금은 거대한 아파트 단지에 묻혀 옛 모습을 찾을 수 없다. 스물두 살, 한때 내가 짝사랑했던 MJ가 그곳에 살았다. 그녀는 나를 그저 친한 친구로만 여겼지만, 나는 그녀와 함께한 모든 순간을 소중히 기억한다. 안개 낀 어느 날, 그녀의 작은 발코니에 나란히 앉아 마을을 내려다보던 때가 있었다. 큰길 건너편의 서문여자고등학교, 바로 아래 경문고등학교의 지붕들과 운동장이 한눈에 들어왔다. 산 중턱에 자리한 그녀의 월세방에서 바라본 풍경은 지금도 선명하다. 이수역을 지날 때마다 정금마을의 M이 떠올랐다.

그런데 이곳에는 MJ보다 앞선 기억도 있다. 열여덟 살, 나는 송찬규라는 고향 친구와 함께 어느 주택 지하실의 작은 전자 회사에서 일했다. 카세트테이프 플레이어가 내장된 FM 라디오를 만드는 일이었는데, 하루 종일 전자회로 기판에 부품을 꽂고 납땜하는 단순 작업이었다. 정금마을 근처 사당시장에서 지금의 7호선 남성역 부근에 있던 그 회사까지는 숭실대 방향으로 20분쯤 걸었다.

어느 날, 내 또래로 보이는 한 소녀가 그곳에 취직했다. 일주일도 되지 않아 그녀는 말없이 떠났지만, 나는 심각한 사랑의 열병을 앓았다. 회사 사장은 완성된 전축을 테스트할 때마다 김정호의 「이름 모를 소녀」를 틀었고, 그 노래가 흐를 때마다 내 가슴은 더욱 아팠다. 결국 나는 그곳을 떠났지만, 짧은 시간 함께했던 그 소녀를 오래도록 잊지 못했다. 그녀는 나의 첫 번째 짝사랑이었다.

이렇게 이수역 일대는 내 청춘의 여러 층위가 겹친 곳이다. 열여덟부터 스물두 살의 짝사랑까지, 이루어지지 않은 마음들이 그곳에 머물러 있다.

• 후회

이수역을 생각할 때 가장 먼저 떠오르는 것은 애틋한 추억만이 아니다. 실제로는 아무 일도 일어나지 않았지만, 내 인생에서 가장 깊은 후회로 남은 순간이 그곳에 있다.

1994년 봄 무렵이었다. 당시 나는 역삼동 뱅뱅사거리 근처에서 신명 기획이라는 이벤트 회사를 운영하고 있었다. 약 2천 명의 유료 회원을 보유한 영화 시사회 멤버십도 함께 운영했는데, 전화 사서함 번호 '1588-FILM(3456)'을 통해 회원들에게 정보를 제공했다.

그날은 을지로 인쇄골목에서 홍보물을 받아 4호선 전철로 회사로 돌아가던 오후였다. 아마 신규 회원 모집 광고지였을 것이다. 중요하지만 그리 시급하지는 않은 인쇄물이었다.

지하철이 이촌역을 지나 한강 다리를 건널 때부터 이상한 일이 일어났다. 나란히 서 있던 한 여성에게 온 마음을 빼앗기고 있었다. 동작역을 지나 터널에 들어서자, 유리창에 우리의 모습이 투명하게 비쳤다. 우리는 서로를 뚫어지게 바라보고 있었다.

그녀가 이수역에서 내릴 준비를 하며 내게 무언의 눈빛을 보냈다. 그 순간 나는 심각한 갈등에 사로잡혔다. 지하철 짐칸에 올려둔 인쇄물이 눈에 들어왔다. 만약 그것을 두고 내린다면 다시 인쇄해야 한다는 것을 알고 있었다.

내 마음은 '그런 인쇄물 따위는 잊고 그녀를 따라 내리리라'라고 외치고 있었다. 하지만 나는 끝내 내리지 못했다. 먼저 내린 그녀는 내가 따라 내리지 않자 아쉬운 듯 뒤를 돌아보고는 총총히 계단으로 사라졌다.

돌이켜보면 과감하게 그 인쇄물을 포기해야 했다. 그때 내 몸은 뜨겁게 타올랐고, '내 영혼 같은 사람을 만났다'라는 황홀감으로 충만했다. 지금도 이해할 수 없지만, 그 순간만큼은 확신했다.

물론 그녀를 따라 내렸더라도 좋은 결과가 보장되지는 않았을 것이다. 설령 가벼운 장난이었거나 내 착각이었다 해도 상관없지 않은가. 로버트 프로스트의 「가지 않은 길」이 떠오른다. 한 번이라도 가보았더라면, 가보지 않은 길에 대한 아쉬움이 이토록 오래 남지는 않았으리라.

사당역에서 2호선으로 갈아타고 회사로 돌아가는 내내, 나는 세상에서 가장 어리석은 사람이 된 기분이었다. 그날의 선택은 깊은 후회로 남아, 이수역을 지날 때마다 그때를 떠올리게 한다.

• 마감역과 처음역

황영주는 그녀의 시에서 사당역을 "마감역"과 "처음역"이라 표현했다. 참으로 마음에 드는 표현이다.

만약 그날 이수역이 내게 "마감역"이었다면, 우리의 인생은 어떻게 달라졌을까. 그 후로도 이수역을 지날 때마다 승객들을 유심히 살펴보는 버릇이 생겼지만, 다시는 그녀를 만나지 못했다. 그것이 나를 더욱 안타깝게 한다.

황영주의 시를 읽으며 이수역과 연결된 사건들, 먼 과거에 닻을 내린 추억으로 잠시 돌아갔다. 시간과 공간을 초월하여 잊힌 순간들을 생생하게 되살리는 것, 그것이 바로 시가 지닌 깊은 힘이리라.

사랑의 발자국

2021년 4월 1일 기록

오늘 아내와 함께 동네 산책길에 나섰는데, 봄꽃의 화사한 색채가 나를 기분 좋게 했다. 집으로 이어지는 작은 언덕을 오르는데, 갑자기 먼 기억 하나가 밀려왔다. 아버지가 나를 업으시고 우리 마을인 뒷골을 방문하던 때의 기억이었다.

우리 집에서 마을을 가려면 작은 언덕을 넘어야 한다. 마침, 언덕을 넘으면서 아버지가 콧노래를 부르기 시작하셨다. 나는 아버지의 넓은 등에 한쪽 귀를 꼭 붙이고 개울가를 바라보고 있었다. 흐르는 물소리, 산에서 들려오는 새들의 지저귐, 아버지의 콧노래와 숨소리, 그리고 심장 박동 소리가 마치 오케스트라처럼 조화를 이루어 황홀하게 느껴졌다.

우리 부모님 집은 동네에서 약 500m 정도 떨어진 외딴곳에 있었다. 그래서 어렸을 때 또래들과 쉽게 어울릴 수 없어서 종종 고립감을 느끼고는 했다. 거기에다 아버지는 자식들에게 애정을 공개적으로 표현하지 않으셨다. 그러나 천성은 따뜻하게 타고나셨음에도, 전통 관습에서 비롯된 완고한 가부장적 태도 때문에 거리감을 느꼈다. 그래서 나는 아버지를 다소 엄격한 분으로 기억한다.

엄격한 성격의 아버지가 나를 업고 가셨다는 것은 그만큼 내가 어렸기 때문일 것이다. 유감스럽게도 내가 유일하게 기억하는 것은 그 언덕길일 뿐이다. 아마도 내가 더 어렸을 때 나를 더 자주 업어 주셨을지도 모른다. 아버지의 발걸음에 따라 움직이는 몸의 리듬, 콧노래, 자연의 소리에 이끌려 나는 아버지의 따뜻한 등 위에서 잠이 들었는데, 깨어났을 때는 동네 사람들과 함께 있었던 기억이 난다. 내가 아버지를 떠올릴 때마다 그 기억이 시금석이 된다: 안전한 느낌, 콧노래 선율, 나와 대화를 나눌 때 발산되던 따뜻함. 내가 너무 어렸을 때여서 우리가 나눈 말들은 기억나지 않는다.

집에 돌아와 신발장에서 아버지가 주신 구두를 꺼내어 정성스럽게 닦았다. 돌아가시기 몇 달 전에 이 구두를 나에게 물려주셨다. 내가 2004년 봄에 고향을 방문했을 때, 아버지는 때가 다가왔음을 느끼셨는지 구두를 내게 건네셨다. "아직은 신을 만한데, 내겐 더 이상 필요 없을 것 같으니 꼭 가져가라"라고 하셨다. 또한 오랫동안 아끼며 사용하셨던 낡은 전기 면도기도 물려주셨다. 그리고 나침반도 주셨는데 그것은 아버지께서 한국전쟁 때 전투 중에 사용하시던 의미 있는 물건이었다. 이 세 가지 물건이 아버지가 돌아가시기 전 내게 남기신 유형의 유산이다.

구두를 다 닦은 후, 손에서 구두의 무게를 느끼며 앉아 있자니 아버지와의 기억이 물밀듯 밀려온다. 이런 순간이 돌아가신 아버지가 가장 그리워지는 순간이지만, 아버지의 영혼이 내가 갖고 있는 유물들과 내 기억 속에 살아 있다는 것을 알기에 그나마 위안이 된다. 구두는 수선한 흔적이 있지만 밑창은 여전히 상태가 좋다. 그리고 내 발에도 딱 맞는다. 아마도 생애 마지막 몇 년 동안 아버지께서 외출하실 때마다 자주 신으셨으리라. 한국 풍습은 고인의 개인 물품은 주로 불에 태운다. 그러므로 나에게 몇 가지 물건을 물려주신 것은 아버지를 기억하라는 표시였을 것이다.

돌아가시기 몇 주 전에 내가 찾았을 때 이런저런 대화를 나누다 아버지는 끝내 눈물을 보이셨다. 아버지의 손을 잡았지만, 어떠한 위로의 말도 나오지 않아 나는 그저 아버지의 여윈 손을 조용히 잡고만 있었다.

"내가 이렇게 죽는구나. 나는 죽고 싶지 않잖니?"

아버지는 가느다란 소리를 내며 우셨다. 그런 아버지의 모습은 내가 처음 경험하는 일이었다. 정신적으로나 육체적으로 언제나 강하셨던 아버지는 인생의 마지막 문턱에서 그처럼 약해지셨다. 새하얀 머리카락은 정돈되지 않고 헝클어져 있었으며 나의 손에 잡힌 아버지의 손은 가늘게 떨리고 있었다.

나는 그때 먼저 돌아가신 어머니가 떠올랐다. 1998년 겨울에 예순넷의 나이에 어머니가 돌아가신 사건은 내가 이 세상에서 맞이했던 가장 비통한 순간이었다. 그 이후에 나는 이상하게도 타인의 죽음과 내 어머니의 죽음을 비교하게 되었다. 아무리 유명한 사람이나 인기인이 죽었다고 해도 그것은 내 어머니의 죽음과 비교할 수도 없는 가벼운 것이었다. 그만큼 나는 큰 상처를 입었고 감히 그보다 더 아픈 사건은 없을 것 같았다. 그래서 머지않은 미래에 아버지가 이 세상을 떠나게 되더라도 그것은 어머니의 죽음에 비하면 큰일이 아닐 거라는 생각이 들었다. 어쩌면 세상의 죽음에 대해서 초연해졌다고 할 수 있다. 그래서인지 아버지가 죽음의 두려움으로 우실 때 나는 눈물이 나지 않았다.

부모와 자식 간의 '인연'은 운명처럼 깊이 얽어져 있다. 석가모니는 "존재하는 모든 것은 인연으로 태어나고 인연으로 사라진다"라고 했는데, 나는 그때까지도 어머니와의 인연을 놓지 못하고 아파하고 있었다. 불교 사상으로부터 깊은 영향을 받은 우리에게 인연이라는 말은 특별한 감정이 들어 있다. 그래서인지 40대 중반에, 불가에 귀의했던 우리 형제 중 맏이인 누나는 해정이라는 법명의 스님인데, 어머니가 1998년 늦은 봄에 병을 얻게 되자 시골로 낙향해서 '인연암'을 세웠다. 그해 어머니가 돌아가신 후, 해정 스님은 홀로 남으신 아버지를 돌보기 위해 고향에 계속 머물렀다. 2004년 여름에 아버지가 끝내 돌아가신 후, 해정 스님은 충청북도의 깊은 산속 마을로 '인연암'을 옮겨 부모님과 주변 사람들의 극락왕생을 위해 기도했다.

"내가 꿈꿨잖니. 야! 멋진 소나무더라. 모래밭 가에 두 그루의 소나무가 서 있는데 하늘 높이 쭉 뻗어 있더라. 야! 얼마나 멋있던지."

해정 스님이 아버지가 돌아가시기 며칠 전에 남기신 말씀이라며 우리에게 전한 말이다. 우리 고향집에 제법 큰 밭인 '고랑밭'이 있는데 우리의 대식구를 먹여 살린 터전 중 한 곳이다. 고랑밭에는 모래흙이 유달리 많이 있는 부분이 있어서 우리는 통칭 '모래밭께'라 부르는 곳이 있었다. 그 근처의 둑에는 아주 커다란 아름드리 소나무 한 그루가 있었다. 비록 하늘 높이 쭉 뻗은 형태는 아니었지만 커다란 소나무였다. 아버지가 꿈에서 보신 소나무가 바로 그 위치였다. 우리 고향집은 소나무로 가득 들어찬 운봉산 기슭에 있는데 아버지가 꿈에서 만난 나무도 소나무였다는데, 당신의 딸에게 그 이야기를 하실 때 매우 감탄

하셨다고 한다.

아버지를 기분 좋게 한 그 꿈은 어쩌면 당신의 자손 중 소나무처럼 가문을 빛낼 후손을 상징하지 않았나 싶다. 아버지께서 마지막으로 꾸신 그 꿈을 통해 당신이 이 세상에 남기신 후손들이 소나무처럼 청청하게 세상을 살아가기를 바라셨을 것이다. 나는 내 자식들도 그런 소나무처럼 하늘을 향해 곧게 뻗고 사철 지지 않는 푸른 삶을 살기를 바랐다. 교육을 열심히 제대로 해서 우리 가문에서 빛나는 소나무를 길러야겠다는 다짐을 그때도 했다.

그러나 한편으로는 당신의 부모님을 상징했을지도 모른다. 마침내 먼저 세상을 떠난 부모님을 만날 수 있으리라는 영적인 암시였을지도 모른다. 내가 알기로는 아버지는 외동아들로 형제가 없으셨다. 벽촌리에 아버지의 본가가 있었는데, 하루는 할아버지께서 강릉 제비골에 가셨다가 도중에 객사하셨다. 당시에 가장 큰집에서 부잣집 도련님으로 살았다는데 한 번도 땅에 발을 디디지 않았을 정도로 유복했다지만, 결국 십 대 소년은 홀로 세상을 살아가게 되었다. 아마도 평생 살면서 아버지는 부모님과 함께 사셨던 그 시절을 그리워하셨을지도 모르며, 마지막에 부모님의 혼이 소나무로 환생하여 아버지에게 메시지를 전달한 것은 아닐까 하는 생각이 든다.

나는 아버지마저 세상을 떠나시자, 2005년에 미국으로 이민 길을 떠낳다. 그때 아버지가 내게 남겨 주신 이 구두 한 켤레와 전기 면도기, 나침반을 가지고 갔다. 그리고 구두는 우리 식구들의 다른 신발들과 함께 뒤섞여 있었다. 이민 생활에 지쳐서 처음에는 의식하지 않았는데, 어느 정도 생활이 안정된 후부터는 마음에 걸렸다. 유리 박스를 하나 구해서 그 안에다 보관해야 하지 않겠냐는 생각이 들었다. 그렇지만 행동으로 옮기지 못한 채 세월만 보냈다. 만일 내 자식의 문제였다면 나는 즉각 행동에 옮겼을 가능성이 높다. 반면에 부모님의 일이니 '내리사랑'이라는 것을 깨달았다. 나는 미국에 와서 주로 월셋집에서 살았으므로 이사를 몇 번이나 했다. 그때마다 혹시나 이사 과정에서 구두가 분실되지는 않을까 하는 불안감이 있었지만, 그렇다고 특별히 보관하지 않았다. 그만큼 나는 성의가 없었다. 가끔 구두약을 바르기는 했지만, 언제나 다른 신발과 뒤섞여 있었다.

조금 전에 신발장에서 꺼내 구두약을 바르고 가스불에 녹여서 반짝이게 광을 냈다. 그리고 서재에 소중하게 올려두었다. 구두를 볼 때마다 나를 등에 업고 작은 고갯길을 건너시며 흥얼거리시던 아버지의 콧노래를 떠올릴 것 같다. 그 길은 내게 영원히 사랑의 발자국으로 남아 있을 것이다.

우리는 아픈 청춘이었고,
그래서 더 뜨거웠다

제2부

모순:
부조리와 불꽃

Contradictions: Injustice & Flame

우리 모두
아픈 청춘이었다

2019년 10월 18일 기록

- 촌지

1986년, 나는 서울의 한 기업에 관한 심층 기사를 막 끝낸 참이었다. 적잖은 공을 들인 기사였다. 며칠 뒤, 인쇄된 신문 몇 부를 들고 그 회사를 다시 찾았다. 접견실에서 기다리는 동안, 나를 대하는 그들의 태도가 이전 취재 때와는 눈에 띄게 달라졌음을 느꼈다. 깍듯한 예우. 내겐 낯선 환대였다.

1980년대 한국에서 기자가 제대로 된 대접을 받으려면 소위 '중앙 메이저' 언론사 소속이어야 했다. 서울의 6개 종합일간지, 2개의 경제일간지, 그리고 두 방송사가 언론 권력의 심장부를 이루던 시절이었다.

내가 몸담은 곳도 '일간지'이긴 했으나, 대중에겐 이름조차 생소한 삼류 신문이었다. 존재감을 드러내기 위해 산업계 취재에 매달려야 하는 초라한 매체. 입사하기 전까지는 나조차 이름만 들어 봤을 뿐이었다. 그럼에도 일부 기자들은 스스로가 특권층이라도 된 양 행세했다. 메이저 언론의 나쁜 관행을 흉내 내는, 가련한 허세였다. 정치·사법·언론이 뒤엉킨 권력 카르텔이 사회 최상층을 형성하던 시대, 한국의 후진적 정치 구조가 낳은 기형적 풍경이었다.

1980년대 초, 쿠데타로 집권한 군부는 언론 길들이기의 목적으로 수많은 매체를 강제 통폐합했다. 그 서슬 퍼런 여파로 신규 간행물 등록은 하늘의 별 따기였다. 살아남은 매체들은 정치권과 타협하거나 그 그늘에 기댈 수밖에 없었다. 사람과 정치와 언론이 복잡하게 얽히고, 법원·검찰·경찰까지 가세해 거대한 권력 망이 똬리를 틀었다. 기업과 유력 인사들이 언론의 '나쁜 보도'를 두려워하게 된 것은 바로 그런 배경 때문이었다. 메이저 기자들의 위세는 하늘을 찔렀고, 그들을 흉내 내는 '유사 기자'들마저 권력의 맛에 취해 갔다.

한참 동안 기다렸을까? 제법 높은 직급으로 보이는 임원이 다가와 악수를 청하며 두툼한 흰 봉투를 내밀었다. 사진을 맡았던 동료 MM에게도 똑같은 봉투가 건네졌다. 그는 나보다 일주일 먼저 입사한 동료였다. 임원은 내 기사에 깊은 감사를 표하며 정중히 허리를 굽혔다. 사장과 다른 간부들도 내 글을 흡족해했다는 전언과 함께였다. 사무실로 돌아오는 길, 나는 무심코 봉투를 열어보고는 숨을 헉 들이켰다. 무려 50만 원이 들어 있었다. 1986년에 50만 원. 2019년 화폐 가치로 환산하면 165만 원이 넘는, 당시 환율로 1,430달러에 달하는 거금이었다. 그 무렵 9급 공무원의 초봉이 14만 원에 불과했고, 1987년 대통령의 월급이 147만 원 수준이었으니, 내 손에 들린 돈의 무게가 실감 났다.

이것은 무엇이었을까. 정성 어린 기사에 대한 답례품이었을까, 아니면 그저 '촌지'였을까. 그날, 기자 생활 첫 '촌지'를 받았다. 그리고—짜릿했다.

삼류 잡지사에서 일하던 시절에는 상상조차 할 수 없던 돈이었다. 하지만 의문이 가시지 않았다. 대체 왜 그들은 나 같은 풋내기 기자에게 이런 거액을 건넸을까. 이름난 인사를 인터뷰하려면 비서실의 문턱부터 넘어야 했고, 무명 언론사 기자에게 그 문턱은 에베레스트산처럼 높았다. 그런 세계에서 나 같은 신출내기에게 '뇌물'을 줄 사람은 없다고 믿었다. 물론 같은 언론계라도 메이저와 비주류의 세상은 하늘과 땅 차이였다. 어떤 기자들은 대형 언론인 양 목에 힘을 주고 상대를 압박해 손쉽게 촌지를 챙겼다. 삼류의 세계 안에도 보이지 않는 일류, 이류, 삼류의 계급이 존재했다. 나는 이 일간지에 오기 전까지 '촌지의 세계'를 몰랐다. 그러나 밑바닥의 생태계는 나름의 질서로 움직이고 있었다. 현장에서 나보다 1, 2년을 먼저 구른 MM은 이런 관행에 익숙해 보였다. 어쩌면 접견실에서 내내 이 순간을 기다렸는지도 모를 일이다. 그런 일이 있으리라, 더구나 내게 돈봉투가 돌아오리라고는 상상조차 못 했다.

사무실에 돌아오자, 내 멘토였던 김 차장이 물었다. "얼마 받았나?" 그는 이미 모든 것을 짐작하고 있었다. 내가 액수를 말하자, 그는 환하게 웃으며 내 어깨를 툭 쳤다. "꽤 잘 받았구먼." 그 순간, 나는 봉투의 두께가 곧 기사의 값어치라도 되는 양 착각할 뻔했다. 그 짜릿함에 취했다면, 평생 '가짜 기자'로 살았을지 모른다. 만약 회사에서 그 사건만 없었더라면 내 삶은 지금과 어떻게 달라졌을까. 인생의 길이란, 이렇듯 사소한 한두 걸음의 선택으로도 무섭게 갈라지는 법이다.

내가 쓴 기사는 서울 지하철 1호선에 CCTV를 공급하던 '동양전자공업 주식회사'에 관한 것이었다. 제품 홍보 성격이 짙었지만, 나는 회사의 짧은 역사와 미래의 성장 가능성에 초점을 맞췄다. 최첨단 장비인 CCTV에 대한 개인적인 호기심도 컸기에, 마지막 문단에는 힘과 감정을 듬뿍 실었다. '동양(Oriental)'이라는 이름에 착안해, 동방을 넘어 세계 시장을 호령할 유망 기업이라는 뉘앙스로 끝맺었던 기억이 난다. 갓 입사해 처음 맡은 대형 기획이었고, 신문 한 면을 통째로 채우는 특집이었다. 사장이 편집국장에게 "글 잘 쓰는 친구군. 잘 도와주게"라고 하는 말을 우연히 직접 들었다. 편집부 선배들과 동료들이 놀란 눈으로 나를 바라보던 표정이 지금도 선하다. 단번에 '윗사람'의 눈에 든 셈이었다.

유력 일간지가 소규모 기업을 홍보성으로 다뤄주는 일은 드물었다. 어쩌다 실린다 해도 단 몇 줄에 그치는 게 고작이었다. 그러니 중소기업들은 값비싼 광고에 의존할 수밖에 없었다. 그 회사는 내 기사를 마케팅에 곧장 활용했을 것이다. 그 틈을 타, 우리 회사 광고국은 어김없이 그들을 찾아가 광고를 압박했을 것이다. 당시 모든 언론사에서 버젓이 벌어지던 강압적 광고 영업이었다. 세상에 공짜는 없다는 진리를, 나는 그렇게 또 한 번 배웠다.

촌지를 받았을 때 마음이 흔들린 것은 사실이다. '이게 대체 뭐지?' 놀라움이 앞섰지만, 이내 그 제스처의 의미를 알아차렸다. '아, 나도 마침내 촌지를 받는 기자가 되었구나.' 그것도 한 사람의 월급과 맞먹는 50만 원을. 스물세 살, 일간지 기자로서는 너무 이른 나이에 맛본 검은 단맛이었다.

불행인지 다행인지, 예기치 않은 사건으로 나는 곧 회사를 떠나야 했다. 내 실력을 미처 다 보여줄 새도 없었다. 촌지의 달콤함을 더 맛볼 기회도 사라졌다. 입사하고 2주쯤 지났을까, 급여일이 되어 직원들이 하나둘 월급봉투를 받아 들고 퇴근하는데, 나와 MM에게는 봉투가 돌아오지 않았다. 입사한 지 단 며칠만 일했더라도 그만큼은 정산해 주는 것이 관례였지만, 어찌 된 영문인지 우리만 제외되었다.

MM은 화학공학 전공자였다. 졸업 후 전공을 살릴 일자리가 턱없이 부족해 언론계로 흘러든 사람이었다. 몇 안 되는 좋은 자리는 명문대 출신들이 독차지하던 시절이었다. 키가 훤칠했던 그는, 나보다 나이가 훨씬 많아 보였다. 아마 스물여덟은 족히 넘었을 것이다. 나이 차는 컸지만, 우리는 서로를 존중하며 지냈다. 점심을 자주 같이 먹었으나, 깊은 이야기를 나눌 만큼의 시간은 허락되지 않았다. 그날 급여를 받지 못하면서, 우리는 졸지에 '운명 공동체'가 되었다. 다음 날, 회사에 정식으로 이의를 제기하려던 나를, 나를 이곳으로 이끌었던 바로 그 김 차장이 붙잡았다.

• 세 사람과의 인연

이 회사에 들어오기 전, 『독서신문』이라는 타블로이드 판형 신문사에서 나는 세 사람과 각별한 인연을 맺고 있었다.

첫 번째 인물은 나와 동갑내기 여성 기자 YM이다. 내가 월간지에서 일하던 시절, 서울의 '아리랑 극단' 대표와 친분을 쌓게 되었고, 그 인연으로 그의 요청을 받아 지역 연극인 모임에 동행했다가 그녀를 처음 만났다. 선술집에 둘러앉아 밤늦도록 술잔을 기울이며 연극과 인생을 이야기했다. 그때 막 연극판에 발을 들인 풋풋한 얼굴, 아마 대학 3학년쯤이었을 YM의 모습이 기억난다.

세월 속에 기억은 흐려지고 왜곡되기 마련이지만, 훗날 신문사에서 재회했을 때 우리는 단번에 서로를 알아보고 금세 가까워졌다. 그녀의 환한 미소에 나는 속수무책으로 마음을 내주곤 했다.

두 번째는 세 살 위의 동료 HJ이다. 노련한 기자였고, 내게는 든든한 누나 같은 존재였다. 훗날 그녀는 결혼해 아들을 낳았는데, 공교롭게도 그 아이는 내 딸보다 한 살 위였다. 아이가 내 딸을 볼 때마다 장난스레 얼굴을 톡톡 건드리고 입을 맞추려 해, 딸아이가 질겁하며 도망치던 영상이 아직도 남아 있다. 울음을 터뜨리기 직전의 딸아이 표정을 볼 때마다 웃음이 난다. 누구나 마음속에 비밀 하나쯤은 품고 사는 법이다. 내가 아끼던 HJ도 그랬다. 사소한 오해로 1990년대 중반 연락이 끊긴 뒤, 나는 오랫동안 그녀와 가족의 소식을 기다려왔다. 그녀의 비밀은 지금도 내 마음속에 봉인되어 있다.

세 번째는 조직의 실무를 책임지던 차장이다. 편집국장 바로 아래, 내 직속이자 멘토였다. 성은 김이었을 것이다. 한국 조직 문화 특성상 특정 직책이 한 명뿐이면 성을 생략하고 직책만 부르곤 하니, 그의 이름이 기억나지 않는 것도 이상하지 않다. 옆머리에 서늘하게 감돌던 면도 자국, 늦은 오후면 거뭇하게 돋아나던 수염, 짙고 풍성한 머리칼과 길고 곧은 눈썹, 마른 체형에 또렷한 말투까지. 오늘날 배우라 해도 손색없을 외모의 소유자였다. 그의 얼굴선은 지금도 또렷하다.

그러나 회사 문화에 차츰 적응해 가던 어느 날, 이 세 사람과의 관계는 한 사건을 기점으로 예기치 못한 소용돌이에 휘말렸다.

• 의도치 않게 '쿠데타'에 가담하다

어느 날 오후, 편집국에 비상 회의가 소집되었다는 소식이 번개처럼 퍼졌다. 기자들이 하나둘 회의실로 모여들었다. 나와는 상관없는 일이라 여겨 퇴근을 하려는데, 누군가가 나를 불렀다. "대하 기자, 이리 와서 앉게." 회사에서 존재감이라곤 먼지만큼도 없던 신참이었으니, 그냥 나가도 누구 하나 신경 쓰지 않았을 것이다. 하지만 이름이 불린 이상, 모른 척할 수는 없었다. 나는 긴 테이블 끝에 조용히 자리를 잡았다. 회의실은 굳은 얼굴의 남자들로 가득했다. 여성 기자는 단 한 명도 없었다.

차장이 입을 열자, 모두의 시선이 그에게로 쏠렸다. 회의의 분위기는 '미친 사람'으로 불리던 편집국장에 대한 성토로 흘러갔다. 그의 독단과 기행이 어떻게 편집국을 망치고 있는지에 대한 불만이 폭포수처럼 쏟아졌다. 회의를 주도한 것은 편집차장이었다. 그는 신문이 위기라고 역설했고, 참석자들 사이에는 이미 묵시적 합의가 형성된 듯했다. 결국 편집국장을 몰아내기 위한 집단행동을 결의하는 분위기였다.

회의 말미, 차장이 내게 의견을 물었다. "대하 기자 생각은 어떤가?" 나는 그가 왜 물러나야 하는지에 대한 배경지식조차 없었다. 그저 그 자리에서 들은 이야기가 전부였다. 입사한 지 고작 2주 남짓, 내가 뭘 알았겠는가. 솔직히 그때 내 관심사는 전혀 다른 곳에 있었다. 나는 온통 YM에게 정신이 팔렸었다. 늘 그녀와 붙어 다니며 인터뷰 현장을 함께했고, 사진기자처럼 그녀를 도왔다. 회사의 복잡한 사정 따위는 안중에도 없었다. YM 역시 입사한 지 얼마 되지 않았으니, 내게 회사의 속사정을 이야기해 줄 처지도 아니었다.

"네, 동의합니다." 내가 뱉은 말은 그것이 전부였다. 그 한마디에 차장은 자신만만한 미소를 지었다. 회의는 그렇게 끝났다. 편집국장이 물러나면 다음 서열인 차장이 그 자리를 차지할 터였다. 인사권을 쥔 사장에게 집단행동으로 뜻을 관철하자는, 명백한 항명이었다. 50대 중반의 편집국장은 능력보다 욕심이 앞서는 인물로 보였다. 그보다는 젊고 세련된 차장이 데스크를 맡는 편이 낫겠다는 막연한 생각이 들었다. 작은 회사에서 벌어지는 '쿠데타'를 목격하게 될지도 모른다는 묘한 기대와 호기심을 안고 회의실을 나섰다. 그날은 토요일이었다. 월요일에 출근하면 모든 것이 결정될 터였다. 신참인 내가 회사의 진로를 책임질 수도, 이해할 수도 없는 노릇이었다. 내 관심사는 오직 하나, 운명처럼 내게 다가온 YM뿐이었다.

• 조사

월요일 아침, 사무실 공기는 얼음장처럼 차가웠다. 그동안 말 한마디 섞은 적 없던 편집국장이 출근하는 나를 보자마자 자신의 방으로 불러들였다. 아니, 어쩌면 근무를 시작하고 몇 시간이 흐른 뒤였을지도 모르겠다. 그는 반란에 가담한 이들을 하나씩 불러 취조하듯 캐묻고 있었다. 개구리처럼 툭 튀어나온 그의 눈은 금방이라도 터질 듯 핏발이 서 있었다. 주말 동안의 분노가 채 가라앉지 않은 듯 얼굴은 벌겋게 상기되어 있었다.

그는 태연한 척 말을 건넸다. 책상 위에는 내 이력서가 놓여 있었다. 이미 나에 대한 정보를 파악했을 것이다. "같은 강원도 출신이더군. 나는 삼척에서 컸고, 자네 아버지도 간접적으로 안다네." 이력서에서 끄집어낸 연결고리로 압박을 시작했다. 언제든 아버지에게도 영향력을 행사할 수 있다는 암시였다. 나는 속으로 비웃었다. '어떻게 우리 아버지를 해칠 수 있다는 거지? 그 누구보다 강한 사람인데.' 첫 대면이었고, 그의 스타일은 내 취향이 아니었다. 비상 회의에서 들었던 반감이 그대로 되살아났다. 그는 매우 교활한 사람이라는 확신만 커졌다. 누군가가 회의 내용을 밀고하지 않고서야, 어떻게 월요일 아침에 회사를 이렇게 뒤집을 수 있단 말인가. 그는 일요일에도 여러 기자를 불러 개별 면담을 했으리라. 원하는 고백을 얻지 못하자 나 같은 신참에게까지 손을 뻗은 것이다.

한참을 떠들던 그가 마침내 본론을 물었다. "대하 기자, 그 회의는 누가 주도했나?"

"모릅니다." 나는 단호하게 답했다.

"잘 생각하고 대답해. 여기서 계속 일하고 싶으면 솔직해야지."

압박은 계속됐지만, 나는 침묵으로 동료를 파는 배신을 거부했다. 더는 얻을 것이 없다고 판단했는지 그가 질문을 바꿨다.

"그럼, 자네는 그 회의에서 뭐라고 했나?"

그 순간 YM이 떠올랐다면, 나는 아마 적당히 굽실거렸을지도 모른다. 잘리지 않아야 그녀와 더 오래 함께할 수 있을 테니. 하지만 이상하게도, 평소 내 머릿속을 가득 채우던 '나의 YM'은 그 긴장된 순간에 떠오르지 않았다.

"신참이라 아는 것은 많지 않지만, 회의의 핵심 주장에는 동의한다고 했습니다."

그게 끝이었다. 그날이었는지 다음 날이었는지, 차장과 나는 나란히 회사에서 쫓겨났다. 다른 이들은 생계를 앞세워 적당히 타협하고 살아남았다. 회의에서는 차장의 편에 섰던 그들이었지만, 현실의 벽 앞에서 무릎을 꿇었다. 역설적으로 차장과 각별한 사이도 아니었던 '피라미'인 내가 그의 몰락과 운명을 함께했다. 실패한 쿠데타의 씁쓸한 뒷맛만이 남았다.

비상 회의에는 남자 기자들만 참석했으니, 내게 늘 친절했던 HJ와 회사 사정에 나만큼이나 무지했던 YM은 무사했다. 그리고 두 사람은 그 후로도 내 삶의 여러 굽이를 건너는 동안 큰 힘이 되어주었다.

• 그녀의 월세방

한국을 떠나 지낸 세월이 길어지면서 기억은 희미해졌다. YM은 서울 마포구 대흥동·공덕동·염리동 어딘가에서 살았던 듯하다. 그녀가 세 들어 살던 집과 그 골목길은 아직도 또렷하다. 슬레이트 지붕의 단층집 1층, 아주 작은 방이었다. 좁은 부엌과 살림 공간이 어색하게 붙어 있는 구조였다. 처음 찾아갔을 때 방 안은 텅 비다시피 했다. 구석 벽에 힘없는 플라스틱 옷장이 비스듬히 서 있었고, 방 한가운데에는 둥근 소반 하나가 놓여 있었다. 그 위에는 갓 산 책 한 권이 놓여 있었다. 방 한편에는 작은 여행 가방이 세워져 있었는데, 아마 천안에서 서울로 올라올 때 사용했던 것일 것이다. 얇은 이불은 돌돌 말아 옷장 옆에 뉘어 두었다. 침대는 없었다. 길가 쪽으로 반투명 유리창이 하나 있었고, 다행히 창밖에는 검은 쇠창살이 가로세로로 박혀 있어 도둑의 침입을 막아 주었다.

회사에서 잘린 뒤 시간이 많아지자 나는 YM의 취재를 따라다니며 도왔고, 때로는 원고를 함께 손보았다. 어느 밤, 우리는 나란히 누워 그녀의 글에 관해 이야기하다가 새벽녘 잠이 들었다. 나는 그녀를 바라보며 사랑과 그리움이 뒤섞인 불길에 자주 사로잡히곤 했다. 그 점에서 나는 도덕적이었다고 믿는다. 결혼을 논할 나이가 아니었고, 우리의 시간은 순결했다. 입맞춤조차 하지 않았다. 만약 그녀에게 닥칠 시련을 미리 알았다면, 나는 결혼을 택해 우리의 운명을 함께 묶었을지도 모른다. 그때 그녀를 선택했다면, 그녀의 불행을 막을 수 있었을까 하는 후회가 지금도 가끔 든다. 삶의 예측 불가능성이 우리를 늘 불안한 길로 몰아넣었기 때문이다.

• 노동법을 꺼내 들다

그렇게 몇 주가 흘렀을까, 차장에게서 연락이 왔다. 그는 이전 회사에서 내가 억울하게 잘린 것을 미안해했다. "자네만이 나를 배신하지 않았어. 자랑스러우면서도 미안하네." 그는 내 손을 잡고 새로운 시작을 제안했다. 더 큰 회사인 《일간공업신문》으로 나를 데려가겠다는 것이었다. 그러나 새 직장에서도 나는 어이없는 이유로 한 달이 채 되지 않아 해고당했다. 급여 지급일, 당연히 지급되어야 할 급여는 나오지 않았다. 항의하려는 나를 차장이 말렸다. "입사한 지 한 달이 안 돼서 그런 모양이니, 다음 달에 몰아서 줄 걸세."

하지만 내 지갑은 바닥을 드러내고 있었다. 그때, 동료 MM이 내게 매달렸다. "나는 꼭 급여를 받아야 하네. 사정이 너무 어려워." 스스로 나서지 못하는 이들은 곧잘 자신의 곤란을 떠벌려 남이 대신 총대를 메주기를 바란다. MM의 행동은 결국 나보고 총알받이가 되라는 뜻이었다. 나는 더 정당해야 했다. 회계 부서를 찾아가 급여 문제를 논해야 했다. 그 무렵 인사 책임자로 보이는 사람이 나에게 면담을 청했다. "MM은 정리할 테니 자네는 다음 달 급여를 기다리게"라며 나를 설득하려 했다. 따라서 초반부터 내 능력을 알아본 사장은 나를 챙겼고, 조금만 기다리면 이곳에서 버틸 수도 있었다. 결국 회사는 무능한 MM을 바로 잘라냈다. 한 달 치 급여를 주고 내보내도 될 일을 그렇게 처리했다. 나는 도무지 이해할 수 없었다.

결국 나는 사장의 방으로 향했다. 지금도 왜 남의 일에 앞장서 그토록 무모하게 굴었는지 모르겠다. 사방이 투명한 유리로 된 사장실을 두드렸다. "들어오게." 사장은 금테 안경을 쓴, 마흔 후반에서 쉰 언저리의 사내였다. 한국의 '5대 일간지' 가운데 하나인 《한국일보》에서 기자로 잔뼈가 굵었다는 자부심이 느껴졌다. 기사 방향과 내용에 관한 최종 결정권을 쥔 인물이기도 했다. 가까이서 보니 이마에서 핏방울 한 방울도 나오기 어려울 듯, 인색하고 엄격한 인상이었다. 사장 앞에서 직원들이 쩔쩔매며 얼어붙게 만드는 인물이었다.

우리의 형식적 안부가 오간 뒤 나는 본론을 꺼냈다. 동료가 급여를 받지 못한 채 회사를 떠나게 되었는데, 이는 노동법에 어긋난다고 말했다. '노동법'이라는 말이 나오자, 그는 예상보다 격렬하게 소리쳤다. "감히 노동법을 들먹여?" 그는 같은 말을 두 번 반복하며 비웃듯 호통 쳤다. 유리 벽 너머로 직원들의 시선이 강하게 느껴졌다. 나는 물러서지 않았지만, 대화는 평행선만 달렸다. 사장실을 나오는 순간 사람들

의 시선이 나를 훑었다. 이상하리만치 용기가 났고, 자존심이 치솟았
다. 모두가 두려워하는 사장의 방에, 그것도 어린 신입이 들어가 맞선
것이다. 회사에서 사장에게 맞설 만한 유일한 사람처럼 보였을지도
모르겠다. 짧은 시간에 강렬한 인상을 남겼지만, 신참다운 경솔함이
기도 했다.

• 감시대상명단 낙인
다음 날 출근하자 중간 전달자로 보이는 누군가가 불러 "이제 출근하
지 말라"고 전했다. 나도 그럴 줄 알았다. 차장은 근처 다방으로 나를
데려갔다. "사장이 신문협회에 블랙리스트, 즉 감시대상명단으로 올
리라고 비서에게 지시했어. 불순 사상 보유자로 등록되면 이 바닥에
서 다시 일하기 어려울 거야." 대략 이런 취지였다. 그의 얼굴에는 조
급함이 비쳤다.

몇 주 함께했던 신문사 사람들 가운데 지금도 또렷한 인물이 있다. 광
고국 '부장'이라 불리던 사내였다. 마흔 후반, 배가 불룩 튀어나온 이
였다. 불룩한 배에 밀려 넥타이가 늘 비스듬했고, 매번 정중앙으로 고
쳐 매려 애쓰는 모습을 보고 있노라면 실소가 나왔다. 그는 사내에서
언제나 목소리가 컸다. 기업들을 윽박질러 따낸 광고 실적을 자랑하
며 포효하듯 웃었다. 기자들이 있는 곳에서 특히 자신의 공적을 과장
했다. 무능한 기자들이 회삿돈만 축낸다는 말을 은근히 깔아 놓고, 자
신은 회사 재정에 크게 이바지하는 유능한 사람임을 과시하는 방식이

었다. 그의 가치관은 전형적 '저질 기자'의 논리였다. 기자도 아닌 사람이 부하를 대동하고, 번들거리는 카메라를 메고 '먹잇감' 앞에서 어떻게 행세할지는 보지 않아도 뻔했다. 그 시절 가짜 기자일수록 더 허세를 부렸다.

부서장은 외출할 때마다 두세 명의 부하를 대동했고, 이들은 커다란 카메라 가방을 들고 뒤를 따랐다. 광고 영업으로 회사를 방문할 때면, 상사는 왕처럼 굴고 부하들은 난처한 척 연기를 했다. 권세를 과시하는 장치였다. 실력 없는 자들이 만든 초라한 무대였지만, 그런 유치한 압박도 먹히던 시절이었다. 기업들은 세무 문제 등 흠결이 한둘이 아니었다. 기자가 파고들면 흠이 드러나는 법이었다. 그래서 기업 홍보실의 1차 과제가 '돈봉투 건네기'가 되는 일이 잦았다. 적당한 선에서 기자의 펜을 멈추게 하려는 방책이었다. 하지 않으면 부패가 드러나고 세무조사를 맞을 수도 있었다. 물론 돈을 건넸더라도 기자는 글을 써야 했다. 그래서 회사에 우호적인 뉘앙스를 애매하게 끼워 넣었다. 이후 광고국은 그 기사를 빌미로 광고를 요구했다. 계약이 성사되면 데스크는 기사 정정·수정을 요구했다. 이것이 저질 매체와 가짜 기자들의 일상 메뉴였다.

반면 내 멘토였던 차장은 온화했다. 적대적인 언론 생태 속에서 어떻게 버텼는지 모르겠지만, 독성 환경을 바꾸려다 벌어진 쿠데타 시도에서 결국 유일하게 퇴출당한 사람은 그였다. 아, 이제 기억난다. 회사에서 나오는 날, 다방에서 나눈 대화 중 일부다. 사장은 내게 화가 나 비서에게 무언가를 지시했고, 비서는 독서신문에 연락해 내 뒷이야기를 캐물었다. 그 일로 차장 본인도 한국언론재단(당시 신문협회)의 감시대상명단에 이름이 올랐을지 모른다. 그는 회사와 언론계를 영영 떠났을지도 모른다. 그의 조언을 무시하고 일을 키운 나 때문에, 그 또한 '불순 인물'로 찍혀 자리를 잃었을 가능성이 크다. 그날이 그와의 마지막이었다. 그는 늘 날 이끌며 취재에 데려가고, 현장에서 요령을 알려 준 멘토였다. 어쩌면 그는 나와의 인연 때문에 '불순분자'로 등록된 덕분에 잔혹하고 가짜에 가까운 저급한 언론계를 박차고 나와 자신만의 길을 걸었으리라.

• 그녀의 변화

1986년은 내게 삶의 쓸쓸함을 일깨운 해였다. 무엇보다 YM 때문이었다. 일간지에서 잘린 뒤 나는 생계를 위해 이 일 저 일 뛰어다녔다. YM을 본 지도 반년이 훌쩍 지났다. 그러던 어느 날 HJ를 만나 끔찍한 소식을 들었다. 서울예전(서울예술대학) 문예창작과 출신인 HJ는 품위 있게 글을 다루는 사람이었다. 외모도 단아해 남자들의 호감을 샀다. 회사에서 나간 뒤 그녀는 프리랜서로 리포트와 원고를 건넸다. 그녀는 내가 한때 YM을 사랑했다는 사실을 알고 있었다. YM의 근황을 묻자 잠시 망설이던 HJ가 말했다.

"YM이 달라졌어. 예전 그 애가 아니야. 신문을 팔려고 자기 몸을 쓰는 것 같다는 소문이 있어."

HJ에게서 YM의 사정을 들었을 때 내 가슴은 철렁 내려앉았다. 사슴 같은 큰 눈동자의 순수하고 아름다운 표정, 작은 소리에도 깜짝 놀라던 그 아이가 왜 그런 길을 가야 했을까. HJ에 따르면 YM은 시골에 있는 어머니께 매달 돈을 부쳤다. 그러나 수입이 너무 적어 늘 곤궁했다. 그러다 어느 시점부터 수입이 급격히 늘었고, 눈치 빠른이라면 그 뜻을 알아챌 수 있었다. 회사에는 그런 기자들이 몇 있었다. YM이 그 길을 택했다면 빠져나오기는 어려웠을 것이다. YM이 부유한 기업주들을 인터뷰하고, 그들이 대량 구매를 약속하는 대가로 친밀감을 거래했다는 눈치였다. 기업주는 산 신문을 홍보용으로 뿌릴 수 있어 이득이었고, 욕망 많은 늙수그레한 남자들에게는 YM 같은 젊은 여성이 '장난감'이 되었을지 모른다. 그녀들에게 '최대한 많이 벌어 오라'고 강요하는 구조였다. 창녀와 다를 바 없는, 잔혹한 구조였다.

그때부터 나는 그녀와의 달콤한 미래를 접었다. 한밤중 술을 한잔한 나는 무심코 그녀의 집 앞까지 찾아간 날도 있었다. 아무리 이름을 불러도 불이 켜지지 않아, 절박한 마음에 자갈을 가볍게 창문에 던졌다. "탁!"

고요한 밤을 가르는 소리 뒤에 불이 켜졌고, 그녀는 잠이 덜 깬 얼굴로 창을 열었다. 그렇게 다시 본 그녀의 얼굴은 지금도 선명하다. "이 시간에 무슨 일이야?" 그녀는 놀람과 짜증이 섞인 목소리로 물었다. 내가 몇 마디 했으나, 그녀는 더 대꾸하지 않고 창을 닫았다. 방 안은 곧 어두워졌다. 내가 무어라 했는지는 기억나지 않는다. 스스로를 지키려는 기억의 삭제였을지 모른다.

그녀는 나중에 연극인이 되었을까. 한국 연극계의 거물이었던 이윤택은 80~90년대에 악명 높은 성폭력 가해자였고, 그의 행위는 미투(#MeToo) 폭로로 널리 알려졌다. 권력자의 성적 권력 남용으로 수많은 여성이 고통을 겪는다. YM이 꿈을 좇아 연극판으로 갔다면, 그 역시 또 다른 피해자가 되었을지도 모른다.

• 『독서신문』의 착취 구조
『독서신문』 비상 회의 날 쏟아졌던 성토들 가운데 가장 큰 불만은, 욕된 소리를 듣던 편집국장이 기자들에게 신문을 '팔아오라'라고 강요한다는 것이었다. 그 신문사의 수익 구조는 이랬다. 한 호가 64~128면짜리 타블로이드라면, 컬러 전면 광고 6~8개, 흑백 전면 광고 6~10개와 비교적 비싼 띠지 광고, 5단 광고가 수십 면을 채워야 간신히 수지타산이 맞는다. 하지만 그 신문은 대부분 5~7단 흑백 광고뿐이었다. 광고 영업 규모로 회사를 굴리기 어려웠다.

그래서 기자들은 기본급 대신 '판매 수당'에 의존해야 했다. 기본급은 형편없이 낮았고, 그것마저 밀리기 일쑤였다. 보수는 각 기자가 한 달

동안 자신이 인터뷰한 대상에게 몇 부를 팔아내느냐에 달려 있었다. 누군가가 수천, 수만 부를 팔았다는 말이 오가곤 했지만, 나는 YM에만 정신이 팔려 그 깊은 함의를 알아채지 못했다. 따라서 잠재적 면잠자를 고르는 기준은 하나였다. '그가 기사가 나간 뒤 신문을 얼마나 많이 사 줄 것인가.' 기자가 신문을 팔아 급여를 받는, 세계에서도 유례를 찾기 힘든 구조였다.

겉으로 보기엔 점잖은 정보와 읽을거리로 외부의 좋은 평을 얻었지만, 실제로는 출판·독서계 동향과 보도 자료를 그럴듯하게 편집해 만든 포장지에 불과했다. 반면 현장 기자들은 신문을 많이 사 줄 만한 부유하고 유명한 사람을 인터뷰 대상으로 삼았다. 지면의 크기와 위치는 구매 약속 수량이 결정했다. 인터뷰 끄트머리에 기자가 "몇 부사 주시겠습니까?"라고 묻고, 그 수량을 편집국장에게 보고하면, 약속이 많은 순서대로 지면 배치가 결정되었다. 몇천에서 수만 부까지 다양한 약속이 오갔다. 기업주에게는 홍보에 요긴한 물량이었다. 한 번도 스포트라이트를 받지 못한 이들이 이런 기회를 더 탐닉한다. '가짜'에 가까운 장사꾼들이 적잖았다.

회사는 기자들의 기본급을 의도적으로 낮추고 판매액의 일정 비율을 수당으로 주는 체계를 만들어, 기자들을 사실상 '영업사원'으로 만들었다. 잘 팔면 높은 급여를, 못 팔면 생계가 막막한 구조였다. 회사는 매 호의 총 발행 부수를 알고 있으므로, 낭비를 줄여 생산비를 낮출 수 있었다. 인쇄가 끝나면 신문을 기자별로 할당해 나눠 주고, 배달 또한 기자가 직접 했다. 회사는 약속액만 회수하면 그만이었다. 인터뷰 섭외·원고 작성·사진 촬영·판매·배달·대금 회수까지, 모든 것이 현장 기자의 몫이었다. 약속하고도 돈을 내지 않을 때는 기자가 대신 물어야 했다. 어떤 이는 받을 돈보다 갚을 돈이 더 많아졌고, 그 빚을 다 갚기 전에는 회사를 떠나지도 못했다. 그리하여 그들에게는 경제적 자유도, 인권도 없었다. 1980년대에는 한국의 노동권 보호 장치가 빈약했다. 법의 보호 밖에 놓인 이들은 피해를 보아도 적법한 구제 수단이 마땅치 않았다.

이 독특한 시스템 덕에 회사는 광고 수익에 크게 의존하지 않고도, 기자를 값싸게 부려 생산비를 낮추며 큰 이익을 냈다. 언론사에 필수적인 광고 영업 인력조차 필요 없었다. 재고 문제도 해결되었다. 더 중요한 것은 수십 명의 기자가 판매에 매달려 매번 수십만 부를 찍어내며 '인지도'를 끌어올렸다는 점이다. 나는 전후로도 이런 모델을 가진 매체를 본 적이 없다. 오직 '주인'만 이익을 보는 그들만의 '혁신'이었다.

1980년대 『독서신문』은 국내에서 가장 높은 인지도와 열독률을 자랑하는 주간(혹은 격주간) 매체였다. 수십 명의 기자를 체계적으로 동원해 매주 수십만 부를 발행·배포했기 때문이다. 전국의 국공립·사립 도서관과 각급 학교가 유료 구독했다. 내가 산골의 작은 초등학교에 다니던 1970년대 초·중반에도 그 신문을 꾸준히 읽었다. 『독서신문』

은 1970년에 정기간행물로 등록했다. 1972년 유신헌법 제정 이후에는 신규 등록이 사실상 불가능했으니, 그 시점을 간발의 차로 비껴간 셈이었다. 1980년대 군부 독재가 강화되자 출판·언론 통제도 강력해졌고, 그 틈을 타『독서신문』을 포함한 다수 매체가 새로운 경쟁자 없이 권력을 공고히 하며 비민주적 체제를 두둔했다. 그 결과,『독서신문』사는 유료 광고가 적어 오히려 '품위 있어 보이는' 효과를 누렸고, 외부에서는 내부 그런 사정을 모른 채 그 구독자 수가 전국 일간지 수준에 육박한『독서신문』을 좋게 바라봤다. 가난한 여성 기자들이 몸을 팔아 생계를 잇는 동안, 악덕한 주인은 높은 담장 너머 궁궐 같은 집에서 사치를 누렸을 것이다. 그리고 언론인으로서 외부의 찬사도 실컷 받았으리라.

우리는 1980년대의 '아픈 청춘'이었다. 다만 나는 이 글에서 '아픈 청춘'이라는 표현을 하기를 주저했다. 한국에서 한때 화제가 되었던 수필집 제목이 떠올라서였다. 나는 그 책을 읽지 않았지만, 검색을 해보니 저자는 서울 출신으로, 사회 최정점의 권력을 누렸을 검사였던 아버지 아래에서 유복하게 자랐을 것이며, 당시로는 드물던 미국 유학을 다녀온 인물이었다. 결국 서울대 교수까지 지낸 인물이었다. 그는 나와 동갑, 1963년생이었다. 그러나 그의 '아프니까 청춘이다'와 내가 겪고 느낀 '아픈 청춘'은 전혀 다른 결일 것이다. 무엇보다 그 시대를 비껴나 있던, YM과 나, 그리고 셀 수 없이 많은 낙오자의 청춘과는 아무 상관이 없을 것이다.

• 가짜는 사라지지 않는다

문득 떠오른 기억들이 오늘의 기자상을 그려 보이게 했다. 깡패 같은 집단 문화, 날조와 허위, 과열과 광신. 한국에서는 그런 무능한 기자들을 '사이비 기자'라 부르지만, 정확한 말은 아니다. '저질' 혹은 '불량'이라 해야 옳다. 그렇지만 '사이비'라는 말을 붙여야 진위를 흐려 책임을 회피할 수 있는지 혹은 개인의 일탈로 치부하여 구조적 문제를 덮으려고 하는지, 관청과 언론은 여전히 그 말을 보도자료에 쓴다. 어쨌든 나 역시 촌지를 한 번 받았으니, 그 범주에서 자유롭지 않다. 그러나 분명히 말하건대, 기사 대가를 기대해서 글을 쓴 것은 아니다. 회사가 내 글을 칭찬했고, 그 결과로 봉투를 건넸다. 다만 그 봉투를 확인하고 돌려주지 않은 채, 두툼함에 들뜬 채로 나왔다는 점에서, 나는 이미 '가짜 기자'의 그림자 속에 들어서 있었다.

한국을 떠나기 전 나는 돈봉투를 대놓고 요구하는 기자들을 자주 목격했다. 영화 시사회만 해도 그랬다. 배급사 홍보팀은 초청 명단 확인을 이유로 기자들의 명함을 받았다. 영향력에 따라 봉투 두께를 달리해 현장에서 각 기자 이름의 봉투를 준비했다. 영화가 끝나면 두툼한 봉투를 쥐어 주었고, 기자들은 잘 알고 있는 듯 익숙하게 봉투를 받아 들고 돌아갔다. 배급사는 좋은 기사, 곧 홍보를 위해 뇌물을 건네는 것이고, 기자들은 그것이 뇌물임을 알면서도 기꺼이 받는 공범이었다. 내가 그 비밀을 알게 된 것은, 배급사와 인연이 닿아 기자들만 초대되는 시사에 몇 차례 동석했기 때문이다.

특정 언론사에서 막강한 영향력을 행사하던 기자의 사례도 있다. 그는 다른 기자들과 함께하는 공동 시사는 아예 참석하지 않았고, '나 홀로 시사'를 요구했다. 그런 요구는 언제나 수용되었다. 그 신문사 한 곳의 영향력이 한국 언론 전체에 비견될 만큼 컸기 때문이다. 할리우드 대작의 흥행이 확실해 보일 때는 봉투가 수천만 원대에 이르렀을 것이다. 한국을 떠날 즈음 그 '촌지 문화'는 사라진 듯 보였다. 아마 지금은 더 이상 그런 우스꽝스러운 관행이 없을 것이다. 미디어 환경 자체가 달라졌기 때문이다.

영화 관련 단체와 영상 교육기관, 국제영화제를 운영하면서 나는 수많은 기자에게 도움을 받았다. 그러나 나는 결코 촌지를 돌리지 않았다. 비영리 민간 조직으로서 예산이 넉넉하지 않았고, 무엇보다 그 문화를 혐오했기 때문이다. 그래서 내가 배포한 보도자료는 대개 외면받았다. 언론사들은 촌지와 무관한 홍보 요청은 거의 돌아보지 않았다. 그럼에도 전혀 다른 이들이 있었다. YTN 오동진 기자, 디지털조선 영상부 부장 이성복 기자 같은 사람들이었다. 반면《조선일보》영화부의 모 기자는 워낙 막강해서, 다른 신문·방송 기자들과 공동 시사에 참석하지 않고, 늘 '나 홀로 시사'를 요구했다. 나는 어느 결에 그 사람의 눈 밖에 났다. 그 뒤로 그의 지면에서 도움을 받은 적은 없다.

1995년, 나는 한국 최초의 국제영화제 창설을 알리는 기자회견을 열었다(그에 앞서 1994년 국제 환경영화제를 창설했으니 두 번째이기도 했다). 존경받는 원로 김수용 감독이 조직 위원장으로 회견을 주재했고, 많은 기자가 참석했다. 그런데 전날 저녁, 《한국일보》의 어느 영화 담당 기자라는 사기꾼이 전화를 걸어 "보도 자료를 팩스로 보내 달라, 참고용일 뿐이다"라고 졸랐다. 다음 날 현장에서 배포하겠다고 거절했지만, 끝내 졸라대어 자료를 보내 주었다. 그리고 그는 내 뒤통수를 쳤다. 다음 날 회견 직후 사무실로 돌아오자 《조선일보》 모 기자에게서 전화가 왔다. 그는 차갑게 분노에 찬 목소리로, 《한국일보》가 먼저 기사를 냈다며 "그 기자가 당신에게서 미리 정보를 받았음이 틀림없다. 앞으로 협조하지 않겠다"라고 일방적으로 통보하고 전화를 끊었다. 내 머리는 하얘졌다. 회견은 사실상 망가졌다. 《한국일보》 기사를 확인하니, 졸속으로 편집부를 통과한 원고라는 것을 보여주듯 원고의 필름이 약간 기울어져 있었다. 기사도 단신을 조금 넘어선 길이였다. 공동 기자회견이 예정되는 사안을, 그런 방식으로 먼저 내는 것이 무슨 특종이란 말인가.

그 보도 탓에 다수 매체가 한국 최초 국제영화제 소식을 외면했다. 《한겨레》 안정숙 기자 등 몇몇만이 단신으로 다루었을 뿐이었다. 그 뒤로 《조선일보》의 도움을 받기까지는 몇 해가 더 걸렸다. 후임자가 영화면을 맡으면서부터 조금씩 나아졌지만, 그 또한 선배에게서 배운 딱딱함을 그대로 지니고 있었다. 《조선일보》는 영화계에서 거대한 산과 같았다.

• 그해의 사람들에게

이 글을 맺으며, 나는 나 또한 알게 모르게 '가짜 저널리즘'의 링 위에 서 있었음을 인정한다. 1980년대 중반에 받은 50만 원은 2019년 통계청 환산 기준으로 165만원에 해당한다. 적지 않은 돈이다. 나는 처음부터 어떤 대가를 바라고 기사를 쓰지 않았다. 있는 힘껏 조사하고 원고를 썼다. 그때 처음으로 '촌지'라는 문화를 알았다. 그러나 봉투를 확인하고도 돌려주지 않은 채, 그 두께에 취해버린 내가 분명 있었다. 그 점에서 나는 '가짜'의 일부였다.

이런 부류의 매체들—내가 몸소 겪은 몇 곳을 포함해—은 언론고시에 실패한 수험생들을 손쉽게 끌어들였다. 값싼 회사들은 젊은이들에게 기자증을 쥐여주고, 가짜 신문을 팔게 하고, 광고주를 협박하게 했다. 그 시스템은 기자를 '영업사원'으로 전락시켰다. 당시 신방과 졸업생들의 최대 희망은 서울의 메이저 일간지 기자나 방송국 기자·PD로 취업하는 것이었다. 언론은 하나의 권력기관이었고, 취업 경쟁은 치열했다. 그래서 '언론고시'라 불렸다. 행정고시, 사법시험과 더불어 출세의 사다리였다. 사법시험은 매년 선발 인원이 적어 수차례 낙방하는 것이 다반사였고, 일단 합격하면 법조계를 장악해 권력층을 형성했다. 언론고시는 연령 제한이 있어 남성은 두세 번 도전하면 끝이었다. 떨어지면 기대치를 낮춰 지방지나 서울의 대형 출판사로 향했다. 그마저도 못 가면, 더 열악한 조건의 월간·주간으로 밀려났다. 대기업 산하 매체를 제외하면 대부분 영세했고, 예고 없이 문 닫는 곳도 많았다. 급여 체불은 흔한 일이었다. 메이저와 비교하면 노동 환경은 말 그대로 빈곤했다.

운이 나빠 가짜 매체에 발을 들이면 인생이 완전히 달라졌다. 기자가 아니라 사기와 협박을 일삼는 '영업 꾼'으로 변질되었다. 값싼 기자증을 들고 다니며, 광고주를 물색해 잡지 판매·광고 유치를 해야만 급여를 받는 구조였다. 나는 학력의 벽에 막혀 '권력 언론'에 들어가지 못했다. 원했던 길도 아니었다. 그저 살아남기 위해 B급 매체에 발을 들였을 뿐이다. 다행히 나는 그 '깡패 같은 기자'의 길에서 벗어났다. 새삼 떠올려 보니 MM 덕분이었다. 예전에는 그를 무능하고 한심한 사람으로만 기억했지만, 이렇게 글을 쓰다 보니, 바로 그가 나를 그 지옥 같은 회사에서 나오게 했다는 사실을 깨달았다. 그가 급여를 받지 못한다고 하소연하지 않았더라면, 나는 그의 일을 두고 그렇게 위험한 짓을 하지 않았을 것이다. 그건 내 친구의 일도 아니었고, 나는 그에 대해 아는 것이 거의 없었다. 사장이 내 능력을 알아보고 보장해 주려던 때였으니, 굳이 그를 위해 '노동법'을 들먹이며 맞설 이유가 없었다.

그때 내가 그런 무모한 길을 택하지 않았더라면, 스물세 살의 나는 그 역겨운 생태계에 더 깊이 발을 담근 채 단맛을 즐기는 사기꾼으로 변했을지도 모른다. 그랬다면 2년 뒤 전혀 다른 언론 정신을 표방하며 출범한 《한겨레신문》의 창간 참여도 없었을 것이고, 지금과는 전혀 다른 궤도로 삶이 흘러갔을 것이다. 사람은 때로 사기꾼조차 변해 새로운 사람이 되기도 한다. 내겐 다행히도 운이 좋은 변곡점이 있었다. 그래서 나는 MM에게 고맙다. B급 기자로 지목된 이들의 삶을 자세히 들여다보면, 우리의 삶과 크게 다르지 않다는 사실을 알게 된다. 어쨌든 그들 또한 가족을 건사하기 위해 필사적으로 버틴다.

1986년의 그 시절, 우리는 모두 각자의 방식으로 아픈 청춘을 살았다. YM은 YM대로, 김 차장은 김 차장대로, MM은 MM대로, 그리고 나는 나대로. 서로 다른 길을 걸었지만, 그 시대의 부조리 속에서 상처받고 좌절하며, 때로는 타협하고 때로는 저항했다. 인간으로 산다는 일은, 그렇게 슬프고도 애달픈 일이다. 하지만 그 아픔 속에서도 우리는 서로의 인연이 되어주었고, 그것이 오늘의 나를 만들었다.

새재 너머,
불꽃이던 우리들에게

2017년 8월 14일 기록

서랍 속에서 수십 년 잠자던 필름 한 통이 빛을 보기 시작했다. 묵직한 스캐너 덮개 아래서 필름이 희미한 기계음을 내며 과거를 읽어내

는 동안, 나는 마른침을 삼켰다. 픽셀 하나하나가 모여 마침내 30년 전의 얼굴들을 모니터 위에 되살려냈을 때, 잊고 있던 그 겨울의 싸늘한 공기가 순간 콧속으로 스며드는 듯했다. 1988년 겨울, 낯선 시골 도시의 예식장을 빌려 연 들풀모임의 송년 문학의 밤. 앳된 얼굴의 청년들이 자신들의 글이 담긴 문학지『들풀이여』를 들고 환하게 웃고 있었다. 이상렬, 김기호, 신명숙, 강선일… 까맣게 잊고 있던, 그러나 내 스물다섯의 가장 뜨거웠던 순간이 30년의 세월을 건너와 선명하게 말을 걸어왔다.

1988년 봄, 나는 한겨레신문 창간 준비 등을 위해 경북 문경에 내려갔다. 아무런 연고도 없는 타지였지만, 그곳에는 새로운 시대에 대한 막연한 기대를 품은 청년들이 있었다. 시청 평통 사무실(평화통일자문회의)에서 만난 총명하고 재기 넘치던 김남희, 들풀모임 회원으로 알게 된 건국대생 이상렬과 마치 제임스 딘이 환생한 것 같은 얼굴을 한 김기호. 우리 넷은 자주 어울리며 이 작은 도시의 문화적 갈증을 함께 느꼈다. 어느 날 밤, 우리는 뭔가 해보자고 뜻을 모았다. 나는 타자기로 창립 선언문을 썼다. '펑퍼짐한 동네 아낙네의 뒷모습에서도 아름다움을 발견하자'라는 문구로 마무리했던 기억이 난다. 공설운동장에서 전단을 나눠주자, 젊은이들이 하나둘 모여들었다. 고등학생부터 재수생, 대학생, 직장인까지. 그렇게 들풀모임이 시작되었다.

나는 강좌 위원장을 맡아 강좌를 개설해 회원들과 소통했다. 모임의 열기가 무르익을 무렵, 나는 무모한 제안을 했다. "서울에서 공연 중인 프로 연극팀을 이곳으로 부르자." 당시 대학로 청파소극장에서 한창 인기를 끌던 애거사 크리스티의 『쥐덫』이었다. 모두가 불가능하다고 고개를 저었다. 비용도 문제였고, 서울의 현역 극단이 이런 시골까지 올 리 없다는 이유였다. 나는 마음을 정했다. 잡지사 기자 시절에 알게 된 연극계 인연을 붙잡고 무작정 서울로 올라갔다. 극단 『모시는 사람들』의 연출가 김정숙 씨를 만나 간청했다. "공연이 쉬는 월요일 단 하루만 점촌에 와주십시오. 무대는 일요일 밤 영화 상영이 끝난 뒤, 우리가 밤새 똑같이 만들어 놓겠습니다." 실내 인테리어를 하던 회원까지 데려가 구체적 계획을 설명했고, 김정숙 씨는 마침내 수락했다.

그때부터 우리의 전투가 시작됐다. 김남희는 안동라디오에 출연해 홍보했고, 예천고 국어교사인 김창환 선생님은 예천 지역 표 판매를 도맡았다. 각 회원이 각개전투식으로 티켓을 팔았다. 시골 어른들에게 연극 표를 팔기 위해 '서울서 유명한 구경거리가 온다'라며 너스레를 떨었던 일이나 표가 팔리지 않아 애태우던 밤, 서로를 다독이며 막걸릿잔을 기울였던 기억이 떠오른다. 당시에 점촌에는 삼일극장에서 영화를 상영했는데 노래 등의 공연으로 사용되던 큰 무대가 있었다. 일요일 밤 시간대 영화 상영이 끝나자마자, 인테리어 기술을 가진 회원을 중심으로 우리 회원들은 밤새도록 무대를 설치해 나갔다. 한 면씩 무대가 설치되는 과정은 정말 대단하고 멋진 일이었다. 최선을 다한 덕분에 월요일 두 차례의 연극 공연 준비가 완료되었다.

그런데 공연 당일, 예상치 못한 일이 벌어졌다. 점촌시청에서 사전 신고가 없다며 공연을 막고 나섰다. 우리는 이미 문화부에서 연극 대본에 대한 공연 허가를 받은 상태였고, 공연장 허가는 애초에 필요 없는 사항이었다. 마침, 서울 극단의 관계자가 갖고 온 서류를 보여주었지만, 시청 공무원들은 공연장 허가를 추가로 받아야 한다며 맞섰다. 극단 관계자는 서울에서도 연극을 공연할 때 공연장을 별도로 허가받지는 않는다며 항의했지만, 한 번도 연극을 접해보지 못한 점촌시의 공무원들은 막무가내였다. 극장 밖에는 2천 명이 넘는 관객이 몰려 있는데, 공무원들이 입구를 가로막고 있었다. 청량리역에서 밤 기차를 타고 내려온 배우들은 대기실에서 발만 동동 구르고 있었다. 한 시간 가까이 실랑이를 벌인 끝에, 나는 결단을 내렸다. "책임은 내가 질 테니 비켜 주십시오!" 그렇게 문을 열고 공연을 시작했다.

700석 규모의 극장은 2회 공연을 했음에도 입추의 여지가 없었다. 통로와 계단까지 빼곡히 들어찬 관객들. 문경, 예천, 상주, 심지어 안동에서까지 사람들이 왔다. 그 지역 최초의 연극 공연이었다. 막이 내리고 박수가 터져 나왔을 때, 배우들의 눈에 눈물이 고여 있었다. 평소 소극장에서만 공연을 하다가 큰 극장을 꽉 들어찬 관객 앞에서 공연을 했으니 그럴 만했다. 배우들은 뒤풀이 장소에서도 서울 무대에서도 느껴보지 못한 뜨거운 반응이었다며 감격해했다. 그날 밤, 우리는 불가능이 가능성이 되는 기적을 함께 목격했다.

이 성공으로 들풀모임은 더욱 단단해졌다. 우리는 송년 문학의 밤을 열어 회원들의 작품을 모은 문집 『들풀이여』를 발간했다. 내가 설립 신고를 낸 '도서출판 배움터'의 첫 간행물이었다.

수십 장의 사진을 들여다보니 한 사람 한 사람이 생생하게 떠오른다. 한복을 곱게 차려입은 신명숙 씨는 큰 나이 차이도 아랑곳하지 않고 어린 김기호를 대놓고 좋아해서 우리를 재미있게 했다. 점촌약국에 서 무면허 약사로 일하던 강선일 형은 우리 모임의 최연장자였는데 내 부탁으로 회장을 맡았다. 몇 년 후 그는 "자네 덕분에 내 인생이 완 전히 바뀌었네. 늦게나마 대학에 들어가 새 삶을 시작했다네."라는 편지를 보내왔다.

이 사진의 왼쪽은 나이고 오른쪽은 동국대 불교학과 김준기다. 나와
동갑이었던 그는 4학년으로 시인과 스님 중 선택을 해야 하는 상황에
서 고민하며 밤새 술잔을 기울이곤 했다.

서울로 돌아가야 할 시간이 왔을 때, 나는 차마 떨어지지 않는 발걸음
을 몇 번이고 망설였다. 들풀처럼 뿌리내리고 싶었던 마음과 더 큰 세
상으로 나아가야 한다는 의무감 사이에서, 스물여섯의 나는 처음으로
어른의 선택이 무엇인지 고민해야 했다. 결국 1989년 초, 나는 문경을
떠났다. 채 1년도 안 되는 짧은 시간이었지만, 그곳에서의 날들은 내
생애 가장 뜨거운 시절이었다. 그 후 작은 도시에 뿌린 씨앗이 어떤
열매를 맺었는지, 나는 알지 못한다. 그리고 나는 오래전 한국을 떠나
미국에 정착했다. 그래서 이 기억이 더 애틋하고, 그 시절 사람들이
사무치게 그립다.

30년이 지난 지금, 오래된 필름 속에서 되살아난 그들의 얼굴을 보며 나는 다시 그 이름들을 부른다. 김남희, 이상렬, 김기호, 강선일, 김창환, 신명숙, 김준기, 권혜진... 그리고 여기서 일일이 거론할 수 없는 정든 들풀모임 회원들. 혹시 이 글이 당신 중 누군가의 눈에 띈다면, 그때 그 시절 새재 너머에서 함께 불을 지폈던 그 청년이 여전히 당신들을 기억하고 있다는 것을 알아주기를. 우리가 만든 작은 불씨가 각자의 삶에서 어떤 불꽃이 되었는지, 언젠가 다시 만나 이야기할 수 있는 날이 오기를.

보고 싶다, 들풀모임 사람들. 1988년 겨울 그 예식장에서 『들풀이여』를 들고 환하게 웃던, 우리의 빛나는 시절을 다시 한번 함께 추억할 수 있다면.

말을 씻는 시간:
한 사람의 생애가 시가 될 때

2020년 1월 13일 기록

누런 봉투 하나가 한 달가량을 태평양 위에서 떠돌다 오늘 도착했다. 작년 12월 20일 자 소인이 찍힌 봉투를 열자, 보라색 표지의 시집 두 권이 모습을 드러냈다. 황영주의 첫 시집『말을 씻는 시간』. 나는 잠시 숨을 고르며 그 책을 들었다. 종이의 무게보다 더 묵직한, 한 사람이 통과해 온 시간의 무게가 손끝으로 전해져 왔다.

쉰이 넘어 펴낸 첫 시집. 그것은 단순한 문학작품이 아니라 한 생애의 응축이었다. 책을 펼치자, 캘리그라피로 쓴 영주의 메시지가 눈에 들어왔다. 그 소박한 정성 앞에서 이미 나는 이 시집의 본질을 알아차렸다. 진정한 시란 무엇이며, 시는 어떻게 삶을 증명해 내는가.

• 종암동, 그리고 아버지의 빈자리

내 이십 대는 암울했다. 이룬 것도, 이룰 희망도 없던 시절. 성북구 종암동 경찰서 뒷골목, 영주네 집은 내게 따뜻한 피난처였다. 훤칠한 키에 안경이 잘 어울리던 영주 아버지, 늘 해맑게 웃던 어머니, 그리고 갑자기 생긴 네 명의 여동생들.

평화는 오래가지 않았다. 그녀의 아버지가 갑작스레 세상을 떠나셨다. 영주의 시 「동백꽃 지면」에 그날의 아픔이 고스란히 새겨져 있다.

참 좋은 시절이 오기 전
서둘러 생을 접으며
다 가져갈 테니
너는
잘 살아라
꼭 그래라
거울을 안고 잠든 아버지 -「동백꽃 지면」중

나는 이 시구 앞에서 오래 머물렀다. 그녀는 슬펐지만, "동백꽃 지면 찬란한 봄이 오리니"라며 승화시킨 이 시선이야말로 황영주 시학의 출발점이다. 수필가 심명옥 선생의 평론처럼 영주의 시가 유독 '동사'로 빛나는 이유도 여기에 있다. 그녀의 삶은 관념이 아닌 행동이었고, 사유가 아닌 실천이었기 때문이다.

● 말을 씻는다는 것의 의미

표제시 「말을 씻는 시간」은 이 시집 전체를 관통하는 시인의 구도적
태도를 명징하게 보여준다.

사람이 손으로만 만지랴
마음이 곧 말이니
말을 씻는 일
나를 다시 빚는 일이다
- 「말을 씻는 시간」 중에서

그녀에게 시는 곧 마음이요, 마음이 곧 말이므로 말갛게 헹궈 볕살에
담아 다시 사람들에게 내 줄 수 있는 순수한 대상인 것이다.

말갛게 헹궈
볕살 담뿍 담으면
내일은 마음껏 내어줘도 좋으리
- 「말을 씻는 시간」 중에서

이 얼마나 명징한 표현인가? 시를 쓰는 행위가 세상을 향한 과시가 아
니라, 자기 안의 말을 정갈하게 씻어내는 구도의 과정임을 시인은 고
백한다. 이것은 단순한 시작법이 아니다.

예술과 삶은 분리될 수 있는가? 영주는 그럴 수 없다고 답한다. 「사람의 언어」를 읽다가 부엌으로 내려가 인도산 원두커피를 갈았다. 커피는 마실 때만 느끼는 것이 아니다. 생두를 고르는 순간부터, 로스팅의 향기, 그라인더의 소리, 뜨거운 물이 원두를 적시는 순간까지. 모든 과정이 커피다.

우리에게 말만 있을까
눈길 손길 발길
마음길까지
닿는 곳 어디든
따뜻하게
안을 수 있어
그대를 사랑하는
나는 언어다
- 「사람의 언어」 전문

커피를 마시는 행위가 결말이 아닌 것처럼, 시도 그렇다. 시인의 삶이라는 원두가 갈리고, 고뇌라는 뜨거운 물을 통과하여 추출된 언어. "그대를 사랑하는 나는 언어다"라는 고백처럼, 시인과 언어는 분리될 수 없다. 시는 삶을 언어로 표현할 줄 아는 시인이 없으면 존재할 수 없다. 그러므로 시에서 가장 중요한 것은 뭐니 뭐니 해도 결국은 사람이다. "나"는 시인이요, "언어"는 시인을 만나 비로소 독자가 "따뜻하게 안을 수 있는" 것이다.

• 진정한 시의 품격

영주의 시가 이토록 맑은 울림을 주는 이유는, 결국 그녀의 삶이 시와 다르지 않기 때문이다. 바로 그 지점에서 나는, 한때 나의 서가를 채웠던 어떤 시인의 혼탁한 그림자를 떠올리지 않을 수 없었다. 나는 이민 가방에 고은의 『만인보』를 넣어왔다. '나는 한국인이다'라는 정체성을 확인하려는 부채감 때문이었다. 하지만 노벨문학상에 근접했다가 성 추문으로 추락한 그의 시집은 결국 쓰레기통으로 향했다. 혼탁한 삶에서 나온 언어는 아무리 아름다워도 독자의 마음을 더럽힐 뿐이다.

반면 영주의 시는 정직하고 힘이 세다. 시는 글재주만으로 쓸 수 없다. 인성으로 시를 담아야 한다. 영주와 함께 있으면 늘 편안했듯이, 그녀의 시를 읽는 동안 나는 오랜 친구와 차 한잔 나누는 듯한 편안함을 느꼈다. 그녀의 살아 움직이는 '동사'의 시를 독자는 각자의 '형용사'로 받아들이는 것이다.

• 늦은 출발, 깊은 도착

젊은 천재들의 시가 번뜩이는 감각으로 빛난다면, 영주의 시는 삶의 무게가 눌러준 진중함이 있다. 그녀의 시집은 「사람을 그리다」, 「풍경을 만지다」, 「삶을 묻다」, 「삶을 입다」의 네 장으로 이루어져 있다. 이는 한 사람이 세상을 목격하고, 그리워하고, 질문을 던지다 마침내 자신의 삶으로 엮어내는 여정 그 자체다.

첫 시집에는 작가의 정수가 담겨 있다. 젊은 작가들은 두 번째가 어렵지만, 오십 년을 살아낸 사람은 다르다. 삶이라는 깊은 우물에서 길어 올릴 이야기가 아직도 많다. 늦은 출발이 때로는 더 깊은 도착이 될 수 있다는 것을 그녀가 증명한다.

보라색 시집을 서재에 꽂았다. 태평양을 건너온 이 시집은 단순한 책이 아니라, 한 사람의 생애가 언어로 빚어진 결정체다. 영주가 꿈꾸면 주변이 행복해지고, 주변이 행복해지면 세상도 함께 행복해진다. 말을 씻고, 볕살에 말려, 다시 우리에게 내어주는 시인. 그것이 내가 아는 황영주다. 그녀는 계속 말을 씻을 것이다. 그리고 나는 여기서, 부지런히 나의 언어를 닦고 있겠다.

떠남은 패배가 아니라
더 큰 숲을 택하는 일이다

제3부

경계:
떠남과 선택

Thresholds: Departure & Choice

연희동 사람들

2018년 1월 21일 기록

오래된 사진 한 장을 들여다본다. 1998년 8월 어느 날이었다. 연세대 뒤편 연희동에 있는 최 여사 댁 정원이 배경이다. 다섯 살 딸 루비를 그

네에 태우고 있는 내 모습, 그리고 개와 함께 평화롭게 앉아 있는 딸의 모습이 사진에 담겨 있다. 서울 도심에 이렇게 넓은 정원이 있다는 게 놀라웠다. 우아하고 지적인 그녀의 모습과 얼굴, 목소리가 지금도 생생하다. 이제 육십 중반쯤 되셨을 텐데, 언젠가 다시 만나고 싶은 분이다.

이 사진을 보고 있자니, 문득 연희동에서의 또 다른 기억이 떠오른다. 사진 속 시간보다 9년 앞선 1989년 여름, 나는 그 동네에서 하숙했었다.

• 1989년, 스물여섯의 과장님

출판대학 6개월 과정을 마치고 취직한 회사가 연희동에 있었다. '연합출판진흥(UPPC)'이라는 곳으로, 외국 전문 서적의 저작권을 다루는 회사였다. 교보문고, 종로서적 등 국내 굴지의 외국 도서 수입업체 아홉 곳이 공동 투자해 설립한 곳이었다. 당시 한국에는 190개가 넘는 외국 도서 수입업체가 난립했다. 대학 교재로 지정된 외국 전문 서적은 한 권에 최소 100달러에서 수백 달러를 호가했고, 가난한 학생들은 대학가 복삿집에서 만든 무단 복사본으로 공부하는 것이 일상이었다. UPPC는 바로 이 저작권 문제를 해결하기 위해 만들어진 회사였다.

면접 때 나는 '과장' 직급을 요구했고, 사장은 이를 흔쾌히 받아들였다. 스물여섯, 오만한 자신감으로 가득했지만, 그만한 사회 경험과 능력이 있다고 스스로 믿었다. 무엇보다 나는 나보다 능력이 부족한 사람 밑에서 일하는 것을 견디지 못했다. 어디를 가든 내가 리더일 때 편안함을 느끼는 타입이었다.

취직 후 회사 근처에 하숙집을 구했다. 트렁크 하나가 짐의 전부였지만, 택시에 싣고 밤늦게 하숙집으로 향했다. 그때는 내비게이션은 커녕 인터넷 지도도 없던 시절이라, 기사는 오로지 주소에 의지해 좁고 구불구불한 연희동 골목을 헤맸다. 결국 길을 잃은 택시는 약 2미터 높이의 언덕에서 대로변 인도로 떨어졌고, 나는 등에 큰 충격을 받았다. 가벼운 통증만 느껴 대수롭지 않게 여기고 기사를 보낸 뒤 짐을 챙겨 하숙집으로 향했다. 만약 그때 사진을 찍었다면, 등을 부여잡고 걷는 스물여섯 청년의 모습이 담겼을 것이다. 그것이 수십 년 고생의 시작인 줄도 모른 채.

• 부상, 그리고 데이터베이스와의 만남

명색이 과장이었지만, 회사에는 30대 초반의 대리, 30대 후반의 과장, 50대의 전무이사가 있었다. 나보다 나이도 경험도 많은 이들 사이에서 첫날부터 분위기는 어색했다. 나는 신입사원이라면 할 수 없었을 사무실 배치 변경을 제안하며 어색함을 돌파하려 했다.

입사 이튿날, 수입 도서를 가득 실은 트럭이 도착했다. 남자 직원들은 하루 종일 무거운 책 상자를 창고로 날라야 했다. 택시 사고로 다친 허리는 치료는커녕 그날의 고된 노동으로 완전히 망가져 버렸고, 그 후유증은 수십 년간 나를 괴롭혔다. 제 몸을 돌보지 않은 대가치고는 너무도 가혹했다.

그런데 그 회사에는 연세대 천문대 연구원이 개발한 데이터베이스 프로그램이 있었다. 어느 날, 동료들에게 미움을 받던 한 여직원이 실수로 컴퓨터를 망가뜨려 회사의 귀중한 정보가 모두 사라질 위기에 처했다. 그때 내가 나서서 "사람의 실수라기보다는 프로그램 오류일 수있으니, 개발자를 불러보면 해결될 것"이라며 사람들을 안심시켰다. 다행히 문제는 해결되었고, 그녀는 위기에서 구해준 것에 대해 눈물로 고마움을 표했다.

그 일을 계기로 컴퓨터를 제대로 배워야겠다고 마음먹었다. 회사 근처의 한 컴퓨터 학원에 다니며 dBase와 FoxPro 같은 데이터베이스 프로그램까지도 익혔다. 일찍 컴퓨터를 배운 사람에게 기회가 무한했던 시절, 나는 어느새 주변에서 컴퓨터 전문가로 통하게 되었다. 그러던 중 사장님이 나를 불렀다. "대하 과장, 자네는 회사에서 무엇을 하고 싶은가?" 돈을 벌어주고 싶다는 마음에 "영업을 해보고 싶습니다"라고 답했지만, 그는 조용히 웃으며 서두르지 말고, 천천히 시간을 가지라고 말했다. 그는 나에게 특별한 업무를 주지 않은 채 그저 지켜보고 있었다. 그때 나는 그가 왜 나를 뽑았는지 도무지 이해할 수 없었다.

• 구미무역으로, 그리고 영화의 길로

몇 달 후, 서초구 방배역 근처에 있던 구미무역(KTC)에서 스카우트제의가 왔다. 나중에 알고 보니 UPPC 사장님이 주주 모임에서 나를 추천한 것이었다. 어느 날, 머리가 반짝이는 50대 초반의 남자가 사무실 문을 열고 나를 빤히 쳐다보고 돌아갔는데, 며칠 뒤 자신이 구미무역 사장이라며 만나자는 전화를 걸어왔다.

결국 나는 그의 제안을 받아들여 구미무역으로 옮겼다. 출근 첫날, 회사는 신입인 나를 위해 전 직원을 한자리에 모았다. 파격적인 환대였지만, 정작 사장님은 나타나지 않았다. 상무이사가 나를 소개했다.

"오늘부터 상품관리과를 맡을 대하 대리입니다."

순간 얼굴이 화끈거렸다. 과장이 아니라 대리였다. 나중에야 사장님의 깊은 뜻을 이해할 수 있었다. 직원 50명 중 대리가 겨우 2명, 10년을 일한 삼십 대 중반 직원들도 대부분 평사원인 회사에서 스물여섯 신참이 과장으로 온다면 회사가 발칵 뒤집힐 일이었다. 약속을 지키지 못한 미안함에 차마 내 앞에 나서지 못했다. 그는 상품관리과 책임자라는 실질적 권한은 주되, 조직의 위화감은 최소화하는 절충안을 택한 것이었다. 그 약속 파기는 배신이 아니라, 젊은 혈기로는 미처 헤아릴 수 없었던 깊은 배려였다.

나는 회사에 제안해 지하부터 4층까지 전 직원의 책상에 모니터를 연결하는 내부 컴퓨터망을 구축하고, 매일 아침 전산 교육을 했다. 결과는 놀라웠다. 우리는 실시간 재고 확인 시스템을 활용해, 대학 입찰 전날 밤 실제 보유한 책만으로 새로운 목록을 만들 수 있었다. 우리가 제출한 목록의 책은 100% 재고가 있었고, "구미무역 목록에서 고른 책은 무조건 온다"라는 입소문이 퍼지면서 주문이 우리에게 집중되었다. 그해 구미무역은 200여 개 외서 수입 업체 중 매출 1위로 올라섰다.

그런데 구미무역에서의 내 운명은 단순히 전산화 성공으로 끝나지 않았다. 어느 날 새로 들어온 외국 서적을 정리하다가 'AIVF Guide to International Film & Video Festivals'라는 책을 발견했다. 세계에 천 개가 넘는 영화제가 있다는 사실에 충격을 받았고, 'Festival Director'라는 직함을 처음 본 순간, 내 안에 영화라는 새로운 씨앗이 심어졌다.

그 무렵, 출판대학 시절 친했던 형이 돈을 빌려달라고 해 적금을 깨고 넉 달 치 급여에 해당하는 모자란 돈은 상무님께 가불했다. 퇴사할 때 그 돈에 대해 말씀드리자, 그는 껄껄 웃으며 말했다. "아니, 나는 자네에게 돈을 빌려준 적이 없는데?" 그의 너털웃음 속에는 말로 다 표현할 수 없는 믿음과 격려가 담겨 있었다. 젊은 부하 직원의 앞날을 축복하는 어른의 그 깊은 배려를, 나는 오랫동안 잊을 수 없었다.

회사 앞 전봇대에 붙어 있던 영화동아리 모집 전단과 지하 사무실에서 발견한 영화제 책 한 권. 그 두 가지가 내 인생을 완전히 바꿔놓았다. 훗날 한국 최초의 국제영화제를 만드는 사람이 될 줄, 그때는 꿈에도 몰랐다.

• 인연의 원

다시 1998년 8월의 사진으로 돌아온다. 사진 속 배경의 주인인 최 여사는 내가 연세대 미디어아트연구소에서 객원 연구원으로 일하며 만난 분이다. 돌이켜보면 모든 인연은 밀접하게 얽혀 있었다. 연희동의 UPPC 사장님 추천으로 구미무역에 가게 되었고, 동료를 돕다 만난 연세대 연구원 덕분에 컴퓨터에 눈을 떴으며, 그곳에서 만난 책 한 권으로 영화의 길에 들어섰다. 구미무역에서 아버지처럼 따르던 고문님의 사위가 바로, 훗날 한국에 청소년학과를 처음 만드신 경기대학교 최충옥 교수님이셨는데, 그분과 청소년 프로젝트를 함께하게 될 줄 누가 알았겠는가. 그런데 한국청소년학회 사무실이 하필 구미무역 건물 안에 있었다. 청소년약물오남용방지 교육용 홍보 비디오를 제작하기 위해 학회를 방문하면서, 1년 전 퇴사했던 바로 그 건물을 다시 드나들게 되었을 때, 나는 인연의 원이 어떻게 완성되는지를 비로소 실감했다.

한 장의 사진은 놀랍도록 확장적이다. 기억은 희미해져도 사진은 그 순간을 붙잡아두고, 잊었던 삶의 역사를 통째로 되살려낸다. 그러니 소중한 순간들을 부지런히 기록하자. 오늘 남긴 이미지는 먼 미래의 우리에게 그 시절을 추억하게 하는 가장 즐거운 선물이 될 것이다.

천 개의 영화제,
하나의 꿈

2016년 12월 12일 기록

영화는 스크린에서 끝나지 않는다. 자막이 올라간 뒤에도 객석에는 각자의 숨결이 남고, 서로 다른 박동들이 엉켜 조용한 합창을 만든다. 나는 한때 그 합창 속에서 단 하나의 선율을 만들고 싶어 했다. 영화 감독이 되고 싶었다. 그러나 운명은 내게 다른 악보를 건넸다. 수많은 선율이 동시에 울리는 교향곡을 지휘하는 사람, 영화제 감독이라는 악보를.

2016년 11월, 리즈 셰퍼드가 페이스북에 남긴 글이 내 시간을 과거로 되돌려 놓았다. 도쿄 KINEKO 국제 어린이 영화제에서 만난 사야카 스즈키를 떠올리며 쓴 그녀의 문장 "때때로 일을 하다 보면 너무나 밝게 빛나서 정말 눈부신 사람을 만나게 됩니다"를 읽는 순간, 나는 1992년 서울의 한 사무실로 돌아갔다. 형광등 아래 쌓인 책더미 사이에서 운명의 한 권을 만났던 그날로.

구미무역. 서울 방배역 근처의 외서 수입회사. 1990년 봄부터 1992년 봄까지 내가 상품관리부를 이끌던 곳이다. 매년 수십만 권의 전문 서적이 컨테이너에 실려 들어왔고, 우리는 그것들을 한국의 대학과 연구소로 보냈다. 128KB 램, 10MB 하드디스크, 4.77MHz CPU라는, 지금 생각하면 장난감 같은 성능의 IBM XT 86(나는 입사 후 더 이상 플로피 디스크에 의존하지 않아도 되는 IBM AT 386을 들여놓았다) 컴퓨터 위에서 돌아가던 도서 관리시스템 'BOOMS'로 우리는 혁신을 일구었다. 인터넷이 없던 시절, 전남대 JM 교수와 밤새 전화로 코드 수정을 하면 그 결과는 출근해서야 알 수 있었다. 5¼인치 플로피 디스크가 돌아가는 소리, 모니터의 녹색 커서가 깜빡이던 리듬, 그 모든 느림 속에서 나는 속도보다 중요한 것을 배웠다, 바로 연결의 가치를.

젊은 부서장이었던 나는 낮에는 지하부터 4층까지 네트워크를 연결하고, 밤에는 지하 영화 동아리를 오가며 16mm 필름을 만지작거렸다. 한 달 치 월급으로 산 첼로의 현을 조율하듯, 나는 두 세계의 음정을 맞춰가고 있었다.

그러던 어느 평범한 오후, 새로 들어온 책들을 정리하다가 한 권이 내 손에 걸렸다.

『AIVF Guide to International Film & Video Festivals, 1991』

첫 페이지를 넘기는 순간, 세계가 다시 그려졌다. 칸, 베를린, 베니스, 모스크바. 당시 한국인이 알던 영화제는 이것이 전부였는데, 책 속에는 천 개가 넘는 축제가 밤하늘의 별자리처럼 흩어져 있었다. 환경, 어린이, 인권, 스포츠, 과학, 농업… 상상할 수 없을 만큼 세밀하게 분화된 주제들. 경쟁과 비경쟁, 산업과 예술, 지역과 세계가 서로의 언어를 배우는 현장들. 그 순간 깨달았다. 영화를 만드는 것만큼이나, 영화들이 만나는 장을 만드는 것도 창작이라는 것을.

'Festival Director'라는 직함을 처음 본 순간, 내 안에 씨앗이 심어졌다. 하지만 그것은 아직 막연한 가능성이었다. 구미무역을 떠난 후 『영화저널』 창간에 참여했다. 내 기획으로 이 타블로이드 주간지는 몇 달 만에 전체 주간지 구독률 4위에 올랐고, 무료지 임에도 수만 명이 자발적으로 내 이름의 계좌에 1만 원을 입금했다. 충무로 깊숙이 들어가 보니 한국 영화계는 끝없이 어둡고 미로 같아서, 영화감독의 꿈은 무거운 마음으로 접을 수밖에 없었다.

1993년, 그 포기의 자리에서 새로운 결심이 섰다. 한국 최초의 국제영화제를 만들겠다고. 이화여대 출신 두 명, 구미무역 시절 함께했던 연세대 후배, 그리고 친구들이 모여 '한국국제영화제조직위원회'를 정식으로 등록했다. 우리는 구미무역에서 발견했던 AIVF 책을 한 줄 한 줄 번역하고 분석하기 시작했다. 하지만 1991년 판 책만으로는 부족했다. 최신 정보가 필요했다. 결국 뉴욕 출장을 가는 지인을 통해 어렵게 개정판을 구했다(훗날 2006년, Indiewire.com에서 AIVF가 폐쇄되었다는 기사를 읽으며 한 시대가 끝났음을 실감했다).

우리는 천 개가 넘는 영화제를 주제별, 지역별, 규모별로 분류해 꼼꼼하게 데이터베이스를 구축했다. 그리고 나는 200만 원 거금을 들여 산 흰색 LG 486 노트북을 들고 서울 전역을 누비기 시작했다. 고위 관료, 대기업 임원, 영화감독, 평론가, 기자들. 만나는 모든 사람에게 화면을 펼쳐 보였다. 내가 정리한 천 개의 영화제가 화면에 뜨면, 예외 없이 모두가 숨을 멈췄다. 영국, 프랑스, 미국에서 영화학 박사 학위를 받은 전문가들조차 "세계에 기껏해야 70개 정도의 영화제가 있을 것"이라고 생각했으니까.

"한국을 대표하는 국제영화제가 필요합니다."

설득은 지난한 과정이었지만, 조금씩 새로운 가능성에 눈뜨는 사람들이 늘어났다.

1997년, 시카고 국제 어린이 영화제의 리즈 셰퍼드를 서울로 두 번 초
대했다. 내 딸이 한 살도 안 되었을 때 우리 집 거실에서 아이를 안아
올리던 그녀는, 지금도 시애틀 바숀 섬에서 어린이들의 꿈을 키우고
있다. 누군가 그녀에게 지금까지 참석한 영화제가 몇 개냐고 묻는다
면, 아마 잠시 멈춰 하늘의 별을 세듯 올려다볼 것이다.

영화감독이 삶의 사유를 빛과 그림자로 조각한다면, 영화제 감독은
동시대의 질문들을 하나의 시공간으로 엮는다. 전자가 깊이를 파고든
다면, 후자는 넓이를 짠다. 하지만 둘 다 결국 관객과의 만남을 향한
다. 너무 개인적이면 고립되고, 너무 대중적이면 정체성을 잃는다. 그
사이의 황금 비율을 찾는 것, 그것이 Festival Director의 일이었다.

스물여덟에 결심했고, 서른한 살에 실현했다. 한국에서 처음으로 명
함에 'Festival Director'를 새긴 사람이 되었다. 사람들은 집행위원장이

나 조직 위원장 같은 권위적 호칭을 선호했지만, 나는 그 영어 단어가 품은 정확한 의미, 즉 '축제를 연출하는 사람'이라는 뜻을 고집했다.

돌이켜보면 모든 시작은 작았다. 느린 컴퓨터의 팬 소리, 플로피 디스크의 기계적 리듬, 밤새 들고 있던 수화기의 열기, 그리고 운명처럼 만난 한 권의 책. 작은 것들이 모여 방향이 되고, 방향이 모여 길이 되었다. 영화감독을 꿈꾸던 청년은 영화제 감독이 되었고, 한 편의 완성 대신 천 편의 만남을 선택했다.

이 이야기는 결국 연결에 관한 것이다. 스크린이 끝나는 곳에서 시작되는 대화, 자막이 올라간 뒤에도 계속되는 여운, 서로 다른 시간대를 살아온 사람들이 같은 어둠 속에서 같은 빛을 바라보는 기적. 천 개의 영화제가 있어도 우리가 꿈꾸는 것은 결국 하나다. 서로의 이야기가 더 멀리, 더 깊이, 더 넓게 가닿기를.

그래서 나는 오늘도 믿는다. 영화는 스크린에서 끝나지 않는다고. 오히려 거기서부터 진짜 이야기가 시작된다고.

• 작가 노트: 2025년 9월
1994년, 나는 국제영화제를 시도하며 한국에서 그 가능성의 문을 열었다. 이듬해인 1995년, 문화체육관광부가 제1회 서울국제만화애니

메이션페스티벌(SICAF)을 준비하자 나는 인터넷코리아와 협력하여 페스티벌 웹사이트를 기획·개발해 제공했다. 이어서 해외 작품 섭외에 어려움을 겪던 조직위의 요청으로 코디네이터로 참여해 해외 애니메이션 작품 섭외와 프로그램 구성을 맡았다. 내가 세계 최초로 개발한 영화제 전용 자막 전광판 시스템도 이때 지원했다.

그리고 1995년 8월 SICAF가 열리기 전, 나는 제1회 어린이청소년영화제를 개최했다. 공식적으로 한국 최초의 국제영화제를 연 것이다.

보라매공원을
건너온 그녀

2017년 2월 24일 기록

• 악몽 같았던 1994년

내가 '악몽'이라고 주장하면 잘 믿지 못할 것이다. 그래서 이를 뒷받침하기 위해 자료를 검색해 보았다. 23년 전의 자료를 찾는 것이 쉬운 일은 아니지만, 인터넷에서 겨우 찾을 수 있었다. 순서대로 아래의 세 행사가 내게 안겨준 결과는 악몽이었다. 모든 행사의 주관사는 내가 1994년에 설립한 개인 회사 '신명기획'이었다. 이 작은 개인 회사가 아래의 세 대형 행사를 실제로 모두 기획하고 주관했다.

• 청소년콘서트 '94 내일을 향해: 1994. 6. 18.

• 한중수교 기념 백두산 중추 기원제 개최: 1994. 9. 18. ~ 24.

• 서울국제에버그린영화제: 1994. 10. 29. ~ 11. 4.

• 1994년 6월 18일, 88올림픽 주경기장

잠실 주경기장. 1988년 서울올림픽 개막식이 열렸던 바로 그곳에서 7
만 명의 관객과 함께 '청소년콘서트 94 내일을 향해'가 열렸다. 한국
청소년학회의 경기대 청소년학과 최충옥 교수와 함께 기획한 '청소년
약물남용 예방 홍보용 비디오'를 문체부 예산으로 제작해 전국 중고
등학교에 배포한 것이 계기가 되어, KBS와 매년 진행하는 연례행사
로 계약했다.

당시 행사 진행 요원만 400명이 넘었고, 송파경찰서의 모든 중대가
총출동했다. 당대 최고의 아이콘이었던 연세대학교 농구팀이 참여할
정도로 화려한 출연진이 꾸려졌다. 인기 가수였던 듀스의 김성재도
열창했다.

KBS에 제작비로 2억 5천만 원(부가세 별도)을 지불하기로 했으며, 기
업 스폰서를 유치하느라 모든 노력을 경주했다. 당시 강성균 나라기
획 기획국장의 도움으로 스폰서들을 어느 정도 구해 나갔다. 잠실 주
경기장 임대 비용, 보험료, 경비료, 진행 요원의 일일 식비와 운영비,
송파경찰서 지원비까지 부담이 컸다. 행사 직전에는 나와 개인적인
친분이 있던 영화계의 박건섭 선생님으로부터 수천만 원의 돈을 빌려
겨우 행사를 마무리할 수 있었다. 행사는 성공적으로 열렸지만, 남은
것은 빚뿐이었다.

광고 방송을 확인해 보니 우리가 섭외한 스폰서보다 더 많은 기업이 참여하고 있었다. 나는 사업부서에 항의하고 사실 관계를 요청했다. 알고 보니 KBS 사업부서 담당자가 우리 몰래 스폰서를 별도로 섭외해 그 돈으로 결혼도 하고 아파트도 사는 등 이미 착복한 뒤였다. 참으로 기가 막힌 일이었다. 그 직원은 내 앞에서 잘못했다며 용서를 구했지만 이미 쏟아진 물이었다. 사업부서 책임자들은 우리를 달래기 위해 차기 사업을 지원하기로 했다. 한 사람을 단죄하기보다는 관계를 더 잘 이어가기로 합의한 셈이었다. 알고 보면, 그 말단 직원이 혼자 착복한 것이 아니라 사업부서 차원에서 나누어 가진 것 같았다.

• 1994년 9월, 중국행 비행 하루 전

KBS 사업부서에서는 다음 행사로 손실을 만회하자고 제안했다. 그래서 '백두산 중추 기원제'는 속도를 냈다. 이 프로젝트는 신명기획 내의 기획 2국과 3국에서 전담했다. 이북도민중앙연합회 회원 280여 명이 참가하기로 했고, 참가 비용을 선금으로 받았다. 아시아나항공, 마사회, 동화은행 등을 비롯한 굵직한 스폰서들도 모두 구해져 흑자 행사가 예정되어 있었다. 모든 참가자가 환전도 마치고 여권과 비자도 발급받았다. 우리 직원 일부는 사전 답사를 위해 현지를 다녀오기도 했다. KBS 방송 제작단 일부도 사전에 출발했다.

행사 프로그램은 백두산 천지에서의 중추 기원제 합동 제례, 장춘 특설 무대에서의 추석맞이 한민족 한마당 공연, 항일 독립운동 유적지

탐방 등으로 구성되었다. 특히 장춘 공연에는 설운도, 김부자, 장미화, 문희옥, 송대관, 태진아 등 국내 인기 트로트 가수들이 대거 참여하기로 했다. 원로 코미디언 송해 씨가 사회를 맡았고, 오복녀, 유춘심, 신정애 등 서도소리보존회 국악인과 남보원 씨 등도 출연하기로 되어 있었다. 모든 행사는 KBS가 녹화해 특집 프로그램으로 제작할 예정이었다.

모든 것이 완벽했으며 비행기 출발을 하루 앞두고 있었다. 그런데 바로 그날, 청천벽력 같은 통보가 날아들었다. 중국 측에서 우리 일행의 입국을 불허한다는 것이었다. 두 달 전인 7월 8일 사망한 김일성의 애도 기간이 아직 끝나지 않았다는 것이 표면적인 이유였다. 북한의 국상(國喪) 중에 남한의 가수들이 와서 노래하고 춤추는 행사를 여는 것은 부적절하다는 북측의 입장이 중국 당국을 통해 전달된 것이다.

KBS 사장이 직접 나서서 중국 방송사 사장의 협조를 구했지만, 한번 닫힌 문은 끝내 열리지 않았다. 남북 관계의 팽팽한 긴장감이 애먼 곳에서 터져버린 셈이었다. 결국 행사는 취소되었다.

우리는 동화은행에 예치되어 있던 이북 실향민들의 참가비 수억 원을 모두 돌려주어야 했으며, 스폰서들에게서 받은 금액도 전액 돌려주어야 하는 상황에 놓였다. 한편 기획1국을 이끌고 있던 나는 한국 최초의 국제영화제 추진에만 집중하고 있었는데, 그야말로 풍전등화 같은 형국이었다. 위기를 극복할 유일한 것은 이제 영화제의 성공뿐이었다.

• 1994년 10월, 무산된 국제영화제

앞서 예상치 못한 재정적 위기로 영화제 역시 자금 문제에 발이 묶여 있었다. '서울국제에버그린영화제'는 외형적으로 든든했다. 그린스카우트, 서울국제영화제조직위원회(내가 만든 위원회), 환경관리공단이 공동 주최하고, 문화체육부, 환경처, 외무부, 영화진흥공사, 서울시, 맑은물되찾기운동연합회 등이 후원으로 참여하는 행사였다. 조직위원회에는 한국영화인협회장, 영화제작자협회장, 공연윤리위원장(김동호, 훗날 부산국제영화제 집행위원장), 전국극장연합회장, 서울시극장협회장 등이 참여했다. 나는 서울대 신문학과(현 언론정보학과) 박명진 교수와 가수 정태춘도 조직위원으로 초청했다. 박 교수는 대중들에게 지식인으로 잘 알려져 있었고, 정태춘은 문화 운동과 사회 운동에 헌신하던 인물이었기에 영화제 이미지와도 잘 어울렸다. 박명진 교수와는 일면식도 없었지만, 나는 기획서를 들고 직접 찾아가 제안했다. 그녀는 "서울대 출신들은 이런 창의적인 일에 나서는 경우가 드문데"라며 그 자리에서 흔쾌히 수락했다.

전 세계에서 훌륭한 환경 영화 30편과 한국 영화 5편을 섭외했다. 감독들도 초청했다. 이 과정에서 지금도 친구로 지내는 리즈 셰퍼드(당시 시카고국제어린이영화제 페스티벌 디렉터)의 도움을 많이 받았다.

서울 시내 주요 육교마다 영화제 홍보 간판이 걸렸고, MBC 아침 뉴스 생방송에도 출연해 홍보했다. 당시 아나운서는 박영선 현 국회의원이었다. 첫 전국 규모 생방송이라 긴장한 나머지 잠을 제대로 자지 못했고, 방송 중 준비한 멘트를 잊어버려 5초가량 당황스러운 침묵이 흘렀다. 당시 나는 그 영화제의 창설자이면서 공식 직함은 사무국장이었다. '강하늘'이라는 이름을 사용했다. 강과 하늘, 멋진 이름이었다.

그런데 문제가 터졌다. 영화제 주최 측 중 하나이자 자금 조달을 전적으로 책임졌던 그린스카우트의 김재범 교수(한양대학교 신문방송학과)는 결국 단돈 100원도 내놓지 않았다. 불과 얼마 전까지만 해도 "자금 조달은 걱정하지 말고 영화제 준비만 잘해 달라"던 사람이었다. 자금 조달에 차질이 생겼다고 해명했지만, 너무나 무책임했다. 게다가 공연윤리위원회는 심사비로 무려 2,500만 원을 요구했다.

나는 긴급히 여의도 호텔에서 조직위원회를 소집했다. 영화제에 꼭 필요한 예산은 7천만 원 정도였다. 극장 대여비와 초청비, 필수 불가결한 홍보비와 진행비였다. 조직위원 중에는 전국극장연합회장, 서울시극장연합회장도 있었으므로 자금을 마련하는 것이 불가능하지는 않았다. 그러나 그들은 단순히 영화제 연기만 주장했다. 몇 달 연기하거나 다음 해로 미루자는 것이었다.

하지만 이미 전 세계에서 필름을 모두 보내온 상태였다. 국제영화제에 출품되는 필름은 여러 해외 영화제에 예약되어 있다. 우리 영화제 상영이 끝나면 곧바로 다른 영화제로 발송해야 하는 촘촘한 스케줄이 잡혀 있었다. 몇 달 연기한다는 것은 6개월 이상 공들인 섭외가 모두 무산된다는 뜻이었다. 나는 이를 설명했지만 이해하는 사람이 없었다.

결국 나는 해외 작품 출품 제작사 및 초청 인사들에게 행사 취소를 알리는 팩스를 보냈다. 그중 라운드 티켓을 이미 끊은 한 감독이 서울에 도착했을 때, 그를 홀로 맞아야 했던 순간은 참으로 암울했다. 대외적으로는 공연윤리위원회 심의 문제를 내세웠다. 나는 한겨레신문 인터뷰를 통해 "영화제 참가 작품을 공윤이 심사한다는 것 자체가 어불성설이며, 세계 어떤 영화제에도 국가 기관이 심사를 하겠다고 나서는 곳이 없다"고 주장했다.

김동호 위원장은 2011년 국민일보에 기고한 글에서 이 사건을 다음과 같이 표현했다.

처음에는 망설였습니다. 1년 전, 영화제를 만들겠다는 젊은 사람들 말만 믿고 참여했다가 망신만 당했던 일이 생각났습니다. 공연윤리위원회(이하 공륜) 위원장이던 94년 9월 저는 영화과 교수 한 분의 요청으로 '국제에버그린영화제' 조직위원을 맡게 됐습니다. 공륜 책임자가 영화제에 관여하는 게 부적절해 보일 수도 있었지만 오히려 저는 전국극장연합회 강대진 회장, 서울시극장협회 곽정환 회장, 한국영화협

동조합 강대선 이사장에게도 함께 조직위원으로 참여하자고 부탁했죠. 특히 그들이 걱정하던, 초청 영화에 대한 공륜 심의는 면제해주겠다는 약속도 했습니다.

그런데 10월 29일로 예정된 개막일이 임박하자 그들은 일방적으로 국제영화제를 취소했습니다. 기자회견을 통해 "공륜 심의를 받지 못해 취소한다"고 발표했습니다. 앉은 자리에서 벼락 맞듯 황당하기 짝이 없었습니다. 해명할 여유도 없었습니다. 취소한 사유야 많았겠죠. 주된 이유는 스폰서를 구하지 못한 채 졸속으로 추진했기 때문이었던 것 같습니다. 국제적 망신이었습니다.

김동호 전 위원장의 주장 중 핵심 부분은 사실과 다르다. 그는 내가 "일방적으로 국제영화제를 취소했다"고 주장하지만, 이는 전혀 사실이 아니다. 동아일보 후원으로 설립된 그린스카우트라는 환경단체가 공동 주최가 되는 조건으로 영화제의 재정 지원을 맡기로 계약했으나, 그들이 약속을 어긴 것이 발단이었다.

위에서 간략하게 설명했듯이 긴급 조직위원회를 소집해 토론했다. 진행비로 이미 신명기획이 상당한 비용을 부담해 왔지만, 영화제 개최를 위해서는 추가 예산이 반드시 필요했다. 위원들이 예산 조달 방안을 협의하며 최소한의 추가 예산이 얼마면 되겠느냐고 물었다. 나는 이미 집행된 예산은 신명기획이 떠안더라도 최소한 7천만 원이면 행사를 무리 없이 진행할 수 있다고 제시했다. 그러나 예산 조달에 대한 어떠한 아이디어도 나오지 않자, 나는 각 기관이 1천만 원, 2천만 원씩 우선 부담하자고 제안했다. 선지출된 비용은 신명기획에서 그린스카우트의 김재범 교수와 협의해 돌려받겠다고 했다. 물론 그 자리에는 김재범 교수도 참석했다.

나의 제안에도 아무도 나서지 않고 연기만 주장했다. 따라서 김동호 전 위원장의 "일방적 취소"라는 주장은 사실과 전혀 다르다. 그리고 나는 그 자리에서 영화제 취소를 발언한 적이 전혀 없다.

회의가 끝난 다음 날, 김동호 위원장으로부터 전화가 왔다. 공윤의 심사비를 면제해 주겠다는 내용이었다. 애초에 국제영화제 참가 작품에 심사비를 부과하겠다는 발상 자체가 어불성설인데, 영화제 사무국이 예산 문제에 부딪히니 면제해 주겠다는 것을 듣고 기분이 상당히 좋지 않았다. 그전에 공윤 사무실을 찾아가 실무자에게 사정을 해도 들어주지 않던 조직, 더구나 그 조직의 수장이 해당 영화제의 조직위원장임에도 요지부동이던 그들이 선심을 쓰는 것에 지나지 않았다.

그래서 나는 기자회견을 연 것이다. '주된 이유는 스폰서를 구하지 못한 채 졸속으로 추진했기 때문'이라는 그의 주장은 일방적인 책임 회피일 뿐이다. 명색이 환경운동을 한다는 대학교수가 이끄는 단체와 계약까지 한 것을 믿은 내가 잘못인가, 아니면 그것을 어긴 사람이 잘

못인가?

조직위원장이라는 최고 책임자의 자리를 수락했을 때는 최소한 책임을 지는 모습을 보여야 한다. 자신의 영화제가 위기에 놓였다면 그것을 해결할 방법을 찾아야 한다. 조직위원이라는 감투를 쓸 때는 자신의 명예에 도움이 되는지 면밀하게 파악한 뒤 수락했을 것이다. 성공하면 모두 자신 덕분이요, 실패하면 모든 잘못을 추진한 실무진에게 돌리는 태도야말로 한국에서 지속적으로 반복되던 나쁜 관행이었다.

그는 회고문에서 나를 탓하기 전에 조직위원장으로서 사무국을 한 번이라도 방문했었는지 반성해야 한다. 영화제가 열리면 얼굴마담만 하려던 태도 때문에 공윤의 심사비 문제를 비롯해 같은 조직위원 중 한 명이었던 김재범 교수의 재정 조달 문제도 확인하지 못한 것이다.

이렇게 한 작은 기획사에서 세 개의 대형 행사를 연달아 실패하면서 나는 행사 기획계에서 무섭게 떠오른 혜성에서 급격히 추락했다. 9월이 지나면서 직원들은 대부분 떠났다. 그때 내 아내를 막 소개받았던 것이다.

• 첫 만남
내가 아내를 처음 만난 날을 기억한다. 강남역 사거리 국기원 방향, 지하철 2호선 강남역 11번 출구 쪽에 김춘수 시인의 시 제목에서 따

왔을 '샤갈의 눈 내리는 마을'이라는 커피숍에서 만났다. 1980~1990년대 강남 지역 최고의 분위기 좋은 곳이었다고 한다.

내가 구미무역 주식회사에서 근무할 때 회사 근처의 한 언더그라운드 시네마 클럽에서 만난 함영훈이의 소개였다. 영훈이는 당시 서울대 지리학과 1학년에 다녔고, 아내와는 집안끼리 잘 아는 사이였다. '샤갈의 눈 내리는 마을'에서 아내를 소개받고 이야기를 나누다가 압구정 현대아파트 근처 로데오 카페 거리로 자리를 옮겨 밤늦게까지 이야기를 나누었다. 나는 목소리가 쉴 정도로 많은 이야기를 했다. 내가 하는 일과 나의 포부에 대해서. 훗날 아내는 나의 엄청난 열정에 놀랐다고 했다. 첫 만남 이후 나는 일에 바빠서 그녀에게 연락을 하지 않았다. 바쁜 정도가 아니라 그때까지 내 인생에서 가장 큰 고난의 길을 걷고 있었다. 그야말로 내 코가 석 자였다. 회사 정리하랴, 벌어진 일들 마무리하랴, 정신이 하나도 없었을 때였다.

• 소개팅 후
이미 내 곁에는 직원이 한 명도 없었다. 만신창이가 되었으므로 먹여 살릴 능력도 없었다. 그렇게 정신없이 지내고 있는데 어느 날 우리를 소개해 준 영훈이에게서 전화가 왔다. "누나에게 미팅 후 연락하지 않았느냐?"고 물어왔다. 영훈이는 아내보다 두 해 아래였다. 그는 2016년에 KBS에서 제작·방영되어 공전의 히트를 쳤던 '태양의 후예'의 책임 프로듀서를 맡았다.

나는 전화를 받고 미안해서 아내에게 전화를 했다. 그렇게 해서 우리의 만남은 이어졌다. 만나는 동안 나는 내 어려움에 대해 기색도 하지 않았다. 물론 내 프로젝트가 무산된 것은 설명했지만, 나는 꿋꿋했다. 그 정도는 거뜬히 헤쳐 나갈 수 있다는 자신감으로 똘똘 뭉쳐 있었다.

나는 뱅뱅사거리에 있던 사무실을 완전히 정리하고 인사동의 한 연구원에 책상 두 개를 얻어 들어갔다. 신명기획 시절 핵심 멤버였던 연세대 경제학과 출신 후배 K와 함께였다. 방배동 구미무역에서 함께 근무한 사이기도 했다. 그렇지만 이 친구도 곧 제 살길을 찾아 떠났다.

● 포기하지 않은 영화제

그럼에도 나는 국제영화제를 포기할 수 없었다. 나는 그해 12월 9일부터 11일까지 보라매공원에 있던 보라매청소년회관에서 '작은 에버그린 영화제'를 끝내 열기로 결심했다. 무산되었던 '서울국제에버그린 영화제'에 출품하기로 했던 작품 중 14편을 상영하기로 했다.

'체르노빌의 아이들', '나무', '쇄빙선', '하늘을 가로질러', '뱃사공', '자연의 아이들', '사냥꾼과 폭격기', '숲속의 구원자들', '코끼리 파수꾼', '소녀와 고래', '후루야시키 마을', '아마조니아-원시림의 음성', '동물원', '아가노에 산다'. 샌프란시스코 영화제 환경 부문 대상을 받은 작품들, 체르노빌 핵폭발 사고를 심층 해부한 작품들, 아이슬란드의 유려한 풍광을 담은 수작들이었다.

무료 행사로 진행한 만큼 내게 남는 것은 없었다. 나는 운영과 진행도 혼자 했다. 그야말로 철저하게 1인 기획·진행 행사였다. 이것이 한국 역사상 최초의 국제영화제였다. 화려했던 계획이 이렇게 초라한 무료 행사로 쪼그라들었다. 분명한 굴욕이었다. 하지만 나는 이것이 필요했다. 실패를 인정하는 것이 아니라, 나는 여전히 살아있다는 것을 증명하는 것이 필요했다.

• 보라매공원을 건너온 그녀

행사 마지막 날인 12월 11일 일요일 오후, 보라매공원을 가로질러 한 여인이 걸어오는 것이 내 눈에 띄었다. 그녀였다. 우리가 사귀기 시작한 지 한 달 조금 넘었을 때였다. 압구정에서 보라매공원까지, 혼자서, 나를 보러 온 것이었다.

그녀는 내 옆에 앉아서 캐나다 영화 '소녀와 고래'를 비롯해 몇 편의 영화를 같이 봤다. 그리고 영화제가 끝나고 내가 정리할 때까지 나를 도왔으며 나의 덜컹거리는 차에 탔다. 우리는 청담동 갤러리아 백화점 근처 주차장에 있었다. 차 안에서 우리는 결혼을 약속했다. 아내는 나의 포기하지 않는 정신에 감복했던 것이다. 그런 면에서 내가 굴욕을 참고 진행한 그 영화제는 내가 의도하지 않았지만, 결과적으로 '청혼 이벤트'였던 셈이다. 만일 내가 상실감에 빠져 아무것도 하지 않고 실의에 젖어 있었다면 아내는 내게 희망을 갖지 않았을 것이다. 차 안에서 다른 말은 필요 없었다. 첫 키스도 그때였다.

• 신혼, 원룸 사무실에서 시작하다

1995년 3월에 결혼한 우리 부부의 첫 신혼살림은 서울 강남 역삼세무서 뒤편 작은 건물의 2층 스튜디오였다. 침대 하나와 벽 쪽에 붙여 놓은 책상 두 개가 들어가면 여유 공간이 없는 작은 스튜디오였다. 별도의 보일러 시설이 없어 한겨울에도 더운물이 없었다. 당연히 샤워 시설조차 없었다. 베란다 문을 열면 왼쪽 벽면에 싱크대 하나가 달랑 있어 그곳에서 밥을 짓고 세수를 했다. 오른편에는 별도의 칸막이도 없는 화장실이 있었다.

그 원룸을 얻은 것은 1994년 12월이나 1995년 1월쯤이었다. 그해 나는 그야말로 완전히 파산한 상태였다. 새롭게 시작하지 않으면 안 되었다. 더구나 결혼을 앞두고 있었으므로 과거와 완전히 손을 끊고 달라져야 했다. 사무실 보증금은 예비 신부가 타고 다니던 현대자동차의 중고 스쿠프를 팔아 마련했고, 월세는 42만 원이었다. 나는 그 당시 무일푼이었다.

그럼에도 불구하고 우리의 결혼식은 당시로서는 흔치 않게 호텔에서 했다. 강남구 영동사거리에 있는 프리마호텔이었는데, 당시 결혼식장 운영 허가를 받은 호텔이 서울에 몇 군데 없을 때였다. 무일푼인 주제에 내가 그런 호사스러운 결혼식을 치를 능력은 없었다. 결혼 준비와 결혼식 관련 모든 비용은 장모님께서 부담하셨다.

• 결혼식

결혼식에 앞서 양가 상견례가 강남 압구정동의 한 식당에서 있었다. 시골에서 올라오신 어머니와 장모님, 그리고 우리 두 사람과 처제가 함께했다. 그 자리에서 장모님께서는 "사돈께서는 아드님들이 많으시니 넷째 아드님을 제 아들로 주시는 셈 쳐 주십시오"라고 하셨다.

물론 우리 둘은 조촐하게 우리 형편에 맞게 치를 생각이었으나, 당시 어른들은 대체로 일가친지와 주변에 보여주기식 허례허식을 중요하게 여기셨다. 아내는 압구정동 현대아파트에 살고 있었으므로 나는 큰 부담을 갖지 않았다. 부잣집은 아니더라도 결혼 비용 정도는 큰 부담이 아닐 것이므로, 무일푼인 나로서는 내심 감사하게 생각할 뿐이었다. 시골 부모님께 경제적 부담을 드리지 않게 된 것만으로도 감사했다.

당시 우리 결혼식은 매우 창의적으로 진행했다. 나는 행사 전 음악들을 모두 선정해서 테이프로 담아 식장에 넘겼고, 서대문구 창천동에 있던 한 영화 동아리에 의뢰해서 식장에 스크린을 설치하고 빔 프로젝터로 우리 부부의 영상물을 상영했다. 식장에서 촬영한 영상물들을 즉석에서 편집해 상영하는 방식도 도입했다. 사회자 멘트도 직접 건넸다. 우리 부부가 서로에게 주는 메시지들도 준비해서 낭독했다. 사회는 나의 초등학교 친구인 신동하가 맡았다. 그의 어머니와 나의 어머니는 둘도 없는 친구 사이셨다.

당시 나의 아버지는 서울 천호동 보훈병원에 입원하고 계셨다. 강원도 고성군 운봉산 기슭 고향집 근처에서 논두렁에 쥐불을 놓으시다가 갑자기 강풍을 만난 불이 산으로 옮겨붙었고, 그것을 끄시느라 온몸에 화상을 입으셨다. 결국 대형 산불이 났고, 산불의 책임으로 많은 벌금이 나와 가산의 일부를 처분하셔야 했다. 국가유공자이신 아버지는 보훈병원으로 이송되어 두 달 넘게 화상 치료를 받으셔야 했다. 안타깝게도 아버지는 나의 결혼식에 참석하지 못하셨다. 아버지를 대신해서 아버지의 사촌 형제이자 강원도 검찰 지청장 출신인 오촌 당숙께서 자리하셨다.

이 당숙 어른과는 개인적으로도 인연이 많았다. 우리 시골 가산을 서울의 어느 유령 회사가 사기 쳐서 모두 가로챘을 때 내가 나서서 원상 복구를 시켰는데, 당시 변호사로 활동하셨던 당숙께 도움을 청했었다. 1980년대 중반이었고, 결국 우리가 소송에서 이겼다. 당시 당숙 어른께서 아버지를 만나 "형님은 자식 하나는 아주 똑똑하게 잘 두셨수다"하며 나를 칭찬하신 것이 기억난다.

아버지가 계시지 않은 상태에서 결혼식을 진행하느라 나의 마음은 착잡했다. 결혼식 전 병원에 입원해 계신 아버지를 방문했는데, 끝내 눈물을 보이셨다.

• 우리 부부의 모토

우리는 사무실에서 신혼살림을 시작했다. 좁고 불편했지만, 우리는 최고의 나날을 보냈다. 그곳에서 우리는 결혼하기 전에 70~80페이지 분량의 인생 계획서도 작성했다. 우리가 어떻게 살아왔으며 앞으로 어떤 목표와 가치관으로 세상을 살아갈 것인지에 대해 협의하면서 한 페이지씩 작성했다. 그렇게 해서 우리의 인생 모토인 '자유(Freedom), 열정(Passion), 그리고 만족(Satisfaction)'이 탄생했다. 우리는 약혼반지에 이 모토의 앞 글자를 따서 'FPS'를 새겨 넣었다.

결혼으로 구속되지 말자는 의미와 함께, 그 무엇보다 자유롭게 살자는 의미로 우리는 '자유'를 선택했다. 그러나 우리가 설정한 '자유'는 단순한 결혼 생활을 넘어선 의미였다. 자유롭지 않으면 불편하고 우울해진다. 자유롭지 않으면 긍정적이지 못하고 부정적이 된다. 그 어떤 것으로부터 우리의 삶은 자유로워야 제대로 된 삶을 살 수 있기 때문이다.

그러면서 인생을 무미건조하게 살지 말고 열정적으로 최선을 다해 살자는 다짐을 담아 '열정'을 선택했다. 우리의 삶에 열정은 중요했다. 그래서 가운데에 놓았다. 열정으로 자유로움을 지키고 키워가야 하며, 열정으로 우리 삶의 만족을 높이고 지켜갈 수 있으므로.

마지막으로 우리가 선택한 것은 '만족'이었다. 자유와 열정은 자연스럽게 우리 삶을 만족스럽게 하는 과정이자 수단이어야 했다. 우리가 결혼 생활의 좌우명으로 삼은 이 세 단어는 우리 두 사람을 엮어주는 중요한 모토이기도 하다. 우리는 이러한 모토 아래 매년 우리가 해야 할 방향들을 진지하게 고민해서 인생 계획서에 담았다. 당시에 우리는 2010년까지 설정을 해 보았을 것이다. 우리는 어디에 구속되지 말자는 의미에서 자유를 선택하면서 우리가 사는 곳도 자유롭게 선택하자고 결정했다. 특정 지역에 국한되는 삶보다는 우리가 원하면 어느 나라든 갈 수 있고 그런 곳에서도 우리의 삶을 자유롭게 운영해 나갈 수 있어야 한다고 의견을 모았었다. 그래서 우리는 미국을 포함해서 유럽 등 여러 지역에서 살아보는 것도 하나의 가능성으로 설정해 놓았다. 열정으로 말할 것 같으면, 나를 지탱하는 가장 큰 항목이었다. 따라서 내가 가진 열정은 우리를 맺어준 소중한 모토 중 하나가 되었다.

• 끝나지 않은 시련

역삼동 세무서 뒤편에서 시작한 우리의 신혼 생활은 그해 '서울국제어린이청소년영화제'를 준비하면서 직원이 늘어난 까닭에 근처의 조금 넓은 2층 사무실로 옮겼다. 이때 우리의 이삿짐을 옮겨준 이가 지금은 미국 워싱턴 D.C.의 한국일보 편집국장인 이종국 선배다. 나와는 1989년 4월부터 9월까지 대한출판문화협회에서 개설한 출판대학 1기로 만난 동기이기도 하다.

그곳에서 영화제를 준비해 나갔다. 그런데 메인 극장이자 메인 스폰서였던 서초동 삼풍백화점이 행사를 일주일 정도 남겨 둔 1995년 6월 29일에 무너져 내리는 바람에 또 다른 악몽 같은 시간을 보내야 했다. 백화점 외벽에 대형 현수막을 설치하기 하루 전이었다. 결국 아수라장 상태에서 나머지 세 곳에서 예정대로 행사를 진행할 수밖에 없었다.

행사 후의 재정적 후유증이 컸으므로 오갈 데 없는 우리 부부는 행사를 진행하던 사무실에서 또 다른 겨울을 보낼 수밖에 없었다. 그 사무실은 예전 원룸과 달리 난방 설비 자체가 없었으므로 마치 하루 종일 시베리아 벌판과 같은 냉기가 흘렀다. 따뜻한 물도 나오지 않았다. 잠을 잘 때에는 너무 추워서 서로 꼭 껴안고 자도 밤새도록 추위에 얼마나 떨었는지 아침에는 온몸이 저릴 정도였다. 빨래는 일주일에 한 번씩 모아서 장모님 댁에 가서 해 오곤 했다.

그 춥던 또 다른 겨울, 우리의 결혼 1년 세월은 그렇게 흘러갔다. 그렇지만 우리에게는 FPS가 있었다. 여전히 자유롭고, 여전히 열정이 있었고, 여전히 만족스러웠다.

잠자는 여우의 기록:
내가 한국을 떠날 수밖에 없었던 이유

2024년 9월 29일 기록

● 프롤로그: 과거를 돌아보다

누구나 한 번쯤 "과거로 돌아갈 수 있다면, 어느 순간으로 가시겠습니까?"와 같은 질문을 받는다. 나 역시 그랬다. 그때마다 나의 대답은 정해져 있었다. 부모님이 모두 살아계셔서 온 식구가 북적이던 유년 시절. 세상의 한 갑자를 돌아 새로 한 살을 더한 지금에야 비로소 깨닫는다. 아홉 명의 식구가 만들어내던 그 소란함이야말로 다시는 경험할 수 없는 내 인생 최고의 황금기였음을.

그런데 얼마 전부터 그 오랜 대답에 균열이 가기 시작했다. 먼지 쌓인 외장 하드 속에서 잊고 지낸 영상 파일들을 하나둘씩 열어보면서부터였다. 한때 내 목숨과도 같았던 사업의 흔적들. 파편처럼 흩어진 기록 속에서 나는 빛나는 열정과 무모한 자신감으로 가득 찬, 그러나 위태롭기 짝이 없었던 한 젊은 사내를 만났다.

그 영상들을 보고 있자니, 심장이 다시 그때처럼 뛰기 시작했다. 그리고 이제 누군가 같은 질문을 던진다면, 나는 망설임 없이 대답하리라. 나의 가장 역동적이었던 그 시절, 현명한 지금의 나를 그토록 절실하게 필요로 했던 '그때의 나'에게로 돌아가고 싶다고. 그 어리석고 불쌍했던 젊은 날의 나를 지켜주고 싶다고.

'폭스북(Foxbook).' 나의 꿈과 야망, 그리고 좌절의 이름이었다. 영리하고 민첩한 여우처럼 시장을 선점하고 새로운 시대를 열고 싶었다. 한때 수백억 원의 투자금이 내 손안에 들어왔다가 신기루처럼 사라졌고, 한국의 아마존을 꿈꿨던 거대한 계획은 한순간에 재가 되어 흩어졌다. 여우는 결국 제 꾀에 발목이 잡혔고, 나는 나의 숲이었던 한국을 떠나 머나먼 이국땅에서 19년이라는 긴 동면에 들어야만 했다.

사람들은 그것을 '이민'이라 불렀지만, 나에게는 강제로 재워진 잠과 같았다. 내 안의 여우는 그렇게 잠들어 버렸다.

이제 그 잠자는 여우를 깨워보려 한다. 이 글은 실패한 자의 변명이 아니다. 다만, 가장 찬란하게 타올랐다 한 줌의 재로 스러져간 그 시절의 불꽃을 복기하는 기록이다. 왜 나의 꿈은 좌절되었는가. 무엇이 나를 이곳으로 이끌었는가. 그리고 나는 왜 가족의 손을 잡고 모든 것을 뒤로한 채 떠나야만 했는가.

이것은 나의 딸에게, 그리고 미처 매듭짓지 못한 수많은 인연에 보내는 나의 뒤늦은 대답이다.

[꿈을 꾸다 - The Rise]

• 폭스북, 세상에 나오다

모든 것의 시작은 한 편의 영화였다. 1998년, 톰 행크스와 멕 라이언이 주연한 「유브 갓 메일(You've Got Mail)」. 뉴욕 맨해튼의 거대 체인 서점 '폭스북스'와 동네의 작은 그림책 서점 사이에서 벌어지는 이야기는 당시 인터넷이라는 새로운 물결에 막 눈을 뜨던 나를 단숨에 사로잡았다. 스크린 속에서 온라인 채팅으로 사랑을 키워가는 남녀의 모습보다, 오프라인의 전통적인 서점과 온라인이라는 신세계가 충돌하고 융합하는 그 지점이 나의 심장을 뛰게 했다. 나는 막연하게 생각했다. '저거다. 저것이 미래의 서점이 가야 할 길이다.'

그 막연했던 영감에 불을 지핀 것은 뜻밖의 인연이었다. 내가 운영하던 영상 영재 프로그램 '모모클럽'에 참여하던 한 아이의 부모님, 강남 한복판에 빌딩을 소유하고 비뇨기과를 운영하던 의사 부부였다. 평소에도 어린이들을 위한 프로그램을 어렵게 꾸려가는 나를 여러 번 후원해 주셨던 그분들과 자연스레 어울리며, 마침내 나는 나의 아이디어를 털어놓았다.

나의 이야기에 그의 눈이 빛났다. 인터넷이라는 거대한 파도 위에서, 전국의 수많은 동네 서점들을 하나의 네트워크로 묶어 거대 자본에 맞서는 '디지털 플랫폼'을 만들자는 나의 제안에 그는 기꺼이 손을 내밀었다. 몇억 원의 투자가 결정되었고, 우리는 50%씩 지분을 나누어 회사를 설립하기로 했다. 회사명은 그의 병원 이름 '굿모닝 비뇨기과'에서 따온 '(주)디지털굿모닝'으로 정해졌다. 나는 거기에 '디지털'이라는 단어를 덧붙여 낡은 시대와의 결별을 선언했다. 우리의 첫 사무실은 영재로 구성된 '모모클럽'의 강의장으로 내가 사용하던 6층의 아름다운 영상실이었다. 그곳을 헐어낼 때, 여러 가지 생각이 들었다. 꼭 성공해서 나를 믿고 성원해 준 사람들에게 보답하고 싶었다.

우리는 세상을 놀라게 할 준비를 시작했다. 첫 번째 무기는 7천여 개의 비디오테이프와 CD로 제작된 홍보 키트였다. 당시 최고의 신뢰를 주던 MBC 스포츠 뉴스 앵커 이윤재 씨를 섭외해 우리의 비전을 영상에 담았다. "폭스북은 단순한 인터넷 서점이 아닙니다. 전국의 서점들과 상생하는 새로운 디지털 유통 혁명입니다." 그의 차분하면서도 힘 있는 목소리는 낡은 출판업계의 심장을 한 번에 관통할 강력한 창이었다.

그렇게 '여우'는 세상에 나왔다. 인터넷 거품이 막 꺼져가려던 2000년

3월 27일. 조금만 빨랐더라면 수십억의 투자는 떼어 놓은 당상이었겠지만, 그때의 나는 아무것도 두렵지 않았다. 세상이 곧 우리 발아래 펼쳐질 것이라 믿어 의심치 않았다.

• 거대한 디지털 플랫폼을 향하여

우리가 쏘아 올린 신호탄은 생각보다 강력했다. 7천여 서점에 배포된 홍보 키트는 잠자고 있던 시장을 뒤흔들었고, '폭스북'이라는 이름은 순식간에 업계의 화두로 떠올랐다. 나는 이 기세를 몰아 모든 것을 쏟아부었다. 회사의 얼굴인 CI(Corporate Identity)는 최고의 디자인 회사에 맡겼고, 사업 모델은 저명한 애니메이터의 손을 거쳐 한 편의 애니메이션으로 재탄생했다. 그 정점은 동아일보 전면에 실린 7천만 원짜리 컬러 광고였다. 영화 '공동경비구역 JSA'를 패러디한 광고는 시장에 엄청난 충격을 주었고, '폭스북'은 이제 모두가 아는 이름이 되었다.

나는 회사 내부 시스템부터 달랐으면 했다. 직원 채용 시 서류 전형을 생략하고 모든 지원자에게 특정 시간에 이메일로 질문을 보내 실시간으로 답변을 받는 '이메일 면접'을 실시했다. 이 새로운 시도는 언론의 주목을 받으며 우리 회사를 '인터넷 시대의 새로운 리더'로 각인시켰다.

우리의 핵심은 '폭스넷(Foxnet)'이라 불리는 강력한 시스템이었다. 과거 외서 수입업체에서 전산실을 관리했던 경험을 살려 45만 권의 도서 정보 데이터베이스를 단숨에 구축했다. 350여 개의 전국의 가맹점들이 우리가 자체 개발한 도서 관리 시스템을 이용하여 책의 바코드를 스캐너로 읽으면 자동으로 서버에 구축되면서 정보는 눈덩이처럼 불어났고, 몇 달 지나지 않아 우리는 교보문고보다 더 방대한 서적 정보를 보유하게 되었다. 영상 제작 노하우를 살려 영상뉴스팀도 운영하면서 인터넷 스트리밍 방송도 했다.

바로 그때, 거대한 기회가 찾아왔다. '새롬기술'에 투자해 큰 성공을 거둔 동아일보사가 제2의 신화를 함께 쓸 파트너로 우리를 낙점한 것이다. 동아일보의 막강한 전국 총판 망이 총동원되자 우리는 천군만마를 얻은 셈이었다. 나는 KAIST 경영자 프로그램 1기생 회장을 맡으며 벤처 업계의 중심으로 더 깊이 파고들었다.

모든 것이 완벽했다. 창업 1년 만에 우리는 선릉역 근처 빌딩의 두 개

층을 사용했고, 네이버가 근처 빌딩 한 층에서 막 자리를 잡아가던 시절이었다. 나는 곧 '한국의 아마존'이 될 것이라 확신했다. 마침내 수천억 원의 현금을 쌓아 놓고 있던 새롬기술 본사로부터 450억 원을 투자하겠다는 제안이 들어왔을 때, 나는 세상을 다 가진 것만 같았다.

그 영광의 정점에서, 거대한 그림자가 드리워지고 있다는 사실을 나만은 전혀 알지 못했다.

[발목이 잡히다 - The Fall]

• 균열의 시작

성공의 빛이 가장 밝을 때, 그림자는 가장 짙게 드리워지는 법일까. 창립 1주년을 맞은 2001년 3월, 회사는 축제 분위기였지만, 나는 보이지 않는 칼날 위에 서 있었다.

균열은 동아일보의 투자와 함께 합류한 한 상무이사로부터 시작되었다. 평생을 종이 신문과 함께한 그는 나의 '디지털 경영' 방식을 사사건건 못마땅해했고, 사내에는 미묘한 두 개의 전선이 형성되었다. 갈등은 1주년 기념행사 직전 주주총회에서 폭발했다. 그는 동아일보의 주주권을 무기 삼아 나를 대표이사직에서 해임하려 했다. 공동 창업자인 이무연 박사의 지분 덕분에 해임안은 가까스로 부결되었지만, 그날 이후 나는 내 등 뒤를 겨누는 차가운 시선을 항상 느껴야 했다.

내부의 전쟁에 몰두했던 탓일까. 나는 외부에서 다가오는 더 큰 위기를 눈치채지 못했다. 학습지 시장을 공략하기 위해 연 '딩북(dingbook.com)'이 800만 회원의 소셜미디어 '다모임'에 입점하면서 주문이 폭풍처럼 밀려들었다. 모두가 환호했지만, 그 환호는 곧 비명으로 바뀌었다. 주문은 쌓여가는데, 발송할 책이 없었다. 도서 공급을 일임했던 가맹점주가 쏟아지는 주문량을 감당하지 못한 것이다. 고객들의 항의가 빗발쳤고, 우리는 사기꾼으로 낙인찍혔다.

결국 막대한 위약금을 물고 '다모임'에서 철수해야만 했다. 성공 신화의 가장 빛나는 정점에서, 나는 가장 어리석은 실수를 저질렀다.

• 거품이 꺼지던 날

딩북의 실패로 휘청거렸지만, 나에게는 아직 450억 원이라는 비장의 카드가 남아 있었다. 새롬기술의 투자금만 들어온다면 모든 것을 되돌릴 수 있었다. 나는 초조하게 계약일만을 기다리며, 위태로운 희망의 끈을 붙잡고 있었다. 그것이 썩은 동아줄이라는 사실을 까맣게 모른 채.

운명의 그날은 너무나 평범하게 찾아왔다. 사무실 TV 뉴스에서 김대중 대통령이 거대 벤처기업들의 무분별한 투자를 공개적으로 경고하고 나섰다는 소식이 흘러나왔다. 시대의 바람이 방향을 바꾸고 있었다. IT 벤처를 향해 불던 순풍이 모든 것을 얼려버릴 듯한 차가운 역풍으로 돌변하고 있었다.

불길한 예감은 현실이 되었다. 며칠 뒤, 새롬기술로부터 전화가 걸려 왔다. "투자는 없던 일이 되었습니다." 그 전화 한 통이 모든 것을 끝냈다. IT 업계의 공기는 하룻밤 사이에 차갑게 식어버렸고, 우리 회사의 문을 두드리던 다른 투자자들은 약속이나 한 듯 연락을 끊었다. 은행은 대출 연장을 망설였다. 뜨거운 열정으로 가득 찼던 사무실에는 불안과 의심의 그림자가 짙게 깔렸다.

그날 밤, 나는 텅 빈 사무실에 홀로 남아 창밖을 보았다. 거대한 성공의 문턱에서 나를 주저앉힌 것은 무엇이었을까. 나의 오만과 세상의 변덕이 절묘하게 뒤엉켜 거대한 함정을 만들어 냈고, 나는 그 함정의 한가운데로 스스로 걸어 들어간 셈이었다.

거품이 꺼지던 날, 나의 왕국은 그렇게 허무하게 막을 내리고 있었다.

• 추락과 선택

모든 희망이 사라진 자리에는 10억 원의 거대한 채무라는 유령이 떠올랐다. 기술신용보증기금으로부터 유치했던 전환사채는 내 목을 조르는 차가운 쇠사슬이 되어 있었다. 회사가 망하면 대표 개인에게 모든 책임을 지우는 연대보증의 족쇄. 나는 더 이상 꿈꾸는 사업가가 아니었다. 언제든 나락으로 떨어질 수 있는 10억 원짜리 채무자일 뿐이었다.

마지막 몇 달은 처절한 사투였다. 어떻게든 회사를 살려보려 발버둥 쳤지만, 우리는 침몰하는 배 위에서 가라앉는 속도를 조금 늦춰보려는 선원들과 같았다. 더 이상 버틸 수 없다고 느꼈을 때, 나는 한 선배를 찾아갔다.

성공과 실패의 정점을 모두 맛본 그는 나의 이야기를 묵묵히 들어준 뒤, 칼날처럼 차갑고 현실적인 조언을 건넸다. "대하 대표, 회사는 닫을 수 있을 때 닫는 거야." 그는 말을 이었다. "이대로 계속 끌고 가봐. 결국 자네 주변의 가장 소중한 사람들 돈까지 끌어다 쓰게 돼. 사업 하나 망하는 건 다시 일어서면 되지만, 사람까지 잃으면 그땐 정말 끝이야."

그의 말이 심장을 관통했다. 나는 어쩌면 답을 이미 알고 있었으면서도, 누군가에게서 그 말을 듣고 싶었던 건지도 모른다. 현실의 나는 더 큰 파멸을 막기 위해 내 손으로 모든 것을 끝내야만 하는 패잔병이었다.

나는 내 손으로 나의 꿈에 사망 선고를 내리기로 했다. 그것은 항복이었지만, 동시에 마지막 남은 것들을 지키기 위한 나의 유일하고도 최선인 선택이었다. 여우는 그렇게, 자신의 숲이 불타는 것을 지켜보며 스스로 동굴 속으로 걸어 들어갔다.

[길을 떠나다 - The Exile]

• 떠나야만 했던 이유

꿈의 폐허 위에서도 나는 마냥 주저앉아 있을 수만은 없었다. 축구공에 초소형 무선 칩을 넣어 선수와 공의 움직임을 실시간으로 추적하는 스포츠 방송 솔루션이라는 새로운 아이디어를 들고 다시 일어섰다. KAIST 동기들이 초기 투자금을 모아주었고, '3VOG'라는 이름의 새로운 회사를 차려 여의도에 사무실을 얻었다.

그러나 이 도전은 처음부터 기울어진 운동장에서 싸우는 것과 같았다. 첫 번째 벽은 10억 원의 채무라는 보이지 않는 족쇄였다. 나는 공식적으로 대표가 될 수 없어 아내의 이름을 빌려야 했고, 중요한 자리에서 전면에 나설 수 없는 '유령 CEO'였다. 한 번 실패한 자에게 재기의 기회를 주지 않는 나라. 그것이 내가 마주한 한국의 첫 번째 벽이었다.

두 번째 벽은 더 높고 견고했다. 기술 개발이 막바지에 이르러 방송계 사람들을 만날수록 나는 거대한 절망감을 느꼈다. 그곳은 실력이나 기술이 아닌, 학연과 지연, 그리고 굳건한 그들만의 카르텔로 움직이는 세상이었다. 혁신적인 기술을 가진 '실패한 사업가'가 비집고 들어갈 틈은 보이지 않았다. 이곳에서 나는 영원히 이방인일 수밖에 없다는 것을 깨달았다.

그 무렵, 다른 사업으로 제법 많은 돈을 벌어 가족을 굶기지 않을 정도의 안정은 찾았지만, 내 영혼을 옥죄는 두 개의 벽은 여전히 그 자리에 서 있었다. 나는 자유롭지 못했다. 우리 부부의 인생 모토는 '자유, 열정, 그리고 만족'이었지만, 나는 그 무엇도 누리지 못하고 있었다.

그때 아내와 나는 결심했다. 이곳을 떠나자고. 마침, 미국에서 새로운 사업을 추진할 기회가 생겼고, 현지에서 안정적인 수입이 확보되리라는 확신이 섰을 때, 비로소 나는 이민 가방을 꾸렸다. 2005년 9월 29일. 나와 내 가족은 JFK 공항에 내렸다. 내가 한국을 떠나야만 했던 이유는 명확했다. 첫째는 실패를 용납하지 않는 사회의 차가운 족쇄에서 벗어나기 위함이었고, 둘째는 그 무엇과도 바꿀 수 없는 내 가족과 나의 자유를 지키기 위함이었다.

나는 그렇게 나의 숲을 떠났다. 잠자는 여우가 될지언정, 쇠사슬에 묶인 채 살아갈 수는 없었기 때문이다.

• 마무리 못 한 인연들
한국에 갈 때면 나는 의식처럼 강남의 한 미용실에 들른다. 폭스북 시절, 나의 헝클어진 머리를 만져주던 원장님이 여전히 그 자리를 지키고 있다. 그곳은 옛 '굿모닝 빌딩' 근처에 있다. 내가 떠난 지 한참 뒤인 2010년쯤 다시 찾았을 때, 빌딩의 이름은 이미 바뀌어 있었다. 원장님께 조심스레 안부를 물었지만, 병원장님 가족은 아주 오래전에 더 좋은 곳으로 이사 갔다는 소식만 들을 수 있었다. 내가 회사를 정리할 때 기술보증기금의 채무를 모두 떠안았기에 그분들에게 직접적인 금전 피해는 드리지 않았지만, 사업을 끝까지 성공시켜 믿음에 보답하지 못한 마음의 빚은 지금도 고스란히 남아 있다.

시간은 모든 것을 흐릿하게 만들지만, 어떤 얼굴들은 기억 속에서 오히려 더 선명해진다. 21세기 프론티어에서 만났던, 60대의 나이에도 청년의 눈빛으로 민주주의를 설파하던 서유진 선생님. 폭스북 시절, 우리 직원들에게 영감을 주기 위해 그를 초빙했던 짧은 영상이 하드디스크에 남아 있었다. 얼마 전 용기를 내어 그의 옛 이메일 주소로 안부 메일을 보냈지만, 답장은 오지 않았다. 살아계신다면 아흔을 훌쩍 넘기셨을 테니, 어쩌면 나의 인사는 너무 늦었으리라.

나의 떠남은 그런 식이었다. 제대로 된 작별 인사 한번 건네지 못한 채, 수많은 관계의 문을 등 뒤로 닫아버렸다. 나는 미국에서의 정착에 모든 것을 쏟아부었고, 과거를 돌아볼 여유도, 용기도 없었다. 나는 한국에서 잊히는 길을 택했다. 하지만 그 인연들이 남긴 온기는 여전히 내 안에 남아, 때때로 서늘한 가슴을 데워준다. 이 글이 그들에게 닿을 수 없는 편지요, 나의 뒤늦은 안부 인사인 셈이다.

• 에필로그: 딸에게 쓰는 편지

사랑하는 딸에게.

네가 아홉 살 되던 해, 우리는 한국을 떠났다. 친구들과 헤어지기 싫다며 눈물 흘리던 너의 작은 등을 아빠는 아직도 기억한다. 왜 우리가 그토록 익숙한 모든 것을 버리고 떠나야만 했는지에 대해 제대로 설명해주지 못했다. 이 긴 이야기는 바로 그 질문에 대한 아빠의 뒤늦은 대답이란다.

아빠는 한때 '여우'처럼 영민하고 날쌘 사업가를 꿈꿨다. 세상을 바꾸는 거대한 플랫폼을 만들고 싶었고, 실제로 그 꿈의 문턱까지 가기도 했다. 하지만 아빠는 너무 어리고 미숙했다. 성공이라는 빛에 눈이 멀어 발밑의 함정을 보지 못했고, 결국 모든 것을 잃고 말았다.

실패한 사업가에게 한국은 너무나 추운 곳이었다. 아빠는 너희를 지키기 위해, 그리고 우리 가족의 좌우명이었던 '자유'를 되찾기 위해 떠남을 선택해야만 했다. 그 선택이 너의 유년기에 남겼을 상처에 대해 아빠는 언제나 미안한 마음을 갖고 있단다.

지난 19년, 미국 땅에서 아빠의 경력과 열정은 마치 긴 잠을 자는 것 같았다. 사람들은 그것을 실패라고 말할지도 모른다. 하지만 그 잠 속에서도 아빠는 단 한 순간도 너희들의 아빠라는 사실을 잊은 적이 없다. 사업가라는 이름의 여우는 잠들었을지 몰라도, 아빠라는 이름의 나는 언제나 너희들 곁에서 깨어 있었단다.

이제 아빠는 과거와 화해하려 한다. 이 이야기는 더 이상 부끄러운 실패담이 아니라, 우리 가족이 지금 이곳에 있는 이유를 설명하는 소중한 역사의 한 조각이다. 과거로 돌아가 실수를 바로잡을 수는 없겠지만, 그때의 어리석었던 나를 지금의 내가 이해하고 보듬어줄 수는 있을 거란다.

이것이 아빠가 한국을 떠날 수밖에 없었던 이유, 그리고 너와 네 동생을 지키기 위한 아빠의 최선이었음을 언젠가 네가 이해해주길 바란다.

배움은 '너무 늦었다'는
거짓말을 조용히 무너뜨린다

제4부

배움:
다음 세대와 성장
Learning: The Next Generation & Growth

나는 그들에게
다리였을까

2019년 10월 22일 기록

• 창가의 소년들
"좀 만날까?"

오랜만에 연락이 닿은 김 선배는 다른 사람이 되어 있었다. 80년대 중반, 내가 마포의 한 창간 잡지사 기자로 일할 때 처음 만났던 그는 '아리랑 극단' 대표였다. 당시 영화와 연극 분야에서 한국 최고라 자부하던 중앙대 출신이라는 자부심이 그의 온몸에서 빛났다. 좌우로 흩날리는 긴 머리를 손으로 쓸어 넘기거나, 고개를 뒤로 젖혀 털어내던 자유로운 예술가의 모습은 온데간데없었다. 내 앞에는 말끔한 정장에 단정하게 빗어 넘긴 머리를 한, 강남의 잘나가는 학습지 회사 부장이 앉아 있었다. 180센티가 넘는 훤칠한 키, 오똑한 코, 깊게 파인 눈두덩이—마치 '지저스 크라이스트' 연극의 주인공 같던 그의 서구적인 마스크는 그대로였지만, 이제 그는 완벽한 회사원이었다.

"나 취직했어. 강남 부자들 사이에서 인기 있는 학습지 회사야. 너도 같이 일할래?"

쓸쓸한 목소리였다. 나는 고개를 저었고, 그는 예상했다는 듯 본론을 꺼냈다.

"그럼 한 녀석만 맡아줄래? 고2인데 아버지가 목사야."

팀원들이 모두 가르치다 두 손 들고 포기한 아이라고 했다. 높은 수업료도 한몫했지만, 무엇보다 그 '포기'라는 단어가 내 호기심을 자극했다.

서초동의 고급 아파트. 한눈에 봐도 부유함이 묻어나는 단지였다. 초인종을 누르자 무표정한 고등학생이 문을 열었다. 집에는 아이 혼자뿐이었다. 보통 첫날에는 부모가 선생을 맞으며 "우리 아이 잘 부탁한다"는 간절한 기대를 내비치기 마련인데, 이상한 일이었다. 아니면 너무 많은 선생이 바뀌는 것에 지쳐, 이번에도 곧 그만두리라 체념했는지도 모른다.

거실 창밖으로 펼쳐진 시원한 녹지 공원을 등지고 아이와 마주 앉았다. 학습지 회사에서 준비한 교재를 펼쳤지만, 수업은 시작부터 불가능했다. 아이는 철저한 무시와 오만방자함으로 일관했다. 내가 아랑곳하지 않고 수업을 이어가자, 아이는 의자에 앉아 있는 것 자체를 견디지 못하고 몸을 비틀었다. 잠시도 집중하지 못했다. 마침내, 그는 답답하다는 듯 외마디 소리를 지르며 벌떡 일어나 창가로 향했다.

씩씩거리며 창밖을 노려보는 그 아이의 뒷모습. 그 순간, 몇 년 전 노원구에서 가르쳤던 초등학교 3학년 민성이의 힘없이 축 처진 어깨가 겹쳤다.

• 선생님, 죽고 싶어요
당시 노원구는 아파트 단지가 우후죽순 들어서던 시기였다. 새 아파트를 중심으로 사교육 시장이 급속히 팽창하던 때였다. 민성이네도 그런 아파트에 살았다. 5학년 누나는 성적이 좋아 과외가 필요 없었지만, 민성이는 달랐다. 삼십 대 후반의 어머니는 미인일 뿐 아니라 마음씨도 고왔다. 맑은 목소리로 깍듯하게 인사하고 늘 환한 미소를 잃지 않았다. 초여름이면 시원한 오렌지주스를 내주셨는데, 그 주스에는 아들이 나아지리라는 간절한 희망이 담겨 있었다. 하지만 민성이는 학업에 전혀 집중하지 못했다. 수업이 진행되면 몸을 비비 꼬며 힘들어했고, 어느 날은 연필을 마루에 집어 던지기도 했다.

"민성아, 조금씩 조금씩 나아질 거야." 조심스럽게 달래가며 수업을 진행했다. 돌이켜보면 나는 늘 학생들을 부드럽게 대했다. 사실 십 대 시절 꿈은 훌륭한 선생님이 되는 것이었다. 그런 구체적인 꿈을 갖게 된 건 제기동 경동시장 건물 2층의 한 검정고시학원에서였다. 그곳에서 만난 오상기 선생님이 내 인생을 바꿨다. 사법고시에 실패한 법학 전공자로 영어를 가르치셨던 그는 매일 인천에서 지하철로 출퇴근하셨다. 정규 고등학교에 가지 못한 가난한 학생들을 얼마나 열정적으로 가르치셨는지, 수업이 끝날 무렵이면 목소리가 거칠게 갈라지곤 했다. 어느 날 사이먼 앤 가펑클의 「저 험한 세상에 다리 되어(Bridge Over Troubled Water)」를 부를 때 뺨을 타고 흘러 내리던 눈물을 잊을 수 없다.

그런 선생님의 영향으로 과외를 할 때도 학생들로부터 진심으로 존경 받을 수 있도록 최선을 다했다. 그러던 어느 날, 민성이가 말했다.

"선생님, 저는 죽고 싶어요. 정말 죽고 싶어요. 공부가 지긋지긋해요."

똑바로 나를 바라보며 말하는 눈에는 눈물이 그렁그렁 맺혀 있었다. 놀라서 그 눈을 빤히 들여다보다가 섬뜩한 무언가를 느꼈다. 광기까지는 아니었지만, 진심으로 호소하고 있었다. 무서웠다. '이 아이는 정말로 죽고 싶어질 정도로 힘들구나!'

민성이 어머니께 양해를 구하고 아이를 데리고 밖으로 나갔다. 버스를 타고 근처 공터로 갔다. 당시 노원구는 군데군데 아파트가 들어서고 나머지는 단층집들이 옹기종기 모여 있거나 비닐하우스와 과수원이 많았다. 그날 몇 시간 동안 실컷 놀았다. 공부라는 격랑에서 잠시 아이를 건져내 작은 쉼터가 되어주는 것, 그것이 내가 할 수 있는 전부였다.

돌아와서 어머니와 이야기를 나눴다. "민성이가 너무 힘들어해요. 영리하고 순수한 아인데, 학교 수업 후 너무 많은 학원에 보내는 건 재고해야 합니다. 아이마다 소화할 수 있는 능력이 다릅니다. 민성이는 자기 시간이 필요해요." 어머니는 분홍색 입술을 지그시 물고 생각에 잠기더니, 조용히 눈물을 닦으셨다.

창밖을 바라보며 씩씩거리는 고등학생의 뒷모습에서 힘없이 축 처진 민성이의 어깨가 겹쳐 보였던 것은 바로 이 기억 때문이었다. 민성이는 그때쯤 초6이나 중1쯤 되었을 것이다.

"오늘 수업은 밖에서 할까?" "정말요?" 믿기지 않는다는 표정이 금세 밝아졌다. "그래, 수업 말고 신촌 가서 바람 좀 쐬고 오자."

눈에 광기가 어렸던 아이는 언제 그랬냐는 듯 얼굴이 환해졌다. 무서운 건 위기에 처한 아이들을 부모가 이해하는 대신 벼랑 끝까지 밀어

붙인다는 것이다. 단 한 번이라도 아이들의 진심을 들어보려 하지 않는다. 내 앞의 이 아이도 출구를 찾지 못하고 있었다. 나는 그에게 정답지를 건네줄 수는 없었지만, 잠시 벼랑 끝에서 벗어나 숨 돌릴 수 있는 작은 다리 하나는 놓아줄 수 있지 않을까 생각했다.

신촌 컴퓨터 오락실에서 게임도 하며 몇 시간을 보낸 뒤 집으로 돌려보냈다. 그것으로 그 불쌍한 아이와의 인연은 끝이었다. 이상하게도 그 후로 김 선배와의 인연도 끝났고, 나도 더는 과외를 하지 않았다.

• 잊을 수 없는 얼굴들
먹고살기 위해 남을 가르치는 일을 많이 했다. 그중에는 잊을 수 없는 학생들이 있다.

민성이와 같은 동네에서 가르친 정의여고 1학년 소녀도 그중 하나다. 1층 단독주택에 부모님과 살았는데 나와 성이 같았다. 키가 168cm 정도로 컸고, 내가 만난 사람 중 제일 예뻤다. 자신 없어 하는 그녀에게 자신감을 주려 첫 수업에서 화학 주기율표를 가르쳤다. 종로학원에서 배운 비법을 전수해 주자 두 번째 수업 때 그녀는 얼굴에 웃음이 가득했다. 학교 시험에서 좋은 점수를 받았다고 들떠 있었다.

하지만 화학이 진도가 나가면서 복잡한 화학식과 계산이 시작되자 어려워했고, 마침내 의지가 꺾였다. 그런 그녀를 바라보는 내 마음도 아팠다. 공부에는 흥미가 없었지만 쾌활하고 아름다운 외모를 가진 아이였다. 책상 앞에 앉혀두기보다, 그 재능을 살려 다른 길을 찾아주는 것이 진정한 교육이 아닐지 생각했다. 하지만 당시 한국 부모들은 연예계 같은 분야를 권장하지 않았다. 대기업 취직이나 전문직만이 유일한 성공의 길이라 믿었다. 대여섯 살밖에 차이 나지 않는 젊은 선생으로서 내가 해줄 수 있는 말은 많지 않았다. 결국 어머니께 적당한 핑계를 대고 그만두었다. 그녀가 자신의 적성과 재능을 찾아 지금도 행복하게 살고 있기를 진심으로 바란다.

1980년대 한국의 사교육 시장은 이미 거대한 그림자를 드리우고 있었다. 이 시장의 주역은 학비와 생활비가 필요한 가난한 대학생들이었다. 구두 계약으로 이뤄지는 월급봉투, 언제든 끝날 수 있는 불안정한 관계. 한국인에게 교육은 단순한 학습이 아니었다. 조선시대 500년간 이어진 과거제도의 전통, 36년간의 일제강점기와 한국전쟁을 거치며 극도로 가난해진 이 땅에서, 교육은 인간다운 삶을 위한 유일한 사다리였다.

노원구의 초등학교 3학년 민성이, 서초구의 고2 목사 아들, 도봉구 정의여고 1학년 소녀. 모두 내 슬픈 청춘과 함께한 아이들이다. 단순히 생계를 위한 과외였지만 매 순간 최선을 다했다. 「장학교실」 같은 학습지를 집마다 배달할 때도 마찬가지였다. 한 집에 머무는 시간은 짧았지만, 그 순간에도 좋은 선생이 되려 노력했다. 단 한 사람이라도 좋은 영향을 받았기를 희망했다.

아이들은 쥐구멍 같은 방에 갇혀 해가 뜨기만을 기다리고 있었다. 하지만 해가 뜨려면 누군가 구멍을 파헤쳐야 한다. 때로는 기다리기보다 과감히 그곳을 벗어나는 것이 새로운 가능성을 여는 유일한 방법일지 모른다.

오상기 선생님의 갈라진 목소리가 아직도 귓가에 맴돈다. "저 험한 세상에 다리 되어"를 부르며 흘리던 그 눈물의 의미를 이제야 조금 알 것 같다. 격랑의 물살 위에 다리가 되어주고 싶었던 한 교사의 간절함. 나도 그런 다리가 되고 싶었다.

• 작가 노트: 2025년 9월
이 글을 쓴 지 6년이 흐른 지금, 한국의 사교육비는 26조 원을 넘어섰다. 2년 연속 역대 최고치를 경신하고 있다. 40년 전 내가 목격했던 그 구조적 폭력은 더욱 정교하고 잔인해졌다.

민성이는 지금쯤 마흔이 넘었을 것이다. 혹시 그도 자녀를 학원에 보내며 같은 고민을 하고 있을까? 서초구의 그 목사 아들은 어떤 어른이 되었을까? 정의여고의 그 소녀는 자신의 재능을 찾았을까?

가끔 그들이 꿈에 나타난다. 여전히 창가에 서서 씩씩거리는 소년, "죽고 싶다"고 울먹이던 민성이, 보드라운 팔의 감촉과 함께 떠오르는 소녀. 그들은 내 잿빛 청춘의 증인이자, 이 땅의 교육이 얼마나 많은 영혼을 짓밟았는지 보여주는 살아 있는 증거들이다.

하지만 개인의 선의만으로는 구조를 바꿀 수 없다는 것을, 나는 너무 늦게 깨달았다. 그래도 믿고 싶다. 내가 잠시나마 그들에게 숨 쉴 틈, 작은 위로, 혹은 탈출의 용기를 주었기를. 그것이 내 잿빛 청춘이 남긴 유일한 의미일지라도.

예언의 먼지와 빛:
블랙핑크에서 베이비몬스터로
이어지는 청춘의 궤적

2025년 9월 19일 기록

2022년 여름, 나는 책상 앞에서 데이터의 먼지를 훑고 있었다. 아직 앨범이 발매되기 전, 블랙핑크의 미래를 예측하는 글을 블로그에 올리던 그때였다. 46년 전, 제천의 가파른 언덕을 오르던 트럭의 덜컹거림과 연탄 먼지로 검게 물든 손바닥의 감각이 문득 되살아났다. 그때는 불확실한 희망을 향해 먼 곳을 바라보았다면, 지금 나는 눈앞의 숫자들이 그려내는 미래의 곡선을 응시하고 있었다.

블랙핑크의 월드 투어 '본 핑크(BORN PINK)'. 선주문 시작 24시간 만에 Ktown4u에서 14만 2천 장을 기록했고(사이트 마비 포함), 다음 날 보도 기준 전체 선주문 150만 장 돌파가 확인되던 그 숫자들은 처음엔 사소한 신호처럼 보였다. 그러나 나는 알 수 있었다. 그것이 2억 2천만 한류 팬의 지평을 흔들 플라이휠(flywheel)의 첫 바퀴라는 것을. 수요가 플랫폼이 되고, 증명이 수익으로 이어지는 거대한 흐름의 시작이었다.

청춘은 어쩌면 늘 그런 예언의 먼지 속에서 시작된다. 1980년대, 외삼촌의 공장에서 나온 연탄을 실어 나르던 형의 트럭 위에서 검정고시를 꿈꾸던 나날들. 컨베이어 벨트에서 쉴 새 없이 밀려오던 22공탄의 무게는 곧 미래의 무게였다. 그들의 청춘도 다르지 않았다. 유튜브 구독자 7천만 명대의 폭발적 증가, '핑크 베놈'(Pink Venom) 티저가 전 세계 트렌딩 1위를 찍던 순간. 그것은 단순한 숫자가 아니었다. 데뷔 4년 차에 코첼라의 서브 헤드라이너로 서며 빌보드 지지율을 끌어냈던, 치열한 라이브 증명의 연장선이었다. MTV 비디오 뮤직 어워즈(VMA) 무대에서 '핑크 베놈' 영상이 과반을 점유했던 일 역시, 팬덤을 넘어선 대중의 응시를 드러냈다.

나는 그 데이터의 흐름을 좇으며 생각했다. 만약 이 예언의 곡선이 빗나갔더라면, 나의 청춘처럼 그저 먼지만 남았을까. 언론사 파트너와의 경영 갈등, '다모임' 주문 폭증 대응 실패, 버블 붕괴 이후 투자 철회와 연대보증 채무가 겹치며 접어야 했던 나의 '폭스북'처럼.

투어가 끝난 후, 결과는 내 예측을 훌쩍 넘어섰다. 66회 전석 매진, 오프라인 211만 5천 명과 피날레 유료 스트리밍 약 500만 명으로 총 약 711만 5천 명을 동원했고, 총수익은 약 6300억 원이었다. 이 경이적인 기록은 BTS의 팬덤 주도 모델과는 또 다른, 블랙핑크만의 길을 입증했다.

음악적 성공과 멤버 각자가 럭셔리 브랜드 앰버서더(지수-디올, 제니-샤넬 등)로 활약하는 '문화 아이콘' 성장 모델. 비교적 적은 공연 수로도 아리아나 그란데의 투어 수익을 넘어선 것은, 공연당 평균 수익의 압도적 효율을 보여준다. 그중 지수는 Lefty 2022 리포트 기준 연간 EMV(획득 미디어 가치) 1억 9800만 달러, 인스타그램 게시물 하나당 약 55억 원의 영향력을 발휘했다.

그룹의 틀을 유지하면서도 각자의 빛을 잃지 않는 그들의 모습에서, 나는 젊은 기자 YM이 끝내 얻지 못했던 기회를 떠올렸다. 오늘, 그 예언의 먼지는 여전히 내 손에 남아 있다. 블랙핑크가 재계약 테이블에서 우위를 점했던 세 가지 시나리오—완전한 연속성, 부분적 이탈, 그리고 새로운 패러다임—처럼, 나의 청춘 또한 오프라인의 고독과 온라인의 연결이 뒤섞인 하이브리드 성장이었다.

이 모든 것을 기록한 나의 책 『블랙핑크 '본 핑크': 예언과 혁명』은 뒤늦게나마 한국어와 영어로 세상에 나왔다. 아픔이 어떻게 길이 되는지를 증명하듯, 수백만의 함성은 내게 속삭이는 듯하다. 우리의 예언은 먼지가 아닌, 마침내 빛으로 피어났다고.

디지털 얽힘:
베이비몬스터의 시선이 비추는 다음 청춘

2025년 9월 18일 기록

2024년 상반기, 유튜브 글로벌 차트 정상에 오른 '쉬시'(SHEESH)의 비트가 아직도 귓가에 맴돈다. K팝 그룹 데뷔곡 사상 최단기간 1억 뷰(10일), 2억 뷰(33일), 3억 뷰(186일)를 돌파하며 모든 기록을 갈아치운 그 강렬한 소리는, 1990년대 나우누리의 푸른 화면 속에서 메아리치던 낯선 이들의 대화처럼 나의 잠자던 청춘을 깨웠다.

베이비몬스터의 궤적은 단순한 성공이 아니다. 그것은 동양과 서양, 기술과 예술이라는 두 세계를 잇는 디지털 얽힘에 가깝다. 마치 양자처럼 멀리 떨어진 팬들의 시선이 시공간을 넘어 하나의 거대한 파동으로 모이는 현상. 스포티파이와 유튜브 합산 약 19억 회 스트리밍,

24시간 최다 조회 기록을 경신한 뮤직비디오는, 블랙핑크의 데뷔곡 '휘파람'이 그랬듯 새로운 세대의 떨림을 단숨에 글로벌 무대로 증폭시켰다.

청춘의 아픔은 종종 고립된 화면 속에서 시작되지만, 얽힘은 그것을 연결의 힘으로 바꾼다. '21세기 프론티어' 시절, 아이디 스카이양(skyang)과 티격태격하며 온라인에 글을 쓰던 그때, 나는 디지털 공간에서 먼 이들의 목소리를 처음 느꼈다. 그러나 그 연결은 때로 상처를 더 깊게 새기기도 했다.

베이비몬스터는 그 고독을 라이브 무대로 뚫고 나아간다. 멤버들의 솔로 퍼포먼스와 '잇츠 라이브'(It's Live) 영상이 립싱크 트렌드를 거스를 때, 빌보드 '이달의 K팝 신인' 선정이 뒤따랐다. 그들은 거기서 멈추지 않았다. 골든 디스크 어워즈 신인상, 마마 어워즈 팬스 초이스상, 서울가요대상 본상까지 거머쥐며, '괴물 같은 실력'이 어떻게 업계의 지지를 이끌어내는지를 보여주었다.

이 디지털 얽힘은 블랙핑크의 발자취를 계승하면서도 자신만의 길을 개척한다. 선배들이 상대적으로 적은 곡으로도 라이브 실력과 멤버 개개인의 매력으로 정점에 오른 것처럼, 베이비몬스터 역시 한국 내 인지도를 넘어 글로벌 팬덤을 먼저 구축했다. 2025년 9월, 일부의 예견을 현실로 증명하듯, 이들이 단 516일 만에 유튜브 구독자 1천만 명을 돌파한 것은 K팝의 기존 성장 공식을 뒤엎는 충격적인 사건이었다. 이 기록은 K팝 아티스트 중 블랙핑크(757일)와 트와이스(1759일)의 기록을 압도적으로 경신한 것이며, K팝 그룹 중 9번째, K팝 걸그룹 중 세 번째로 많은 구독자를 거느리게 된 이 성과는 그 속도를 증언한다.

그들의 시선은 화면을 넘어 청춘의 다음 장을 비춘다. 펜팔 편지가 태평양을 건너던 아날로그의 떨림이 디지털 파동으로 바뀌었을 뿐, 상처를 공유의 힘으로 바꾸는 본질은 같다.

2025년 가을, 베이비몬스터의 첫 월드투어 '헬로 몬스터즈'(Hello Monsters World Tour)가 성공적으로 막을 내렸다. KSPO 돔(KSPO Dome)을 시작으로 일본의 아레나들을 거쳐 시애틀의 클라이밋 플레지 아레나(Climate Pledge Arena)까지, 32회 공연에 약 30만 명을 동원한 여정은 K팝의 새로운 지평을 열었다.

그리고 이제, 10월에 발매될 두 번째 미니앨범 『위 고 업』(WE GO UP)이 또 다른 예언처럼 다가온다. 그들의 잠재력과 미래를 분석한 나의 책 『넥스트 블랙핑크, 유튜브 데이터가 답하다』가 한국어와 영어로 출간되었듯, 그들의 얽힘은 K팝 5세대의 리더십을 세우고 있다.

우리의 청춘도 그러했다. 고립된 화면 속에서 시작된 시선이, 멀리서 모여 하나의 빛이 되었다. 디지털 얽힘은 아픔을 넘어, 다음 세대의 곡선을 그리는 단단한 다리가 되어 줄 것이다. 이 앨범이 세상에 나올 무렵, 또 하나의 찬란한 기록이 우리를 향해 손짓하리라 믿는다.

유치원생이
수학 시험에 떨어진 날

2018년 12월 30일 기록

• 유치원생의 수학 시험

어젯밤, 서울에 사는 MJ와 긴 통화를 했다. 이십대 초부터 친구로 지내온, 강북에서 30년 넘게 학원을 운영하는 그녀다. 오랜만의 통화는 사적인 이야기에서 시작해 자연스럽게 우리 자손들의 미래로 흘렀다.

"아들이 지금 군대 있지? 언제 제대해?" 내가 물었다. "후년에 해. 올여름에 들어갔으니까." "그렇구나. 군대 가서 고생 좀 하겠구나." "요즘 군대 생활이 아주 편해. 내무반에 여덟 명 정도가 생활하는데 침대가 하나씩 멀찍이 떨어져 있고 대형 TV도 있고 세탁기도 아주 많고 생활이 아주 편하대. 정말 생각했던 것보다 정말 좋아서 놀랐어."

우리는 MJ의 아들 이야기를 나누다가 어느새 한국 교육의 현실로 화제가 넘어갔다. 그녀가 들려준 이야기는 충격적이었다.

"사실 요즘 대학생들의 70%가 정신적으로 문제가 있다는 기사를 읽은 적이 있어. 정말 충격적이야. 그리고 당연히 그럴 수도 있다고 생각해."

MJ가 말을 이어갔다.

"얼마 전에 내 친척 중에 서초동에 사는 사람이 내게 전화해서 하소연하더라고." MJ의 목소리에 한숨이 섞였다. "자기 아이가 이제 겨우 유치원생인데 주변에서 모두 수학 공부를 시키니까 한번은 수학학원에 등록해서 시험을 봤는데 떨어졌다는 거야."

나는 귀를 의심했다. "아니, 유치원생이 학원 시험에 떨어지는 게 가능해?" "그럼. 요즘 유치원생들은 초등학교 3학년 수학까지 푸는 시대래. 자기처럼 손 놓고 있던 사람은 동네 수학학원 문턱도 못 넘는다면서 울상이더라." "정말, 대단하다." 나는 할 말을 잃었다. 그 순간, 불현듯 한 숫자가 머릿속을 스치고 지나갔다. 44%.

• 미국 명문대학에서 무너지는 아이들
2008년에 발표된 논문이 떠올랐다. 컬럼비아대학교 새뮤얼 김 박사가 23년간 추적 조사한 결과, 미국 명문대에 진학한 한국 유학생의 무려

44%가 중퇴한다는 내용이었다. 미국 학생(34%), 중국 학생(25%)과 비교하면 압도적으로 높은 수치다. 미국 명문대의 높은 실제 졸업률을 생각하면 다소 의아한 대목이긴 하다. 김 박사는 그 원인으로 한국 학생들이 학업에만 몰두한 나머지 미국 지역사회와 '고립'되는 점을 꼽았다.

하지만 내가 13년간 미국에서 두 아이를 키우며 발견한 진짜 이유는 다른 곳에 있었다. 그리고 그 이유는 김 박사가 지적한 '고립' 문제와도 깊이 연결되어 있다.

"미국 애들은 새벽 3시까지 공부해도 다음날 멀쩡해요." 한국에서 고등학교를 마치고 온 유학생들이 한결같이 하는 말이다. 그들은 미국 학생들의 체력이 타고난 줄 안다. 아니다. 그 체력은 유치원부터 고등학교까지, 매일 운동하며 길러진 것이다.

내 아들만 해도 초등학교 졸업까지 경험한 스포츠가 두 손에 꼽을 만큼 다양하다. 축구, 야구, 농구, 수영, 미식축구, 라크로스, 테니스, 스쿼시, 골프... 특별한 재능이 있어서가 아니다. 미국에서는 이것이 일상이다.

아들이 초등학교 3~4학년일 때 일이다. 인구 2만 5천 명의 우리 도시에서 축구 교실을 운영했는데, 지도자로 영국 유소년 프로팀 코치들을 데려왔다. 작은 도시가 영국에서 코치를 초빙한 것이다.

하버드를 보자. 신입생 1,665명 중 310명(18.5%)이 운동선수로 특례 입학한다. 전미 3만여 고등학교 수석 졸업생이 3만 명을 넘는다. SAT 만점자가 수천 명인 세상에서, 운동 없이 하버드에 들어가기란 거의 불가능에 가깝다.

• 수영으로 하버드에 간 리오

2012년, 하버드 수영팀에 리크루팅된 한국 학생 리오를 만난 적이 있다. 그는 초등학교 5학년 때부터 매일 새벽 수영을 하고, 방과 후 3시간씩 훈련했다. 물론, 학과 수업도 남들처럼 병행했다. 특별한 천재가 아니라, 그저 꾸준했을 뿐이다.

하버드 입학 후 그는 달랐다. 도서관에만 틀어박힌 다른 한국 유학생들과 달리, 학교 대표로 수영하면서도 두 개의 공식 클럽을 창설했다. 하버드 크림슨지가 뽑는 '최고 유망 신입생 15인'에 선정됐고, 졸업 후 인턴을 하던 월스트리트의 큰 투자회사에 바로 취업했다.

그때 리오는 나에게 레퍼런스를 요청했다. 단순히 추천서를 써 주는 게 아니다. 나의 경우는 대형 투자 회사인 그 회사의 부회장이 직접 전화를 걸어서 여러 가지에 대해 집요하게 물었다. 내가 그의 책을 내면서 3년간 꾸준하게 지켜보고 이야기를 많이 나눴기 때문에 누구보다 그를 잘 이해한다고 그가 판단했기 때문일 것이다.

"하버드 동문회에서 인정받으려면 학점이 아니라 기여도예요. 도서관에만 있던 사람들은 아무리 우수하게 졸업해도 잊혀요."

학교에 다니는 동안 전 학년을 모두 자기 친구로 만들겠다는 목표를 가졌던 아이다. 리오의 말이 모든 것을 설명한다. 운동은 단순한 체력 단련이 아니다. 팀워크, 리더십, 실패 극복, 시간 관리... 이 모든 것을 가르친다. 그것이 바로 새뮤얼 김 박사가 지적한 '고립'을 이겨내는 사회적 근력이다.

그의 이야기는 『내 나이 19세, 한순간도 빈둥거리지 않았다, 2014』로 출간되기도 했다. 나는 그의 자서전을 기획하고 발행했다. 그가 하버드 2학년까지 써낸 글들을 통해, 나는 누구보다 생생하게 그곳의 현실을 알게 되었다.

• 체력은 국력이다

MJ는 30년 교육 현장을 지켜본 자의 무력감을 토로했다. "애들이 학교 수업이 끝난 후에 강제 자율 수업을 하고 집에 돌아와 개인 과외를 하고, 자율 수업이 없는 날이나 휴일에는 학원이나 과외, 스펙 쌓기 등에 매달리면서 그 아까운 날들을 모두 보내게 되지."

그녀는 서울대 공대를 나온 한 동료 학원장의 말을 전했다. 그의 동기인 의사, 변호사들은 정작 아픈 사람과 범죄자들을 상대하며 괴로워

한다는 것이었다. 적성도 모른 채 이름만 보고 선망의 직업을 택하는 것이 얼마나 위험하고 안타까운 일이냐는 한탄이었다. "의사들은 늘 아파서 찡그린 사람들을 만나야 하고 변호사들은 사기꾼들 범죄자들을 위해서 그럴듯한 이야기를 꾸며야 하는 게 정작 그들의 일이라는 거지."

그 순간, 내 어린 시절 매일 들었던 구호가 떠올랐다.

"체력은 국력이다." 가난했던 대한민국을 선진국 반열에 올린 원동력이 바로 이것이었다. 우리는 언제부터 이 단순한 진리를 잊었을까?

미국 학교에서는 계절마다 다른 스포츠를 즐기는 것이 일상이다. 가을에는 주로 크로스컨트리, 미식축구, 골프(여자), 테니스(여자), 배구(여자), 수구가 대회가 열리고 겨울에는 농구, 치어리딩, 댄스, 축구, 레슬링을 즐긴다. 봄에는 야구, 골프(남자), 라크로스, 소프트볼, 수영과 다이빙, 테니스(남자), 트랙과 필드, 배구(남자) 등이 정기적으로 열린다. 따라서 운동을 좋아하는 아이라면 1년 내내 학교 선수로 뛰며 방과 후 2~3시간씩 훈련하고 주말엔 시합을 치른다. 심지어 몇 시간씩 이동하며 원정 경기도 뛴다. 이들이 대학생이 되어 오전 수업, 오후 인턴십, 저녁 클럽 활동, 밤샘 과제라는 살인적인 일정을 소화할 힘은 오직 하나, 어릴 때부터 쌓아온 체력에서 나온다.

그런데 한국 유학생들은 기본 체력 덕분에 대학 1~2학년까지는 잘 버티지만, 결국 살인적인 스케줄을 소화해야 하는 3~4학년으로 올라가면 체력 싸움에서 따라가지 못한다. 결국 가장 중요한 시기에 밀릴 수밖에 없다.

• 10년 후를 상상하라
"자네는 내가 지금까지 지켜봐 왔지만 정말 인격적으로 훌륭한 사람이야. 그런데 요즘 아이들이 그런 인격을 갖추리라 기대할 수 있을지 모르겠어."

내 말에 MJ는 작게 웃었다.

"하하하. 고마워 친구. 그런데 우리 애들의 미래는 어떻게 될까? 짬이 있는 시간에는 휴대폰을 붙들고 있고. 페이스북을 하지 않는 아이들이 없어. 맨날 손에 들고 친구의 친구, 그 친구의 친구 정보를 뒤적이고 그래."

한숨을 쉬면서 그녀는 정색하며 말을 이었다.

"그런데 사실 아이들을 탓할 수가 없어. 재미있는데 그것을 억지로 못하게 막을 수도 없잖아. 그렇다고 사회가 대안을 제시해 주지도 않고."

한국 교육을 바꾸려면 패러다임을 뒤집어야 한다. 공부가 우선이 아니라 운동이 우선이어야 한다. 주 2~3시간의 체육을 주 10시간으로 늘리고, 매일 오후 2시간을 의무 운동 시간으로 정해야 한다. 엘리트 체육이 아닌 생활 체육으로 전환하고, 대입에서 체육 활동 반영 비율을 30% 이상으로 높여야 한다.

불가능하다고? 내가 살던 인구 2만 5천의 미국 소도시에서도 초등학생 3~4학년을 지도하기 위해 영국에서 유소년 축구 코치를 초빙했다. 한국의 시군구가 못할 이유가 없다.

교육은 백년지대계다. 정권이 바뀔 때마다 교육정책을 뜯어고치는 나라에 미래는 없다. 체육을 통한 개혁은 당장 성과가 보이지 않는다. 10년, 20년이 걸린다. 그래서 정치인들이 외면한다. 하지만 이것만이 유일한 해법이다. "건강한 체력에 건강한 정신이 깃든다." 이 평범한 진리가 한국 교육의 미래다. 유치원생이 수학이 아니라 축구를 배우는 날, 그날이 진정한 교육 혁명의 시작이다.

통화를 마치기 전, MJ가 물었다. "너는 좋겠다. 애들이 다 잘하고 있어서." "그건 그래. 며칠 전에 아내와 그 문제를 두고 이야기를 나눈 바가 있어. 만일 우리가 한국에 계속 살았다면 우리는 아이들의 교육을 위해 어떤 방식을 선택했을지에 대해서 말이야." "그래서?" "정말, 언뜻 떠오르지 않더라고. 당시에 딸아이는 초등 대안학교에 다니고 있었지만, 과연 계속 대안학교로 고등학교까지 마치게 했을지도 자신이 없고. 그렇다고 기존의 학교 시스템에 넣어서 얼마나 행복하게 아이가 자랐을지도 자신이 없더라고."

• 작가 노트: 2025년 9월

이 글을 쓴 지 7년이 흘렀다. 대한민국의 사교육 시장은 그때보다 더욱 거대하고 기형적인 괴물이 되어 있었다. 최신 보고서에 따르면, 2024년 대한민국의 초·중·고 사교육 시장 총규모는 29조 2천억 원으로 역대 최고치를 경신했다. 학생 수는 계속 줄고 있는데도 시장은 오히려 팽창하는 기현상이 벌어지고 있다. 이제 학생 10명 중 8명(80%)이 사교육을 받고 있으며, 참여 학생 한 명에게 들어가는 월평"평균 비용은 60만 원에 육박한다.

40년 전 내가 목격했던 그 구조적 폭력은 이제 전 국민을 상대로 벌어지는 소모전이 되었다. 건강한 사회의 가치를 대체할 것은 없다. "체력은 국력이다." 이제 정말 다시 시작할 때다.

너무 늦었다는
거짓말

2022년 7월 5일 기록

"고교 중퇴한 수포자 '수학 노벨상' 받았다"

커피를 마시며 스크롤 하던 휴대폰 화면이 멈췄다. 한국의 모든 언론
이 일제히 같은 이름을 외치고 있었다. 허준이. 프린스턴대 교수이자
한국계 최초 필즈상 수상자. 조선일보 기사를 읽어 내려가다 나는 숨
이 멎는 듯했다. "허 교수는 아버지 허명회 고려대 통계학과 명예교수
와 어머니 이인영 서울대 노어노문과 명예교수의 미국 유학 시절인
1983년 캘리포니아에서 태어났다."

이인영 교수. 그 이름이 33년 전의 기억을 소환했다. 1989년 가을, 스

물여섯의 나는 연희동의 한 저작권 중계 회사에서 일하고 있었다. 『한반도 재통일』이라는 영어책을 들고 서울대학교 노어노문과를 찾았다. 인문대 건물을 헤매다 겨우 찾은 연구실. 노크를 하고 들어서자 단아한 인상의 이인영 교수님이 나를 맞아주셨다. 우리는 러시아 문학에 대해 잠시 이야기를 나누었다. 짧은 만남이었지만 교수님의 지적인 품격과 따뜻한 미소가 인상적이었다. 그녀는 나중에 러시아 대사를 역임하셨다고 들었다.

그때는 전혀 몰랐다. 바로 그 시각, 그녀의 여섯 살 아들이 집 어딘가에서 놀고 있었으리라는 것을. 2022년 1월 1일, 조선일보는 필즈상 수상 6개월 전 허준이 교수와 화상 인터뷰를 진행했다. 그 인터뷰에서 허 교수는 이렇게 말했다:

"중3 때 경시대회 나가볼까, 과학고 가볼까 하는 생각이 들어 선생님께 말씀드렸더니 '지금 시작하기엔 너무 늦었다'고 하시더군요. '나는 수학 못 하는 아이'라고 생각해 버리게 됐어요."

단 한마디였다. 1989년에 여섯 살이던 아이는 9년 후 '수포자'가 되었다. 인터뷰에서 그는 덧붙였다. "한국 사람들은 '뭘 하기에 늦었다'는 말을 너무 많이, 가혹하게 해요. 타인에게도, 자신에게도. 어떤 일이라도 시작하기에 늦은 일은 없지 않을까요?"

• 허준이의 역설 - 시인에서 수학자로

필즈상을 받기 훨씬 전에 있었던 조선일보와의 인터뷰에서 허준이 교수는 시인의 꿈에 대해 이렇게 밝혔다. "중고등학교 때 시에 빠졌어요. 특히 기형도 시인의 작품을 좋아했죠. 시를 읽으면 일상 대화에선 느낄 수 없는 다른 종류의 소통을 느낄 수 있었어요."

그는 고등학교 1학년 때 학교를 그만뒀다. "학교 다닐 시간에 시 쓰면 금방 등단할 줄 알았죠. 중2병도 아니고 고1 병을 심하게 앓았어요. 결론은 허송세월. 학교 안 가고 매일 교문 앞에서 하교하는 친구들 기다렸다가 PC방에 갔답니다."

시와 수학의 공통점을 묻는 기자의 질문에 그는 놀라운 통찰을 보여줬다고 한다. "알고 보면 공통점이 많아요. 시는 표현하기 어려운 것을 언어로 소통하려는 시도니까요. 수학은 땅으로 끌어내리기 어려운 추상적 개념을 수와 논리로 표현해 공유하는 거고요. 둘 다 대상을 고도로 함축해 강력한 상징을 만들죠."

검정고시를 거쳐 서울대에 입학했지만, 학부를 6년이나 다녔고, 성적은 형편없었다. 2009년 미국 대학원 12곳에 지원했으나 11곳에서 거절당했다. 오직 일리노이대만이 그를 받아주었다. "당연한 결과였어요. 그나마 히로나카 교수님 추천서 덕에 일리노이대에서 도박하는 심정으로 뽑아준 것 같아요."

그 '도박'의 결과는 놀라웠다. 박사과정 첫해에 40년간 풀리지 않던 리드 추측을 해결했고, 13년 후인 2022년 7월 5일, 필즈상을 받았다.

● 열린 문과 닫힌 문 - 내가 만난 선생님들

중학교 1학년 수학 선생님은 은퇴를 앞둔 분이셨는데 늘 성냥개비를 입에 넣어 깨물면서 수업하셨다. 어느 정도 시간이 지나면 성냥의 붉은 황이 침에 녹아서 입술 속으로 빨려 들어가는 것을 지켜보는 묘미가 있었다. 그분은 자신이 암기하고 있다는 것을 학생들에게 자랑하기 위해서 칠판 좌측 끝에서 우측 밑까지 문제를 죽 풀어 놓곤 했다. 한마디로 수학이라는 개념이 무엇인지보다는 어떻게 푸는지를 가르칠 뿐이었다. 불행하게도 나는 고등학교 문턱을 가본 적이 없으므로 중학교 때 배운 방식으로 고등학교 수학을 독학했다.

그러다가 종로학원에 들어가서 제대로 된 수학 선생들을 만났다. 문과였음에도 나를 담당한 수학 선생은 총 세 분이었는데 가르치는 분야가 다 달랐다. 그중에서 논리 파트 담당의 칠순을 넘기신 수학 선생님이 생각난다. 명제와 논증을 다루는 그 부분은 그야말로 명징한 철학 수업이었다. 명제의 참과 거짓을 논증하는 것은 아름다운 과정을 거쳐 증명되곤 했다. 그때 나는 하마터면 논리학을 다루는 학문이 좋아서 수학을 전공하거나 철학을 전공할 뻔했다.

창밖으로 빗줄기가 사선으로 내리던 어느 날, 선생님은 칠판에 단어

하나를 썼다.

무한(無限)

"우리는 보통 무한을 그저 '끝없이 큰 것'이라고 생각하지." 선생님의 목소리는 노쇠했지만 그래도 빗소리를 뚫고 차분히 울렸다. "1, 2, 3... 하고 끝없이 이어지는 자연수의 개수도 무한이고, 0과 1 사이를 채우는 빽빽한 실수의 개수도 무한일세. 그렇다면 질문 하나. 이 두 무한은 같은 무한일까? 크기가 같은 무한일까?"

교실은 술렁였다. '무한에도 크기가 있다니?' 상식에 금이 가는 소리였다.

"오늘 우리는 귀류법(歸謬法, Proof by Contradiction)이라는 가장 날카로운 논리의 칼을 사용해, 이 질문의 답을 찾아볼 걸세. 증명할 명제는 이것이야. '0과 1 사이 실수의 개수는 자연수의 개수보다 많다.'"

선생님은 다시 한번 우리에게 탐정이 되기를 제안했다. "이 명제를 정면으로 증명하기는 어려우니, 한번 뒤집어 생각해 보세. 만약 저 명제가 '거짓'이라면? 즉, '0과 1 사이의 모든 실수에 1번, 2번, 3번...하고 자연수처럼 번호를 붙여 빠짐없이 전부 나열할 수 있다'고 가정해 보는 걸세."

선생님은 칠판에 가상의 목록을 적기 시작했다. 모든 실수를 다 적었다고 '주장하는' 목록이었다.

0.51832... 0.14159... 0.33333... 0.71828... 0.12345... ... (이 목록은 무한히 계속된다)

"자, 여기 이 세상의 0과 1 사이 모든 실수를 빠짐없이 담았다고 큰소리치는 목록이 있네." 선생님은 분필을 들어 목록의 대각선 위 숫자들에 동그라미를 쳤다. (첫 번째 수의 첫째 자리, 두 번째 수의 둘째 자리, 세 번째 수의 셋째 자리...)

"이제 이 목록에 '절대로 존재할 수 없는' 유령 같은 숫자를 하나 만들어 볼 걸세. 아주 간단한 규칙으로 말이야."

"새로운 숫자 X를 만들 건데, X의 소수점 첫째 자리는 우리 목록의 첫 번째 숫자의 첫째 자리인 5와 다른 수, 예컨대 '6'으로 하지. 둘째 자리는 두 번째 숫자의 둘째 자리인 4와 다른 수, '5'로 하고. 셋째 자리는 3과 다른 수, '4'로. 이런 식으로, X의 n번째 자리 숫자는 우리 목록의 n번째 숫자의 n번째 자리 숫자와 무조건 다르게 만드는 걸세."

X = 0.65436...

교실에는 숨 막히는 정적이 흘렀다. 선생님은 칠판에 만들어진 새로운 숫자 'X'를 가리키며 결정적인 질문을 던졌다. "자, 이 새로운 숫자 X는 0과 1 사이의 실수인가? 물론이지. 그렇다면 이 X는, 우리가 '모든 실수를 빠짐없이 담았다'고 주장했던 저 목록 어딘가에 반드시 있어야만 하네. 그런데... 과연 그럴까?"

그의 목소리는 조용했지만, 거대한 망치처럼 우리의 머리를 울렸다. "X가 목록의 1번에 있을 수 있는가? 아니, 첫째 자리 숫자가 다르지. 2번에 있을 수 있는가? 아니, 둘째 자리 숫자가 다르지. 100만 번째에 있을 수 있는가? 아니, 우리는 X의 100만 번째 숫자를 목록의 100만 번째 숫자의 100만 번째 자리 숫자와 다르게 만들었네."

"X는 이 목록 그 어디에도 존재할 수가 없네. 우리는 방금 '모든 실수를 담은 목록'에 없는 새로운 실수를 찾아내 버린 걸세. 이것은 명백한 모순(Contradiction)이야." 선생님은 분필을 탁, 내려놓았다.

"이 모순은 어디서 시작되었는가? 우리의 '가정'이 틀렸기 때문일세. '모든 실수에 번호를 붙여 나열할 수 있다'는 바로 그 생각이 불가능했던 거야. 따라서 우리의 가정은 거짓이고, 그 반대인 원래의 명제, '0과 1 사이 실수의 개수는 자연수의 개수보다 많다'는 참이 되는 걸세."

이것이 바로 수학자 칸토어가 증명한 대각선 논법(Diagonal

Argument)이었다. 그날, 나는 단순한 수학 증명을 본 것이 아니었다. '무한'이라는 거대한 개념의 민낯을 엿본 것이다. 우리의 직관이 얼마나 쉽게 부서질 수 있는지, 그리고 엄밀한 논리의 과정이 그 부서진 직관을 넘어 얼마나 아름다운 진실을 드러낼 수 있는지를 목격한 것이다. 그 수업은 수학을 넘어, 인간 이성의 한계와 가능성을 동시에 보여준 한 편의 지적인 서사시였다.

내가 그 학원에서 처음 접한 화학 과목의 경우도 명강사를 만났다. 전직 서울대 화학과 교수이기도 하지만, 검정고시 출신으로서 화학 과목이 처음이었던 나에게 그저 행운이었다. 나른한 5교시, 칠판에는 '열화학'이라는 단원명 아래 낯선 공식 하나가 적혀 있었다.

$$\Delta G = \Delta H - T\Delta S$$

학생들의 눈은 이미 절반쯤 감겨 있었다. 엔탈피니, 깁스 자유 에너지니 하는 단어들은 무게없는 소리처럼 공중에서 흩어졌다. 특히 'S'로 표기된 엔트로피(Entropy)는 교과서의 '무질서도'라는 한 줄짜리 설명만으로는 도무지 그 실체를 짐작할 수 없는, 안개 같은 개념이었다.

그때, 선생님이 교실 뒤편에서 커다란 직소 퍼즐 상자를 들고 나타나셨다. 1000피스짜리, 고흐의 〈별이 빛나는 밤〉이었다. 선생님은 완성된 퍼즐 판을 조심스럽게 교탁 위에 올려놓았다. 수많은 조각이

제자리를 찾아 하나의 완벽한 그림을 이룬 모습은 그 자체로 장관이었다.

"여러분, 지금 이 퍼즐의 상태를 봅시다." 선생님은 그림을 가리켰다. "천 개의 조각이 이 그림을 만들기 위해 배열될 방법은 딱 몇 가지일까요?"

"한 가지요." 누군가 힘없이 대답했다.

"맞아요. 단 한 가지. 이처럼 완벽하게 정돈된 상태, 가능한 경우의 수가 극도로 적은 이 상태를 우리는 '엔트로피가 낮다'고 말합니다. 질서정연한 상태죠."

바로 다음 순간, 선생님은 누구도 예상치 못한 행동을 했다. 그는 퍼즐 판을 두 손으로 번쩍 들더니, 교실 바닥에 깔아둔 커다란 비닐 시트 위로 그대로 쏟아부었다. '와르르' 소리와 함께 천 개의 조각들은 순식간에 제멋대로 흩어져 버렸다. 학생들의 잠이 확 달아났다.

"자, 그럼 지금 이 상태는 어떻습니까?" 선생님은 바닥에 널브러진 무질서한 조각들을 가리켰다. "이 천 개의 조각들이 이렇게 '어질러진 상태'로 놓일 수 있는 방법은 몇 가지나 될까요? 수백만? 수십억? 거의 무한대에 가까울 겁니다. 우리는 이 상태를 '엔트로피가 높다'고 말해요. 가능한 경우의 수가 폭발적으로 많은 상태죠."

선생님은 학생들을 둘러보며 핵심적인 질문을 던졌다. "그렇다면 여러분. 내가 이 퍼즐 조각들을 상자에 넣고 1년 내내 미친 듯이 흔든다고 상상해 봅시다. 과연 저절로 〈별이 빛나는 밤〉 그림이 완성될 확률이 있을까요?"

교실에서는 실소가 터져 나왔다. "없겠죠. 왜? 그림이 완성되는 경우의 수는 '1'이지만, 흩어져 있는 경우의 수는 거의 '무한대'니까요. 우주는 특별히 무질서를 좋아하거나 질서를 미워하는 게 아니에요. 그저 확률적으로 경우의 수가 압도적으로 많은 쪽으로, 즉 엔트로피가 증가하는 방향으로 흘러갈 뿐입니다. 이것이 바로 자연의 가장 위대한 법칙 중 하나인 열역학 제2법칙입니다."

순간, 교과서 속 죽어있던 문장이 심장을 얻고 뛰기 시작했다. "여러분이 애써 방을 치워도 며칠만 지나면 다시 어질러지는 이유, 뜨거운 커피가 결국 식어버리는 이유, 향수 한 방울이 공기 중으로 퍼져나가는 이유가 바로 여기에 있습니다. 깔끔한 방, 뜨거운 커피, 뭉쳐있는 향수 분자는 모두 엔트로피가 낮은, 질서 있는 상태입니다. 하지만 세상은 가만히 두면 확률적으로 훨씬 더 가능성이 높은 상태, 즉 어질러진 방, 식어버린 커피, 멀리 퍼진 향수 분자라는 높은 엔트로피 상태로 나아가는 겁니다."

그의 설명은 화학을 넘어 철학의 영역으로 확장되고 있었다. "이것이 바로 '시간의 화살'이 한쪽으로만 흐르는 이유이기도 합니다. 깨진 달걀이 저절로 다시 붙는 것을 본 적 있나요? 없죠. 온전한 달걀이라는 '경우의 수 1'의 상태보다, 깨져서 흩어진 '수십억'의 상태가 확률적으로 훨씬 더 자연스러우니까. 우주는 그저 가장 가능성 높은 주사위를 던지고 있을 뿐입니다."

그날, 우리는 더 이상 엔트로피를 '무질서도'라는 단어로 암기하지 않았다. 그것은 흩어진 퍼즐 조각이었고, 식어가는 커피였으며, 다시는 돌아갈 수 없는 시간의 흐름 그 자체였다. 화학 선생님은 가장 이해하기 힘든 화학 법칙 하나를 가지고, 우주를 관통하는 가장 근본적인 원리를 설명해 낸 것이다. 그는 단순한 화학 교사가 아니었다. 복잡한 세상의 법칙을 우리 눈높이에서 번역해 주는 위대한 해석가이자, 죽은 공식을 살아있는 지혜로 바꾸는 연금술사였다.

그러나 인생의 항로를 바꾸는 혁명은 때로 가장 예상치 못한 교실에서 시작된다. 내게는 중학교 1학년 음악실이 바로 그곳이었다. 음악 수업은 피아노가 있는 강당에서 늘 진행되었는데 나는 그 공간에서, 최찬규 선생님을 만났다. 그는 내 인생의 가장 위대한 혁명가였다.

기초 지식이 없는 우리에게 음악을 깨우치기 위해서 선택한 방법이 생각난다. 음의 고저를 귀에 익히게 하기 위해서 도레미파솔라시도의 모든 단계를 조직적이며 혼합해서 반복해서 부르고 듣고 하게 함으로써 한번 듣기만 해도 그 음의 값이 무엇인지 금방 알게 가르쳤다. 그렇게 함으로써 단기간에 음악의 고저를 이해하게 되었다. 또한 음악의 장단 즉, 길이를 이해시키기 위해서 각 음표의 장단에 맞춰서 "따안따따안따"처럼 시간의 흐름으로 이해하게 함으로써 우리들은 짧은 시간에 고저장단을 이해했다. 메트로놈 대신에 손가락을 허공에 저으면서 음의 길이를 터득했다. 그러므로 이 간단한 이해만으로 나는 악보를 보며 두세 번 연습해 보는 것만으로 해당 악보를 완전히 이해하고 노래까지 부르게 되었다.

따지고 보면 최 선생님에게 악보는 단순히 감정을 나열한 기호가 아니라, 치밀하게 설계된 건축 도면이었다. 화성학은 음들의 관계를 증명하는 논리적인 공식이나 마찬가지다. 선생님의 수업 속에서, 음악은 막연한 재능의 영역에서 명확한 이성의 영역으로 건너왔다. 나는 그 논리의 아름다움에 매료되었다. 나는 음악 시간마다 지휘봉 대신에 손가락으로 허공에 그으면서 "따안따따다따다…"를 하면서 시간을 조각했고 "도레미파솔…"을 하면서 담벼락에 그림을 그리는 동안 새로운 악보를 금세 파악해서 노래를 부를 수 있게 되었다. 나는 언제나 가장 빨리 노래를 파악하곤 했다.

어느 날 방과 후, 선생님이 조용히 나를 부르셨다. "대하야, 너는 음의 구조를 볼 줄 아는구나. 음악적 재능이 있어. 나중에 작곡가나 지휘자가 되어보는 건 어떻겠니?"

심장이 세차게 뛰었다. 난생처음으로 누군가 내 안에서 '재능'이라는 원석을 발견해 주었다. 막연했던 미래에 '음악가'라는 구체적인 길이 처음으로 그려지는 순간이었다.

그러나 나의 짧았던 음악 혁명은 1년 만에 막을 내렸다. 2학년이 되자 선생님은 다른 학교로 전근을 가셨고, 새로 온 선생님에게 음악은 자신을 따라 노래 부르는, 초등학교 시절의 음악으로 돌아갔다. 논리의 건축물은 무너지고, 딱딱한 지식의 파편만이 남았다.

최 선생님은 키가 자그마하셨지만, 노래를 부르실 때는 마이크를 사용하지 않았음에도 큰 강당 안이 쩌렁쩌렁 울렸다. 당시 교과서에 실렸던 스코틀랜드의 민요인 "오, 아름다운 나의 벗(The Bluebells of Scotland)"을 부르실 때는 눈물까지 흘리셨다. 노래를 끝마치신 후, "친구가 생각이 나서 슬펐다"고 하셨다. 이 노래는 계이름으로도 지금까지 완벽하게 기억하고 있다. 우리 집 피아노에 앉으면 가장 먼저 치는 노래이기도 하다.

세월이 흘러 스물일곱, 마음속에 묻어두었던 혁명의 불씨를 되살리고 싶어 점심시간에 내가 일하던 방배동 사거리의 한 음악학원의 문을 두드렸다. 바이올린을 배우고 싶다고 하자, 원장은 내 손을 슬쩍 쳐다보더니 고개를 저었다. "음... 손가락이 이미 다 굳어서 너무 늦었네요. 바이올린은 어릴 때 시작해야 해요. 차라리 첼로를 한번 해보시죠."

'너무 늦었다'는 말은 비수처럼 날아와 내 안의 작은 희망을 베어냈다. 하지만 포기하고 싶지 않았다. 한 달 후, 월급을 몽땅 털어 첼로를 샀다. 내 키만 한 악기를 품에 안았을 때, 나는 다시 혁명을 꿈꿀 수 있을 것 같았다. 하지만 운명은 내 편이 아니었다. 학원은 소리 소문 없이 사라져 버렸다. 텅 빈 학원 문 앞에서 나는 망연자실했다.

집에 돌아와 첼로를 꺼냈다. 소리라도 한번 들어보고 싶었다. 활을 잡고 줄 위에 그었다. 그러나 첼로는 끽끽거리는 비명만 내지를 뿐, 그 깊고 장엄하다는 소리는 한 음절도 들려주지 않았다. 오기가 생겨 활의 흰 실이 모두 끊어질 때까지 그어댔지만, 첼로는 끝까지 침묵했다. 얼마 후, 아는 사람이 잠깐만 빌려달라는 말에 내어준 것이 그 첼로와의 마지막 인연이었다.

가끔 생각해 본다. 만약 그때 학원 원장이 "지금도 늦지 않았어요. 한번 해보시죠!"라고 말해주었다면 어땠을까. 내가 그의 말을 무시하고 바이올린을 샀다면 어땠을까. 어쩌면 지금쯤 나는, 서툴지만 내 영혼의 소리를 낼 줄 아는 36년 경력의 아마추어 바이올리니스트가 되어 있을지도 모른다. 최찬규 선생님이 알려주신 논리의 벽돌로, 나만의 작은 음악의 집을 짓고 살았을지도 모른다. 하지만 내게 남은 것은,

그날 활이 끊어지도록 그어도 끝내 울지 않던 첼로의 침묵뿐이다. 내 인생의 가장 찬란했던 혁명은, 그렇게 소리 없이 막을 내렸다.

훗날, 내가 늦은 나이에 미국의 한 대학에 편입해 "음악과 문화"라는 과목을 신청해 수업을 받았을 때가 생각난다. 초빙교수 존 레니스(John Lenis)는 뉴욕(맨해튼 중심)에서 활동하는 재즈 콘트라 베이시스트로, 다양한 앙상블에서 공연과 녹음을 꾸준히 이어온 연주자였다. 나는 그의 음악 시간이 너무 기대되어 늘 가장 먼저 교실에 갔다. 그때마다 나보다 먼저 교실에 도착한 레니스 교수는 강의 시간을 위해 노트북, 빔 프로젝터와 기계들을 점검하곤 했다. 난 매시간, 과거의 기억이 떠올라 수업 시간이 그렇게 재미있을 수가 없었다. 나와 수업을 함께 받은 젊은 학생들은 내가 음악을 전공한 음악인인 줄 알았다며 훗날 내게 전하기도 했다. 그만큼 나는 열심히 수업을 받았던 기억이 난다. 그 대학을 졸업할 때, 내가 속한 칼리지 학장상을 받게 되었는데 그 소식을 레니스 교수에게 전하니 매우 기뻐하며 이메일을 보내왔었다.

메시지를 보내주셔서 감사합니다. 대학에서 학업적으로 큰 성공을 거두신 것을 알게 되어 정말 기쁩니다. 학장상을 받으신 것도 당연히 자격이 충분하다고 생각합니다. 축하합니다! 당신의 노력에 제가 기여한 바는 없지만, 따뜻한 말씀에 감사드립니다.

저는 한 학기 동안 강의할 기회를 얻었는데, 정말 독특한 경험이었습니다. 특히 한국 학생들의 성실함과 예의 바른 태도에 깊은 인상을 받았습니다. 제가 수업 시간에 보여드렸던 재즈 빅밴드 영상을 기억하시나요? 그 밴드의 리더인 한국인 연주자가 멋진 음반을 발매했으며, 현재 한국 투어를 준비하고 있습니다. 만약 투어가 성사된다면, 한국을 방문해 한국 문화를 직접 더 깊이 배워보고 싶습니다.

다시 한번 소식을 공유해 주셔서 감사드리며, 앞으로도 모든 일에서 계속 성공하시길 바랍니다.

진심으로,
- 존 레니스

레니스 교수의 편지를 읽으며 나는 다시 한번 깨달았다. 좋은 선생님은 단순히 지식을 전달하는 사람이 아니다. 그들은 우리 안에 잠든 가능성을 발견하고, 그것이 피어날 수 있도록 문을 열어주는 사람들이다. 최찬규 선생님은 "따-안따딴따"로 음악의 문을 열어주셨고, 종로학원의 노신사는 무한의 역설로 철학의 문을 열어주셨다. 화학 선생님은 흩어진 퍼즐로 우주의 법칙을 보여주셨고, 레니스 교수는 늦은 나이의 학생에게도 음악의 기쁨은 여전히 유효하다는 것을 일깨워주셨다.

반면 성냥개비를 물고 수식만 나열하던 선생님, 음악을 암기 과목으로 만든 선생님, 그리고 "너무 늦었다"며 가능성의 문을 닫아버린 음악학원 원장. 그들은 내게 무엇을 가르쳤는가? 아마도 반면교사라는 것도 때로는 필요하다는 교훈이었을지 모른다.

허준이 교수도 중학교 3학년 때 "너무 늦었다"는 말을 들었다. 나도 스물일곱에 같은 말을 들었다. 그 말이 얼마나 많은 가능성을 죽이는지, 우리는 이제야 깨닫고 있다. 진정한 교육은 문을 닫는 것이 아니라 여는 것이다. 설령 그 문 너머에 무엇이 있을지 알 수 없더라도 말이다.

• MIT 우울모드가 본 진실

이 글을 쓰면서 꼭 언급하고 싶은 글이 있었는데 찾을 수가 없어서 그냥 지나갔다. 아침을 먹고 검색을 다시 해보니 내가 찾던 글이 나타났다. 여기저기에서 이 사람이 쓴 글을 아무런 출처도 없이 사용하고 있었다. 유학원에서부터 개인의 글에 이르기까지 이런저런 글에서 말이다. 자신의 글이 아니면 반드시 그 출처를 명확하게 제시해야 함에도 그런 문제의식이 없는 것은 심각하다. 여기저기에 해당 글이 게재된 것을 발견했는데 어느 것이 원본인지 알 수 없을 정도였다. 내용도 마음대로 뜯어고친 글도 있었다.

그래서 나는 끈질기게 검색을 한 끝에 드디어 원출처를 확인했다. 한국과학기술인연합에 2003년 7월 17일에 올랐던 글이다. 글쓴이는 '우울모드'로 제목은 "미국 유명대와 한국 대학에 대한 시각 - 上 (부럽다 MIT)"이다.

우울모드라는 닉네임 때문에 나는 하마터면 2005년에 우울증으로 보스턴에서 목숨을 끊은 양신규 박사가 생각났다. 그도 서울대 물리학과를 나와 한국의 대기업에서 근무하다가 MIT에서 석사와 박사를 한 후 뉴욕경영대학원 교수 겸 MIT 방문 교수를 하던 때였다.

우울모드는 MIT에서 박사학위를 받고 미국 회사에 다니던 사람이었다. 그가 2003년에 쓴 이 글은, 19년이 지난 지금 읽어도 가슴이 먹먹해진다. 그는 이렇게 시작했다:

"저는 6년 전 MIT에 유학 와서 박사학위를 받고 지금은 미국에서 회사에 다니고 있습니다. 처음 1년 이곳에서 공부할 때 저는 제가 한국에서 대학 교육을 받은 데 약간의 자부심을 느끼고 있었습니다."

주위에는 서울대 과 수석, 전체 수석까지 있었고, 한국 대학원생의 80% 이상이 서울대 출신이었다고 한다. 그래서 그는 미국 학생들을 보며 "그래 너희가 얼마나 잘났나 한번 해보자"라는 생각까지 했다고 고백한다. 실제로 시험 성적은 한국 학생들이 압도적이었다. 특히 수학은 한국 중고등학교 수준이 미국보다 훨씬 높아 공대생들이 큰 이

득을 봤다고 한다.

그런데 1년이 지나고 연구가 시작되면서 충격적인 일이 벌어졌다. 우울모드는 이렇게 썼다:

"시간이 지나면서 소름이 오싹 돋는 일이 자꾸 생겼습니다. 하나둘씩 주위에 있던 몇몇 미국인 학생들이 점점 두각을 나타내면서 점점 더 어려운 문제를 해결해 나가고 벽에 부딪히면 새로운 길을 스스로 파헤쳐 나가는 등 저를 놀라게 하였습니다."

가장 충격적인 대목은 이것이었다:

"초기에 제가 미분기하학이란 이런 거야라고 설명해 주던 미국 애가 이제는 제가 알아듣지 못하는 이론을 제게 설명해 줍니다."

처음엔 가르쳐주던 사람이 나중엔 배우는 사람이 되었다는 것. 나는 이 부분을 읽으며 섬뜩했다. 우울모드는 처음엔 '자기한테 맞는 분야를 잘 정했겠지'라고 생각했지만, 점점 더 많은 사례를 목격하면서 깨달았다고 한다. "이들 중 몇 명이 내가 천재라고 생각하던 그런 교수님들처럼 되는 것이 아닌가."

그는 한국과 미국의 교육 차이를 분석하기 시작했다. 갓난아기 때부터 차이가 났다고 한다. 한국에서는 "어른이 하지 말라면 하지 마!"라고 하지만, 미국에서는 "그것은 이렇고 저래서 그렇단다"라고 논리적으로 설명한다는 것. 학교 교육도 마찬가지였다. 한국은 암기력과 약간의 사고력에 중점을 두지만, 미국은 창의력, 상상력, 사회성을 키운다고 했다.

우울모드의 표현을 빌리자면: "한마디로 우리나라 학생들이 남들이 만들어놓은 포장된 지식을 주입받는 동안, 이곳 학생들은 생각하는 법을 배웁니다."

그러나 내가 가장 충격받은 부분은 '호기심'에 대한 이야기였다. 우울모드는 이렇게 썼다: "제가 미국 친구들을 집에 초대하여 조금이라도 신기한 것을 보여주면 이것은 어떻게 만들었느냐 무슨 원리로 동작하느냐는 등 질문을 쏟아붓습니다. 심지어 하수구를 고치러 온 미국 사람도 똑같은 관심을 보이면서 돈을 줄 테니 자기 아들을 위해 하나 만들어달라고 조르던 적도 있습니다. 반면 MIT의 박사과정 한국 유학생들은 시선이 1초 이상 머무르지 않으며 전혀 관심을 보이지 않고 술만 마십니다."

나도 비슷한 경험이 있다. 미국인 손님이 우리 집에 오면 먼저 집 안을 둘러본다. 벽에 걸린 사진, 책장의 책들, 가구 하나하나를 살피며 질문한다. 반면 한국 손님들은 안내하는 의자에 바로 앉고, 화장실 갈

때와 떠날 때를 제외하면 일어나지 않는다.

우울모드의 결론은 비극적이면서도 명확했다: "자기가 하는 일이 좋아서 하는 사람들의 열정은 절대 따라갈 수 없습니다."

그는 이렇게 한탄했다: "우리나라 인구수로 따지자면 이미 노벨상 수상자가 여러 명 나와야 했고 우리나라 사람들의 교육열로 보면 이미 세계적 수준의 과학 기술자가 전 세계에서 활약하고 있어야 할 시점에서 왜 한국에서 일류 교육을 받은 한국 유학생들이 MIT에서 기가 죽어 지내야 하는지 알 수 없었습니다."

2003년 우울모드가 쓴 이 글로부터 19년 후, 허준이가 필즈상을 받았다. 흥미로운 것은 허준이는 우울모드가 말한 '일류 교육'을 받지 않았다는 점이다. 고등학교를 자퇴했고, 서울대를 6년 다녔고, F 학점도 수두룩했다. 11개 미국 대학원에서 거절당했다. 그런데 그가 필즈상을 받았다. 왜일까?

조선일보 인터뷰를 다시 읽어보니 답이 보였다. 그는 시를 좋아했다. PC방을 좋아했다. 수학을 포기했다가 다시 만났다. 히로나카 교수를 만나 수학의 아름다움을 발견했다. 무엇보다, 그는 수학이 "좋아서" 했다.

우울모드가 말한 "넘을 수 없는 눈에 보이지 않는 어떤 장벽"의 정체가 이제 분명해진다. 그것은 실력이나 지능의 차이가 아니었다. "좋아서 하는가, 해야 하기에 하는가"의 차이였다. 한국 교육은 아이들에게서 "좋아함"을 빼앗는다. 대신 "해야 함"을 주입한다. 그래서 MIT의 한국 유학 출신 박사과정생들이 신기한 것을 보고도 1초 이상 시선을 머물지 않는 것이다. 이미 호기심이 죽었기 때문이다.

허준이의 필즈상은 기적이 아니다. 오히려 정상적인 한국 교육을 받지 않았기에 가능했던 일인지도 모른다. 족보 없이, 선행학습 없이, 학원 없이도 수학의 아름다움을 발견할 수 있다는 증명이다. 우울모드의 19년 전 글이 지금도 유효한 이유가 여기에 있다. 한국 교육은 여전히 호기심을 죽이고 있으니까.

• 8차원 공간의 아이들
조선일보와의 인터뷰에서 허준이 교수는 한 살, 여덟 살 두 아들 이야기를 들려줬다. "우리 애는 수학에 영 관심이 없어요. 대신 K팝 천재 같아요. 드럼 비트 한 번만 들어도 BTS 노래인지, 블랙핑크 노래인지 다 맞힌다니까요!"

아빠는 8차원 공간의 구를 연구하고, 아들은 BTS의 드럼 비트를 구분한다. 둘 다 자신만의 우주를 탐험하고 있다.

인터뷰에서 그는 한국 교육에 대해 날카로운 지적을 했다: "한국처럼 전 국민이 수학 트라우마에 시달리는 나라도 없어 보입니다. 수학이 문제가 아니라 한국 입시 구조가 문제예요. 수학 스트레스 없앨 방법은 아주 간단해요. 내년부터 입시에 수학을 안 넣겠다고 하면 바로 해결되지 않을까요?" 농담처럼 들리지만, 핵심을 찌른다.

• 작가 노트: 2025년 9월

이 글을 최종 편집하며 다시 읽어보니, 33년이라는 시간이 한순간처럼 느껴진다. 1989년 가을, 스물여섯의 나는 이인영 교수님의 연구실 문을 두드렸다. 그때는 몰랐다. 그녀의 여섯 살 아들이 훗날 한국 최초의 필즈상 수상자가 되리라는 것을. 그리고 그 아이가 중학교 3학년 때 들은 "너무 늦었다"는 한마디가 얼마나 많은 가능성을 죽일 뻔했는지를.

2022년 7월, 허준이 교수의 필즈상 수상 소식을 들으며 나는 내 첼로를 떠올렸다. 36년째 한 번도 제대로 울지 못한 그 첼로. "손가락이 굳어서 너무 늦었다"는 말에 바이올린 대신 샀던 그것. 나의 혁명이 '너무 늦었다'는 말 한마디에 멈춰서는 동안, 똑같은 말을 들었던 한 소년은 시와 수학의 경계를 넘나들며 자신만의 우주를 증명해 내고 있었다.

이 글을 쓰면서 우울모드의 2003년 글을 찾아 읽었다. MIT 박사과정 생들이 신기한 것을 보고도 1초 이상 시선을 머물지 않는다는 그 대목에서, 나는 우리가 잃어버린 것이 무엇인지 깨달았다. 호기심. 그것은 8차원을 탐구하게 만드는 원동력이자, BTS와 블랙핑크를 구분하게 만드는 열정의 씨앗이다.

얼마 전 발표한 나의 SF 소설 『퀀텀 스톰』에서 나는 모든 것이 시공간을 넘어 연결되어 있다는 상상을 펼쳤다. 허준이가 탐구한 8차원 공간처럼, 우리의 삶 또한 보이지 않는 끈으로 연결되어 서로에게 영향을 미친다는 믿음. 그 믿음으로 나는 다시 33년 전의 그날을 바라본다.

낯선 학교의
따뜻한 배려

2017년 2월 12일 기록

• 긴급 면담

2017년 2월 10일 오후 2시 15분. 스페인 라스팔마스의 아틀란틱 스쿨 정문 앞에 섰다. 평소 아들을 데리러 올 때는 늘 열려있던 문이 수업 중이라 굳게 닫혀 있었다. 초인종을 누르자 카메라로 확인한 뒤 문이 열렸다.

친구 CK를 기다렸다. 이 지역 변호사인 그는 아들이 이 학교에 다닐 수 있도록 처음부터 도와준 사람이다. 그가 도착하자 함께 교정으로 들어섰다. 점심시간 후 쉬는 시간, 운동장에서 뛰노는 학생들 사이에서 아들을 발견했다. 친구들과 이야기하던 아들이 우리를 보고 쑥스러운 표정을 지었다. 친구들은 호기심 어린 눈으로 우리를 살폈다.

이 면담이 잡힌 데는 이유가 있었다. 며칠 전 아들이 내게 털어놓은 고민 때문이었다.

"아빠, 스페인어를 잘 못해서 수업을 거의 이해 못 하는데, 왜 계속 들어야 하는지 모르겠어."

아들이 미국에서 스페인어를 제대로 배운 것이라곤 고작 1~2년뿐이었다. 9학년 수업을 따라가기엔 역부족이었다. 물론 학기 끝까지 버티면 스페인어 실력에 도움이 될 것이다. 하지만 충분한 준비 없이 갑작스럽게 환경이 바뀌면서 아들이 받는 스트레스는 상당했다. 아버지로서 아들의 힘겨운 마음을 헤아리지 않을 수 없었다.

CK에 부탁했다. 그가 총괄 교장인 구티에레스 씨와 친분이 있으니, 상황을 설명하고 도움을 요청해달라고. 구티에레스 교장의 신속한 결정으로 이렇게 빨리 면담이 잡혔다. 바쁜 일정에도 여섯 명이나 되는 사람들이 한자리에 모인 것이다.

2층 회의실에서 40분간의 면담이 시작됐다. 교장인 돈 하비에르가 주재했고, 담임이자 스페인어 선생님인 돈 페르난도, 고등부 교감, 영어 선생님 등 여섯 명이 참석했다. 면담의 핵심은 단순했다. 어떻게 하면 아들이 효과적으로 스페인어를 배우면서도 스트레스 없이 학교생활을 할 수 있을까? 아들은 정식 학생이 아니었다. 9학년 2학기만 체험하는 특별 학생 신분이라 학점도 인정되지 않고, 대신 수료증만 받게 되어 있었다. 그래서 모든 정규 수업에 참여할 필요도 없었다.

놀라운 건 담임 선생님인 돈 페르난도의 준비였다. 그는 이 회의를 위해 아들과 여러 차례 대화를 나눴고, 구체적인 계획을 하고 있었다. 그가 내놓은 계획은 놀랍도록 세심했다. 이미 9학년 과정을 마친 과학 같은 과목은 면제하고, 그 시간에 아들의 수준에 맞는 책을 읽으며 스페인어를 집중적으로 공부하도록 지도하겠다는 것이었다. 스페인어, 수학 등 꼭 필요한 과목에서는 숙제를 내주되, 반 친구들에게는 파티나 모임에 아들을 초대하도록 권하고, 아들이 좋아하는 스쿼시를 함께 칠 친구까지 직접 연결해 주겠다고 했다.

가장 인상적인 건 그의 세심한 자리 배치였다.

"처음엔 영어 잘하는 학생 옆에 앉혔어요. 도움받으라고요. 그런데 맥스가 그 친구하고만 영어로 대화하더라고요. 그래서 며칠 전부터 영어 배우고 싶어 하는 학생 옆으로 옮겼습니다. 이제 맥스도 스페인어를 쓸 수밖에 없죠."

지난주를 '맥스의 주간'으로 정했다는 이야기도 들었다. 반 아이들이 각자 프로젝트를 만들어 아들이 꼭 알아야 할 단어와 표현을 가르쳐 줬다고 한다.

돈 페르난도가 웃으며 말했다. "언어를 가장 빨리 배우는 방법이 뭔지 아세요? 여자 친구를 사귀는 거예요. 하지만 그건 제가 도와줄 수 있는 영역이 아니라서…"

모두가 웃었다. 그는 이어서 진지하게 말했다. "맥스는 낯을 가려요. 처음엔 조심스러워했는데 요즘은 친구들과 장난도 치고 많이 나아졌어요. 발표할 때 목소리가 작은 것만 빼면요. 틀려도 괜찮으니 더 크게 말하라고 격려해 주세요."

내가 제안했다. "숙제를 내주면 어떨까요? 처음엔 힘들겠지만 도움이 될 것 같은데요." "좋은 생각입니다. 지금까지는 면제해 줬는데, 이제부터 숙제를 내주도록 하겠습니다."

면담을 마치고 회의실을 나서니 구티에레스 총괄 교장이 기다리고 있었다. 짧은 인사를 나눈 뒤 헤어졌다.

"돈 페르난도는 정말 인상적이네요. 대부분의 선생님은 저렇게 적극적이지 않아요." CK가 말했다.

나는 라스팔마스대학교에서 스쿼시를 치고 4시 15분에 아들을 데리러 갔다. 차에 오르자마자 아들이 신나서 말했다.

"아빠, 오늘 돈 페르난도 선생님이 반 아이들한테 나를 파티에 초대하라고 했대. 그리고 스쿼시 치는 친구도 소개해 줬어. 수학 선생님은 이제 숙제 낼 수 있어서 행복하다고 웃으셨고."

불과 몇 시간 전 회의실에서 오갔던 약속들이 벌써 아들의 현실이 되어 있었다.

• 테헤다로 가는 길

그날 저녁, 아들과 테헤다의 레스토랑으로 향했다. 카나리아 제도에서 가장 높은 평가를 받는 식당이 있다고 해서 가보고 싶었다. 하지만 진짜 이유는 따로 있었다. 그날 밤 미국 드와이트-엥글우드 스쿨의 합격 발표가 있었다. 결과를 기다리느라 불안해할 아들을 위해 특별한 저녁을 준비한 것이다.

산길을 달리며 아들과 이야기를 나눴다. 스페인에 온 지 한 달. 힘들었지만 조금씩 적응하고 있는 아들이 대견했다. 무엇보다 오늘 학교에서 보여준 배려와 관심이 고마웠다.

"한국이나 미국 학교에서는 상상도 못할 일이야. 학생 한 명을 위해 선생님 여섯 명이 모여서 회의를 하다니.” 아들이 고개를 끄덕였다. “여기 애들은 70점만 넘어도 환호해. 나는 96점 아래면 스트레스받았는데... 뭔가 다른 걸 배우는 것 같아.”

그때는 몰랐다. 대기자 1번에서 합격자가 될 때까지, 이 스페인 학교에서의 경험이 아들에게 얼마나 큰 힘이 될지. 돈 페르난도 선생님이 가르쳐준 건 스페인어만이 아니었다. 한 사람을 위해 기꺼이 시간을 내고, 세심하게 관찰하고, 즉각 실천하는 것. 그것이 진짜 교육이라는 것을 우리 부자는 스페인에서 배웠다.

• 작가 노트: 2025년 9월

이 글을 쓴 지 3년 후인 2020년 5월, 아들의 드와이트-엥글우드 스쿨 졸업식이 열렸다. 전 세계를 휩쓴 팬데믹으로 졸업식은 온라인으로 진행되었고, 마침 한국을 여행 중이던 우리 가족은 오전 7시부터 노트북 모니터로 그 모습을 지켜볼 수 있었다. 아들은 공동체에 대한 헌신과 봉사를 인정받는 의미 있는 주요 상에 이어, 놀랍게도 스페인어 최우수상의 영예까지 안았다. 스페인 학교의 따뜻한 배려라는 씨앗이 마침내 아름다운 꽃을 피운 순간이었다.

그때 3년 전 스페인의 그 회의실이 떠올랐다. “맥스는 스페인어를 거의 못해요”라며 걱정하던 내 목소리와 “틀려도 괜찮으니 더 크게 말하라"고 격려하던 돈 페르난도 선생님의 따뜻한 미소가 교차했다. 70점에도 환호할 줄 알게 된 아들은, 96점이라는 숫자의 압박에서 벗어나 비로소 진짜 배움의 기쁨을 알아갔다.

졸업식이 끝난 후 아들이 내게 말했다. "아빠, 스페인에서 그 선생님들 아니었으면 난 스페인어 포기했을 거야."

그날 밤, 나는 스페인 라스팔마스로 이메일을 보냈다. 제목은 간단했다. 「선생님의 씨앗이 꽃이 되었습니다」

그리고 그 꽃은 지금, 전혀 예상치 못한 곳에서 가장 화려하게 피어나고 있다. 이 노트를 쓰는 현재, 아들은 몇 년 전 한국의 한 프로덕션에서 3개월간 인턴으로 일했던 인연을 계기로 스페인 남부 도시 말라가(Málaga)에 있다. JTBC 드라마 「경도를 기다리며」(박서준, 원지안 주연) 제작 현장에 스페인어 통역사로 파견된 것이다. 미국 회사에 2주간의 휴가를 내고 참여할 만큼 열정적인 모습으로, 현지 스태프와의 협업을 돕고 촬영, 조명팀까지 지원하고 있다.

낯선 언어 앞에서 힘들어하던 소년이 이제 언어를 통해 두 세계를 잇는 든든한 다리가 된 셈이다.

대기자 1번

2017년 2월 11일 기록

아들 맥스의 사립학교 합격 발표가 있던 날 밤이다. 온종일 초조하게 결과를 기다리는 것보다 나을 거란 생각에 테헤다(Tejeda)로 짧은 여행을 떠났다. 나는 아들이 합격할 거라 확신하며 미리 축하해 줄 계획이었다. 합격 발표는 미국 동부 시간 오후 4시, 이곳 스페인 시각으로는 밤 9시였다.

테헤다에서 돌아오는 길, 거대한 산맥 위로 떠오른 밝은 달이 보였다. "저 달처럼 어둠을 밝히는 사람이 되어라." 내가 건넨 격려에 아들은 "그 말이 스트레스가 돼"라며 멋쩍게 웃었다. 아름다운 풍경에 잠시 즐거워하던 아들은 발표 시간이 다가오자 다시 긴장하기 시작했다.

사실 내 마음도 조금은 초조해졌다.

밤 9시가 조금 넘어 집에 도착했다. 집에 들어서자마자 아들은 컴퓨터를 열었다. 나는 이층 내 방으로 들어가서 컴퓨터를 켰다. 먼저 결과를 확인했는지 아들이 층계를 올라오면서 기분이 안 좋다며 화장실로 들어갔다. 아들의 발소리가 멀어지자, 가슴이 쿵, 하고 바닥으로 떨어지는 듯했다. 일부러 장난을 치는 것일지도 모른다며 마음을 진정하고 접속했다. 모니터에 떠오른 단어는 'Waitlist'였다. 설마 했던 그 단어가 선명했다.

맨해튼의 명문 사립학교들은 보통 3월이나 4월에 합격자를 발표한다. 드와이트-엥글우드 스쿨(DE)에 합격한 학생 중 일부는 최종 등록을 포기할 가능성이 있었다. 그들에게 DE는 일종의 안전망이었으니까.

화장실에서 나오는 아들을 안아줬다. 키가 훌쩍 커졌고, 덩치도 몰라보게 커졌다. 이젠 몸은 어른이 되어 가고 있다는 것을 실감했다. 마음도 물론, 그 누구보다 깊고 넓은 아들이다. 지금과 같은 상황에서 최선은 희망을 잃지 않게 하는 작은 위로이다.

어차피 10학년 편입이라 단 두 개의 자리를 놓고 경쟁하는 자리였다. 그 자리를 백인과 비백인으로 나누면 흑인, 히스패닉, 아시안 등 비백인끼리 치열하게 다투는 자리다. 거기에다 아시안은 중국계, 인도계,

한국계끼리의 경쟁이 될 터였다.

"만약 DE에 최종 합격하지 못하면 어떻게 해?" 아들이 물었다. 맨해튼의 유나이티드고등학교나 좋은 공립학교에 가는 방법이 있다고 설명했다. 하지만 나는 결국 추가 합격 통보를 받을 것이라고 확신했다.

"캘리포니아 공립학교는 어떨까? 아니면 영화나 TV 쪽으로…"

"추가 합격 발표까지 기다려보자. 서두를 필요 없어."

중학교 시절 필립스 아카데미, 필립스 엑시터 아카데미 등 미국의 명문 사립 기숙 고등학교 입시에 실패했던 아픔을 또다시 겪게 하는 것 같아 마음이 아팠다. 그때도 아들은 대기자 명단에 올랐다가 결국 탈락했다. 그럼에도 나는 시련을 이겨낸 소수만이 더 강해질 수 있다며 아들을 북돋았다.

그날 밤, 아들은 여행차 부산에 가 있는 자기 엄마와 영상 통화를 했다. 스마트폰 화면 너머로 보이는 아내의 눈에는 깊은 슬픔이 어려 있었다. 금방이라도 눈물을 쏟을 것 같았지만, 아내는 아들을 위해 애써 미소를 지었다. 새벽 1시가 넘어 잠자리에 들던 아들이 말했다. "오늘 트레이너와 운동을 무리하게 해서 온몸이 쑤셔." 나 역시 머리를 포함한 온몸이 욱신거렸다. 창밖으로 오랜만에 비가 쏟아지고 있었다.

다행스러운 것은 이곳 스페인에 온 이후로 나와 아들 사이에는 어떤 갈등도 없었다. 아들은 내 목소리 톤, 표정, 제스처만으로도 내 기분을 정확히 읽고 세심하게 반응할 줄 아는 아이다. 내가 아무리 귀찮게 하더라도 그냥 웃어넘긴다. 이제는 내가 어떤 행동을 하더라도 아들은 내 본심이 아니라는 것을 알고 짜증도 내지 않는다. 서로 짜증을 내지 않고 지낸 지가 꽤 되는 것 같다.

어제 아들이 말했다. "아빠처럼 나를 이해해 주고 함께 시간을 보내 주는 사람은 없을 거야." 그 말에 나는 큰 위로를 받았다. 스페인에서의 일정 때문에 아들은 오직 DE 한 곳에만 지원한 상태였다. 말 그대로 모든 것을 건 도박이었고, 나는 그 위험을 감수한 아들이 자랑스러웠다.

[업데이트: 2017년 3월 13일]

지난 2월 11일 이후, 며칠간의 침묵이 흐른 뒤, 아내는 지푸라기라도 잡는 심정으로 학교 입학처장에게 정중하게 문의 이메일을 보냈다. 그리고 기적처럼 답장이 왔다. 맥스가 대기자 명단 1순위로 올라가 있으니, 희망을 품어도 좋다는 내용이었다. 그 이메일 한 통이 캄캄했던 우리 가족에게는 한 줄기 빛과 같았다.

그렇게 희망을 품고 한 달쯤 흘렀을까. 3월 13일 월요일, 내가 라스팔마스대학에서 스쿼시 개인지도를 받고 있을 때 전화벨이 울렸다. 한국 여행을 마치고 미국 집으로 돌아간 아내였다. 동부 시간으로는 오전 7시 무렵이었지만, 아내의 목소리는 흥분으로 가득 차 있었다.

"드와이트-엥글우드 스쿨에 합격했어!"

학교의 입학처장이 아들에게 기쁜 소식을 빨리 전해주기 위해 아침 일찍 전화했다며 아내는 기뻐했다. 길고 불안했던 기다림이 끝났다.

전화를 끊자, 안도의 한숨이 절로 나왔다. 집으로 운전해 가는 내내, 이 소식을 들을 아들의 반응이 떠올랐다. 아들은 이 순간을 위해 정말 열심히 노력했다. 그 기쁨은 말로 다할 수 없을 것이다.

역경에 직면했을 때 그것을 현명하게 극복해 낸다면 우리는 더욱 단단해진다. 대기자 1번이었던 아들이 내게 다시 한번 가르쳐준 진리였다.

일요일 오후 1시,
아들이 작가가 되는 시간

2023년 2월 18일 기록

매주 일요일 오후 1시. 이 시간을 한 번이라도 놓치면 영원히 수업에서 퇴출당한다. 조지타운대학교 존 글래빈(John Glavin) 교수의 전설적인 수업 규칙이다. HBO 채널의 드라마, '웨스트월드(Westworld)'의 조나단 놀란(Jonathan Nolan), '새터데이 나이트 라이브(Saturday Night Live)'의 존 멀레이니(John Mulaney)를 배출한 이 노교수의 수업에서, 내 아들 맥스가 마침내 글을 쓰기 시작했다.

그의 수업을 통과하는 것은 단순한 학점 이상의 의미다. 그것은 작가로서의 통과의례이자, 프로의 세계로 가는 관문이다. 한 한국 유학생은 졸업 직전 마지막 학기에 이 수업을 들어야 했지만, 첫 주 상영회를 놓친 단 한 번의 실수로 영원히 퇴출당했다.

전설의 관문이라 불리는 이 수업의 엄격함에는 기묘한 모순이 숨어 있었다. 수업에 15분 늦은 여학생이 "프린터가 고장 났다"는 변명을 했을 때, 아들은 속으로 '큰일 났구나' 생각했다. 하지만 팔순의 교수는 너그럽게 웃으며 그녀를 받아주었다. "그런 일은 나도 자주 겪는 문제야." 교수의 자비는 선택적이었고, 그 기준은 오직 그만이 알고 있었다.

더 충격적인 것은 그날 제출된 과제물들이었다. 대부분이 대충 스테이플러로 찍은 것들이었고, 심지어 표지도 없이 연필로 제목만 휘갈긴 과제물도 있었다. 아들만이 홀로 첫 학기의 지침대로 완벽한 바인딩을 고수하고 있었다. 자신만이 원칙을 지키고 있다는 걸 깨달은 순간, 아들은 의외의 말을 했다. "나는 오히려 이게 좋아. 앞으로도 계속 이렇게 할 거야."

그 순간 나는 깨달았다. 아들은 교수의 인정을 받기 위해서가 아니라, 스스로의 장인 정신에 떳떳하기 위해 원칙을 지키고 있었다.

그 우직함은 전설적인 스승의 눈에 들기 시작했다. 가을 학기, 아들이 처음 제출한 과제에 대해 좀처럼 칭찬에 인색한 글래빈 교수가 짧지만, 강렬한 답장을 보내왔다. "좀처럼 학생들의 과제에 대해 언급하지 않는데, 맥스의 글은 칭찬하고 싶다."

아들은 그 한 줄에 날개를 달았다. 1:1 면담을 몇 주씩 미루며 준비하고 또 준비했다. 교수 앞에서 완벽해지고 싶었다. 그의 인정은 곧 자신의 미래를 보증하는 열쇠처럼 느껴졌다.

그리고 지난 토요일, 아들이 마침내 증명받는 결정적인 순간이 왔다. 아들이 흥분된 목소리로 스크린샷 하나를 보내왔다.

"친애하는 맥스, 조금의 아부 없이 말하건대, 이것은 전문 스크립트 같습니다. 나는 시작부터 끝까지 이 스크립트에 빠져들었습니다. 마치 오랫동안 이 일을 해왔던 사람이 쓴 것 같습니다… 캐릭터들은 진짜 어른들처럼 말하고, 모든 단어가 참됩니다."

그리고 마지막 한 줄.

"내가 할 수 있는 말은 'WOW'밖에 없습니다."

이보다 더한 찬사가 있을까. 그 순간, 나는 아들의 오래된 상처를 떠올렸다. 고교 시절, 그를 몇 년간 각각 개인 지도했던 프린스턴대와 컬럼비아대 교수로부터 "우리 4학년보다 뛰어나다"는 극찬을 받았지만, 11학년 1학기 잠깐의 방황은 성적표에 영원히 각인되었다. 결국 HYPS(하버드/예일/프린스턴/스탠퍼드)의 문은 굳게 닫혔다. 아들의 마음속에는 '실패'라는 글자가 희미하게 새겨져 있었다.

그런 아들이 조지타운에서 글래빈 교수를 만났다. 그리고 이제, 명문대의 이름이 아닌 오직 자신의 글만으로 그 모든 아쉬움을 씻어냈다. 전설적인 스승의 "WOW" 한마디는, 아들이 스스로의 길을 완벽하게 증명해 냈다는 희망의 증표였다.

올여름, 아들은 한국의 방송 제작사에서 인턴을 한다. 시나리오 작가, 프로듀서, 감독. 어렸을 때부터 한 번도 바뀌지 않았던 꿈이 이제야 구체적인 형태를 갖추기 시작했다.

나는 아들의 그 꿈에 누구도 흉내 낼 수 없는 두 개의 유산이 있다고 믿는다.

첫 번째는 한국인의 정체성이다. 네 살에 미국 땅을 밟은 아들은 완벽한 이중언어 구사자다. 한때 한국어 사용을 거부하던 아들을 데리고 한국에서 한 달을 보낸 것은, 강제가 아닌 자긍심으로 자신의 뿌리를 받아들이게 하기 위함이었다. 미국에서 진짜 미국인은 원주민뿐이다. 이탈리아계, 유대계, 아일랜드계 미국인 모두가 자신의 뿌리를 간직한 채 살아간다. K-컬처가 세계를 휩쓰는 지금, 두 문화를 자유롭게 넘나드는 아들의 정체성은 그 자체로 독창적인 이야기의 원천이다.

두 번째는 스승의 가르침이다. 글래빈 교수는 아들이 창조한 캐릭터들이 살아있다고 했다. 스물두 살 청년이 쓴 글이 아니라, 오래된 경험을 가진 작가의 글처럼 보인다고 했다. 매주 일요일 오후 1시, 아들은 여전히 스승의 수업에 빠지지 않는다. 조나단 놀란이 그랬듯, 존 멀레이니가 그랬듯, 아들은 이제 그 전설의 계보를 이을 것이다.

"시나리오 작가의 길은 길고 외롭지. 졸업 후 오랜 백수 생활도 각오해야 해." 친구들은 충고한다. 하지만 아들은 흔들리지 않는다. HYPS의 불합격 통지가 오히려 아들을 더 강하게 만들었고, 조지타운에서 글래빈을 만난 것은 운명이었음을 이제는 안다.

일요일 오후 1시. 아들이 작가가 되는 시간이다. 그리고 언젠가, 아들의 이름이 크레디트에 오를 때, 우리는 이 모든 여정이 필요했음을 깨닫게 될 것이다.

• 작가 노트: 2025년 9월
이 글을 수필집에 수록하기 위해 다시 읽으며, 2년 반이라는 시간이 흘렀음을 실감한다. 2023년 2월에 썼던 이 글이 이제 와서 더욱 의미 있게 다가오는 것은, 그때의 희망이 현실이 되어가는 과정을 지켜보고 있기 때문이다.

졸업식 날의 기억이 생생하다. 2024년 5월 17일, 맥스가 매주 일요일 오후 1시마다 빠지지 않고 참석했던 바로 그 교실에서 특별한 상영회가 있었다. 미국학과 전공생이면서도 페이퍼 대신 12분짜리 단편영화를 졸업논문으로 제출한 맥스는, 우리 가족과 제작에 참여했던 동료들, 그들의 가족까지 초대해 자신의 작품을 상영했다. "골목"이라는 주제로 만든 이 영화는, 미국학과 지도교수로부터 "오랜 교수 생활 동안 경험한 가장 탁월한 제안서(proposal)"라는 평가를 받았다.

상영이 끝난 후 이어진 질의응답 시간은 30분이 넘게 계속되었다. 미국인들 특유의 호기심과 진지함으로 가득 찬 그 시간은, 단순한 학생 작품 상영회를 넘어선 진짜 영화인의 첫걸음처럼 느껴졌다. 특히 인상적이었던 것은, 과목을 마친 후에도 글래빈 교수의 요청으로 맥스가 조교로 활동하며 여전히 일요일마다 그 자리를 지켰다는 사실이다. 조나단 놀란과 존 멀레이니를 배출한 그 전설의 계보를 이어가는 것이 단순한 꿈이 아니라 현실이 되어가고 있었다.

그로부터 1년이 지난 지금, 맥스는 뉴욕의 AI 회사에서 일하며 현실과 타협하는 듯 보이지만, 여전히 영화에 대한 열정을 놓지 않고 있다. 앞선 글 「낯선 학교의 따뜻한 배려」에서 잠시 언급했듯, 최근 스페인 말라가에서 진행된 JTBC 드라마 제작 현장에 참여한 것이 그 증거다. 낯선 언어 앞에서 힘들어하던 소년이 이제 통역사로 두 세계를 잇는 다리가 된 감동은 그 글에 남겨두기로 하고, 여기서는 그 경험이 작가를 꿈꾸는 아들에게 어떤 의미였는지에 관해 이야기하고 싶다.

"시나리오 작가의 길은 길고 외롭지"라던 친구들의 충고가 틀리지 않았다. 하지만 맥스는 자신만의 방식으로 그 길을 개척하고 있다. 주중에는 원월드무역센터의 AI 회사에서 일하고, 틈틈이 시나리오를 쓰며, 기회가 있을 때마다 영화 현장으로 날아간다. 스페인에서의 2주는 단순한 통역 아르바이트가 아니었다. 배우들의 연기를 가장 가까이서 지켜보고, 촬영과 조명팀을 지원하며 프로덕션의 모든 과정을 온몸으로 흡수하는 귀중한 현장 학습이었다.

HYPS의 불합격이 오히려 조지타운에서 글래빈 교수를 만나게 한 운명이었듯, 지금의 이 우회로도 언젠가는 그만의 독특한 강점이 될 것이라 믿는다. 일요일 오후 1시. 그 시간은 이제 맥스가 물리적으로 그 교실에 있지 않아도, 여전히 그가 작가가 되어가는 시간이다. 스페인의 촬영 현장에서도, 뉴욕의 사무실에서도, 그리고 언젠가 자신의 이름이 감독으로 크레디트에 오를 그날까지, 매 순간이 일요일 오후 1시인 셈이다.

간절함을 찾아서

2017년 1월 26일 기록

우리가 스스로를 자랑스러워할 수 있다면, 그 순간은 인생의 정점에서 있다는 증거다. 주저하지 말고, 자신을 칭찬하자. 지금 당장 스스로를 칭찬할 수 없다면, 찾아야 할 것이 있다. 나는 그것을 '간절함'이라 부르고 싶다.

얼마나 많은 사람이 삶에서 진짜 간절함을 이루었을까. 대부분은 그 사실을 자각하지도 못한 채 생을 마감한다. 그것을 이루려면 우리는 스스로를 끊임없이 자극해야 한다. 백 년을 산다 해도 돌이켜보면 삶은 눈 깜짝할 사이처럼 지나간다.

• 퇴보와 성장의 갈림길에서

이십 대의 나는 매년 지적으로 성숙해야 한다고 믿었다. 지적 호기심을 유지하려 애썼고, 복잡한 문제를 명쾌하게 설명할 때마다 상대의 존중을 느꼈다. 그러나 몇 해 뒤, 문득 그 "자신만만한 설명"이 틀렸음을 깨달았다. 얼굴이 화끈거렸지만, 그 순간 "그때의 나"와 "지금의 나" 사이에 한 걸음이 놓였음을 확인했다. 그래서 나는 해마다 지적으로 성장해야만 안심이 되었다.

찰나 하나도 소중했다. 하지만 서른 초반 결혼과 함께 가정을 꾸리며, 개인의 발전보다 생계가 우선이 됐다. 한국에선 활발한 사교로 긴장감을 유지했지만, 미국 이민 후 급격한 퇴보를 느꼈다. 부모 역할을 다해야 했고, 안정적 기반을 마련하는 극심한 스트레스 속에서 아이들이 낯선 환경에 적응하도록 도와야 했다. 간절함을 생각할 여유가 없었다. 어쩌면 알면서도 일부러 자극을 피했는지도 모른다. 그렇게 결혼 후 13년 동안, 퇴보는 가속화되었다.

2008년, 마흔다섯에 대학으로 돌아가며 겨우 퇴보를 멈췄다. 새 지식을 배우고 성찰할수록 매 순간 활력이 솟았다. 미국학을 공부하며 미국 사회를 새로 이해했고, 나 자신도 다시 보게 됐다. 마지막 학기엔 8개 과목에서 모두 A+를 받고 최우수 졸업생으로 졸업했다.

그럼에도 세월은 또다시 퇴보를 데려왔다. 2015년 집 근처 사립대에 등록해 공부를 시작했다. 쉰을 넘겨 젊은 학생들과 같은 강의실에서 과제를 하고 시험을 준비하는 일은 절대 편하지 않았다. 나는 언제든 편안함을 선택할 수 있다. 좋아하는 영화와 드라마를 보고, 좋은 사람들과 시간을 보낼 수도 있다. 그러나 그러고 싶지 않다. 안주하는 순간 다시 퇴보가 시작된다는 걸 경험으로 알기 때문이다.

이 신념은 평생 배움을 멈추지 않은 한 경영 사상가의 삶과 닿아 있다. 기업가로서 내가 가장 존경하는 이는 피터 드러커다. 그는 "5년마다 새로운 공부를 하지 않으면 시대의 뒷문으로 물러날 수밖에 없다"고 강조했다.

• 간절함의 본질
우리의 경쟁자는 이제 산업의 경계를 넘어선다. 눈에 보이는 이웃이나 국가를 넘어, 비가시적인 전 세계로 확장되었다. 경쟁은 사람 사이에서만 일어나지 않는다. 인공지능과 가상현실을 지나 무한히 펼쳐진다. 세계를 이끌려면 과거의 지식과 경험만으로는 부족하다. 우리가 생각하는 무언가가 간절함과 연결된다면, 잠재력을 최대치로 끌어올리기 위해 과감히 뛰어들어야 한다.

인간은 간절할 때 능력을 극대화한다. 간절함이 없으면 목표를 수정하거나 포기할 그럴듯한 이유를 쉽게 만들어낸다. 간절함은 '마음에서 우러나는 강력한 욕망'이다. 간절한 사람만이 한계를 돌파한다. 그러브로 간절함은 타는 갈증처럼 성취되어야 한다. 사막에서 한 모금 물을 찾아 헤매는 사람의 열망—그것이 간절함이다. "있으면 좋지만 없어도 된다"는 태도는 간절함이 아니다. 마음과 몸에서 불꽃처럼 타오르며, 갖고 싶지만 쉽게 오지 않는 그 무엇, 그것이 우리의 간절함이다.

지금 간절함을 느끼고 있다면, 그것은 몸과 마음을 동시에 들뜨게 하는 고된 여정의 시작이다. 간절함이 우리를 사로잡는다면, 그것을 이루기 위해 모든 것을 던질 준비를 해야 한다. 성취의 순간은 모래폭풍 부는 사막에서 오아시스를 찾아 생명의 터전을 일구는 일과 같다. 간절함을 이루는 것은 희망을 현실로 바꾸는 일이다.

스포츠는 간절함을 가장 선명히 보여준다. 박인비는 그 한 사례다. 손가락 부상과 깊은 슬럼프, 심리적 부담을 딛고 브라질 리우 올림픽에서 금메달을 따냈다. 극한의 경쟁에서 성공한 선수들은 자신의 간절함을 증명한다. 우리가 그들에게 감동하며 박수를 보내는 이유는, 수년간 갈고닦은 기술과 노력이 결실을 보았기 때문이다. 이는 음악·미술·무용 등 예술에서도 같다. 우리는 그들이 열망을 이루기 위해 넘어야 했던 수많은 도전을 이해한다. 그것이 간절함이다. 자신을 "걸" 만큼 간절하다면, 주저 없이 몸을 던져야 한다.

우리는 지금까지 많은 간절함을 품었을지 모른다. 마음 깊이 둥지를 튼 사람을 연인으로 만들고 싶었을 수도, 돈에 대한 갈망으로 고민했을 수도 있다. 우리가 속하고 싶었던 학교·직장·친구 집단을 향해 얼마나 열정적이었는가. 결국 성취를 좌우하는 것은 우리가 스스로 만들어낸 간절함의 깊이다. 그런 경험이 한 번이라도 있었다면, 그 자체로 칭찬받아 마땅하다. 대부분은 적당히 타협하고 도달하지 못하기 때문이다.

만약 몸을 던질 만한 간절함을 찾았다면, 건배하듯 자신을 격려하라. 대다수는 평생 모든 것을 걸 만큼 간절한 무언가를 발견하지 못한 채 생을 마감한다. 설령 발견하더라도 우리는 먹고사는 현실을 외면할 수 없다. 아마 그 간절함은 십 대 후반이나 이십 대 초·중반, 혹은 삼십 대 초반—늘 미래를 생각하는 시기에—찾게 될 것이다. 지금 젊다면, 먼저 가장 큰 간절함을 찾아보길 권한다.

삶을 바꾸는 열정을 발견하는 일은 무엇보다 중요하다. 그런 깨달음은 쉽게 오지 않는다. 막연한 희망이나 목표는 진정한 간절함의 명료함과 강렬함이 부족하다. 우리는 그것을 성취하기 위해 노력하고, 어떤 대가를 치르더라도 최고의 목표를 붙잡아야 한다. 욕망이 심장을 뛰게 한다면, 주저하지 말고 뛰어들자. 스포츠와 예술의 성공이 증명하듯, 수많은 고난을 넘어설 만큼 담대하다면 실패보다 성공의 가능성이 커진다. 세상에 쉬운 일은 없다.

이미 큰 간절함을 성취했다면, 다시 작은 간절함을 찾자. 작은 간절함의 경우, 목숨을 걸 필요도, 삶의 틀을 크게 깨뜨릴 필요도 없다. 짧은 기간에 이룰 수 있어 부담이 덜하다. 퇴보를 막고 정체를 벗어나는 '새 활력'이 된다. 하루 24시간은 모두에게 같지만, 쓰는 법에 따라 그 질은 크게 달라진다. 작은 간절함은 우리가 흔히 버킷리스트라 부르는 그것과 닿아 있다.

적어도 30년은 더 살 수 있다고 믿는다면, 지금 당장 '진짜 간절함'을 찾자. 한 번도 맛보지 못했다면 더욱 그렇다. 30년이 남아 있다면, 이미 간절함을 경험한 사람에게도 도전의 시간은 충분하다. 30년은 진정한 열정과 새로운 의지를 만들기에 넉넉하다.

당장의 편안함보다 나를 움직이고, 심장을 뛰게 하며, 머리를 어지럽히는 간절함을 찾자. 내 안의 불꽃을 다시 끌어올리자. 1년이 걸리든 10년이 걸리든, "나의 간절함"을 찾자. 그것은 분명 인생의 정점이 될 것이다. 우리의 여정을 굳건히 지키며, 결코 추진력을 놓지 말자.

76센티미터
유리병 속의 우리

2022년 1월 14일 기록

몇 달 전, 블로그에 공들여 쓴 글을 올렸다. 내 기준으로는 '의미 있는 성취'에 관한 글이었다. 조심스럽게 몇몇 지인에게 카톡으로 링크를 보냈다.

"잘 지내시죠? 최근에 쓴 글인데, 시간 나실 때 한번 읽어보세요."

대부분 '읽음'만 남기고 답이 없었다. 며칠 뒤 우연히 만난 한 친구가 말했다.

"요즘도 블로그 열심히 하나 보네."

링크를 눌러보지도 않았다는 걸 단번에 알 수 있었다. 그의 표정이 말해주었다. '또 자랑하는구나.'

그 침묵이 말하는 것, 그들이 나를 어떻게 생각하는지 냉정하게 느낄 수 있었다. 잘난 척하는 사람, 겸손하지 못한 사람.

- 리사, 너 잘난 척까진 할 필요 없거든?
유튜브를 보다가 우연히 컬럼비아대학교 버나드 칼리지의 리사 손 교수 강연(2021, 「행동주의의 심리학에 대한 토론」)을 보게 됐다. 반아시아인 증오 중단 운동에 참여한 뒤 공개한 어린 시절 이야기에 내가 멈칫했다.

그녀의 고백은 이렇게 시작됐다.

"초등학생 때 토요일마다 한글학교에 다녔어요. 한 번은 스피치를 해야 했는데 한국말이 어려워서 많이 긴장됐죠. 그래서 100번도 넘게 연습했어요. 발표 일주일 전, 반 친구들 앞에서 연습할 기회가 있었고 잘 해냈어요. 선생님께 칭찬도 받았죠. 그때 한 친구가 다가와 말했어요." "리사, 너 스피치 잘했어. 한국말 잘하네." "고마워. 정말 열심히 연습했어. 다음 주에도 잘할 것 같아." "그 친구가 이어서 했던 말은… '리사, 너 잘난 척까진 할 필요 없거든?'"

리사 손 교수는 화면 속에서 잠시 말을 멈췄다.

"그날 이후로 저는 진짜 감정을 남들에게 잘 보여주지 않게 되었어요."

나도 그랬다. 우리 모두 그랬다.

• 같은 부모, 다른 아이들
내 딸과 아들을 보며 가장 놀란 순간이 있다.

딸이 고등학교 때 일이다. 고등학생 대상의 미국 최고 권위인 스콜라스틱 미술·문학상(Scholastic Art & Writing Awards)에서 은 메달과 최고상인 아메리칸 비전 금메달을 동시에 받았다. 같은 작품으로 회화와 일러스트레이션 두 부문에서였고, 졸업할 때는 오바마 대통령 교육상과 연방교육부 장관상까지 받았다.

"축하해! 정말 대단하다. 네가 얼마나 노력했는지 아는데."

딸의 대답은 담담했다.

"다른 친구들도 받았고, 운 좋게 나도 받게 됐어."

한국에서 초등학교 3학년 1학기까지 다녔던 딸.

반면 아들은 완전히 달랐다.

"아빠! 오늘 수학 문제 내가 반에서 제일 빨리 풀었어!"

'이달의 학생'으로 뽑혔을 때는 상장을 들고 집안을 돌아다녔다.

"봐! 내가 받았어! 열심히 했고 받을 만해!"

레고 작품을 완성했을 때도 마찬가지였다.

"내가 만든 것 좀 봐! 멋지지? 여기 이 부분은 내가 특별히 디자인했어!"

유치원부터 미국에서 자란 아들. 같은 부모, 같은 집, 같은 환경. 유일한 차이는 한국 교육을 받은 3년. 그 3년이 평생 쓸 가면을 만들었다.

• 뭐, 아무것도 아닙니다
한국에서 직장 생활을 할 때였다. 어려운 프로젝트를 성공적으로 마쳤고, 상무이사가 회식 자리에서 말했다.

"이번 프로젝트, 자네가 고생 많았어."

모두의 시선이 모였다. 그 순간 자동으로 나온 말.

"아닙니다. 상무님이 방향을 잘 잡아주셔서 가능했습니다. 부원들도 다 고생했고요."

속으로는 다른 생각이 들었다. '내가 며칠 밤을 새웠는데. 주말도 없이 일했는데.'

겉으로는 겸손, 속으로는 억울함. 그게 한국에서 살아남는 방식이었다. 미국 회사로 옮긴 뒤 비슷한 상황. 프로젝트 성공 후 팀 미팅에서 상사가 말했다.

"모두 정말 수고했어요. 특히 이사님이 큰 역할을 했죠."

내가 또 '겸손 멘트'를 꺼내려는 순간, 옆자리 스물두 살 인턴이 먼저 말했다.

"감사합니다! 제가 데이터 분석 파트를 정말 열심히 했어요. 주말 내내 매달렸는데 결과가 나와서 뿌듯해요!"

처음엔 '뻔뻔하다'고 생각했다. 그런데 상사의 반응은 이랬다.

"훌륭하네요! 어떤 방식으로 접근했는지 더 들려주세요."

그다음은 더 놀라웠다. 모두가 자기 기여를 구체적으로 공유하기 시작했다, 실패까지도.

"세 가지 방법을 시도했는데 처음 두 개는 실패, 세 번째가 먹혔어요…"

가면 없이 대화하니 진짜 배움이 일어났다.

• 76센티미터 유리병 속의 쥐

1957년, 존스 홉킨스대 커트 리히터 교수는 《Psychosomatic Medicine》에 「동물과 인간의 돌연사 현상에 대하여」를 발표했다. 직경 20센티미터, 깊이 76센티미터인 유리병에 물을 채우고 쥐를 넣었다. 길든 실험 쥐 12마리 중 9마리는 며칠씩 버텼다. 그런데 더 강하다고 여겨진 야생쥐 34마리는? 1분에서 15분, 모두 죽었다.

왜였을까. 리히터 팀은 실험용으로 2,000마리가 넘는 야생 쥐를 포획했는데, 포획 과정(저항 불가·수염 절단 등)에서 이미 희망을 잃었다. 어떤 쥐는 물에 넣기 전부터 죽었다. '어차피 안 돼.'

그런데 '꺼냈다가 다시 넣기'를 반복한 쥐들은 며칠씩 버텼다. 구조될 수 있다는 희망 하나로 생존 시간은 수백 배 늘어났다. 조지프 할리넌은 2014년 《Psychology Today》에서 이 실험을 현대적으로 해석하며 말했다. "희망은 단순한 감정이 아니라 생존의 열쇠"라고.

이 대목을 읽으며 소름이 돋았다.

"너무 늦었어." "네가 뭘 안다고." "겸손해야지." "주제 파악해."

우리가 매일 듣는 이 말들이 우리를 유리병에 가둔다. 그 보이지 않는 병을 깨기 위해, 나는 나부터 바꾸는 작은 실험을 시작했다.

• 가면을 벗기 시작한 날
블로그에 글을 올릴 때: "별 내용 없지만…" → "오랜 고민 끝에 쓴 글입니다." 누군가 칭찬할 때: "아니에요, 별거 아니에요." → "정말 노력했어요. 고맙습니다." 성과를 냈을 때: "운이 좋았어요." → "오래 준비한 결과예요."

처음엔 온몸이 불편했다. '잘난 척한다'는 시선이 느껴졌다. 여전히 카톡 링크를 누르지 않는 사람도 있다.

하지만 변화가 생겼다. 진짜 대화가 시작됐다. 내가 가면을 벗으니, 상대도 가면을 벗었다.

"사실 나도 이번에 이런 일이 있었는데…"

서로의 진짜 고민, 기쁨, 좌절을 나누기 시작했다.

• 딸이 변한 날
코넬대학교에서 건축을 전공하는 딸이 프로젝트를 준비하며 말했다.

"이 작품 정말 잘 만들었어. 정말 열심히 했고."

10년이 걸렸지만, 그녀도 가면을 벗기 시작했다.

옆에서 아들이 덧붙였다.

"당연하지! 잘했으면 잘했다고 해야지. 왜 숨겨?"

한국어로 그 말을 하는 게 어색하게 들리는 것—그게 우리의 현실이다.

• 500년 묵은 껍데기
우리는 500년 조선 양반의 유산을 아직 짊어진다. 배고프면서도 배고프지 않은 척, 원하면서도 원하지 않는 척. 여기에 "겸손과 여호와를 경외함의 보상은 재물과 영광과 생명이니라"(잠언 22:4)를 가르치는 기독교 문화까지 더해진다. 2021년 한국갤럽 조사에 따르면 한국인의 23%

가 기독교·천주교 신자다. 불교 16%, 무종교 60%인데도, 모두가 '겸손'을 미덕으로 여긴다. 이중·삼중의 겸손 강요다.

포스코경영연구원 김용근은 2016년 5월 보고서「왜곡된 유교문화, 기업 혁신의 발목을 잡다」에서 이렇게 말한다. "예(禮)의 가르침인 양보, 겸손, 예절을 지키는 것은—특히 윗사람에 대한 태도로—대부분의 한국인에게 뿌리 깊다."

맞다. 더 큰 문제는 그것이 우리의 영혼까지 붙잡는다는 것이다.

리사 손 교수는 2022년에『임포스터: 가면을 쓴 부모가 가면을 쓴 아이를 만든다』를 냈다. '임포스터', 즉 자신의 성공을 노력이 아닌 운 덕분이라 여기며 불안해하는 '가면 쓴 사기꾼'. 그녀는 우리 모두가 그 사기꾼일 수 있다고 말한다. 이미 2019년『메타인지 학습법』에서도 같은 문제의식을 다뤘지만, 이번엔 더 직접적이었다.

• 이번 생은 한 번뿐이다
며칠 전, 카톡 링크를 누르지 않던 친구를 오랜만에 만났다. 술이 몇 잔 들어가자, 그가 털어놓았다.

"사실 네 글 읽어봤어. 좋더라. 근데 왠지 네가 잘난 척하는 것 같아서… 미안." "괜찮아. 나도 예전엔 그랬을 거야." "근데 요즘 생각이 바

뛰었어. 우리 너무 서로 깎아내리며 살았던 것 같아."

그의 고백은 이어졌다. 최근 마흔둘 동료가 암 진단을 받았다고. 평생 겸손하게만 살았는데, 죽기 전에 후회한다고. 한 번도 자기 자랑을 제대로 해본 적이 없다고.

이번 생은 한 번뿐이다. 더 이상 '겸손'이라는 가면으로 자신을 가둘 시간이 없다.

물론 진짜 겸손은 미덕이다. 타인을 존중하고 배려하는 것. 하지만 자기 부정은 겸손이 아니다. 그것은 자해다.

• 작은 시작
오늘도 나는 연습한다.

"이 글은 정말 심혈을 기울여 썼습니다."

아직도 입 밖으로 나오기 전 0.5초의 망설임이 있다. 500년의 DNA는 쉽게 바뀌지 않는다.

하지만 그 0.5초가 조금씩 줄어든다. 언젠가는 자연스럽게 말할 수 있을 것이다.

"이건 정말 열심히 했고, 나도 스스로 뿌듯해."

그날이 오면 우리는 비로소 유리병을 깨고 나올 수 있을 것이다. 76센티미터 깊이의 절망이 아니라, 무한한 가능성의 바다로.

겸손이라는 가면을 벗고.

기계가 신을 흉내 낼 때,
인간은 서로를 증명으로 삼는다

제5부

성찰:
연결과 시간

Reflections: Connection & Time

내 소꿉친구, 중산

2024년 6월 28일 기록

몇 시간 전, 중산과 통화했다. 내 번호가 저장되어 있지 않을 텐데 받을까 싶었지만, 한국에 왔을 때 꼭 만나고 싶은 친구라 그냥 돌아가기 아쉬워 연락처에 있는 그의 이름을 눌렀다.

"김기중 씨?" "누구…세요?" 조심스럽고 점잖은 목소리가 수화기 너머로 들려왔다. "나, 대하야. OO이." 혹시 내 새 이름을 모를까 싶어 옛 이름을 먼저 댔다. "OO이?" 그가 두 옥타브 높아진 톤으로 반겼다. 옛날, 내가 그의 방문을 두드리면 반기던 모습이 겹쳤다.

그와의 인연은 아주 오래전으로 거슬러 올라간다. 우리 집은 마을에서 떨어진 외딴곳이었다. 친구들과 수시로 어울리기 어려웠던 내게 중산은 특별했다. 그는 나보다 한 해 선배였지만, 초등학교 입학 전까지 우리 집에 자주 놀러 와 기발한 방식으로 주변을 쏘다니며 놀았다. 그래서 그와 그의 여동생은 나의 유일한 소꿉친구들이었다.

중산과의 놀이는 활동적이었다. 고무신 뒤꿈치를 접어 붕붕 소리를 내며 자동차 놀이를 하거나, 들판에서 시금치를 따 납작한 돌 위에 올려놓고 돌을 받쳐 아궁이를 만든 뒤 불을 지펴 구워 먹었다. 반면 그의 여동생과는 어른의 일상을 흉내 냈다. 이것저것으로 밥 짓기 놀이를 하고, 손바닥만 한 돌 밥상 위에 조그만 돌·나뭇가지·풀을 올려 밥 먹는 시늉을 했다. 들판에 드러누워 잠드는 흉내까지. 그러던 어느 날, 학교에서 돌아온 형들이 "얼레리~ 꼴레리~" 하며 놀리는 바람에 큰 상처를 입었고, 그날 이후 그녀와의 소꿉놀이는 멈췄다.

초등학생이 되어서는 각자 학급 친구들과 어울리느라 교류가 뜸해졌지만, 우리는 늘 서로를 응원했다. 중학생이 되어 세상에 대한 생각이 많아지자 나는 다시 그의 집을 자주 찾았다. 한 학년 위면 보통 "형"이라 불렀지만, 우리는 "기중아", "대하야"라고 불렀다. 서울로 떠난 뒤에는 편지를 주고받았다. 그는 염세적인 시를 썼고, 나는 뜬구름 같은 희망을 노래했다. 머리가 더 크자 서로를 "기중 씨", "대하 씨"라 부르기도 했다.

녹음기에 테이프를 끼우고 유행하던 록 음악을 들으며 춤을 추고, 밤새 수다를 떨던 날들. 그중에서도 한여름 밤이 또렷하다. 그의 집 앞 작은 다리를 건너 들판에 앉아 논과 야트막한 산을 바라봤다. 오염되지 않은 밤하늘은 눈부셨고, 별은 금방이라도 쏟아질 듯했다. 시력 2.0의 눈으로 망원경 없이도 별이 선명했다. 하늘엔 별바다가 일렁이고, 들판에는 풀벌레·개구리·산새 소리가 조심스럽게 겹쳤다. 개울물 흐르는 소리까지 더해져 고요한 오케스트라 같았다. 우리는 그곳에서 가치관을 이야기했다. 그는 숙명론자였고, 나는 운명 개척론자였다. 실제로 그는 강원도를 벗어나지 않았다. 고교도, 대학도, 직장도 모두 그곳이었다. 반대로 나는 열여섯부터 객지를 전전하다 태평양을 건너 살게 됐다.

특별한 여름날도 있다. 폭염 속 먹 감으러 제법 먼 곳까지 갔다. 전마을을 지나 해변 쪽으로 내려가면 도원리에서 흐르는 강을 만난다. 운봉리로 접어들기 전, 기암절벽 아래 깊은 소(沼)가 있었다. 그해는 유독 가뭄이 심해 소를 벗어나면 강바닥이 바싹 말랐다. 우리는 수영하다 말라붙은 민물새우를 주워 먹었다. 돌이 얼마나 뜨거웠던지 새우는 바삭했다.

어른이 되어서도 가끔 그가 그리웠다. 고향에 내려가면 가장 먼저 그를 찾기도 했다. 서로의 공백이 워낙 커 공감의 영역은 넓지 않았지만, 그는 여전히 친밀한 존재였다.

그런 우리에게 다시 같은 공간에서 시간을 보낼 기회가 왔다. 내가 방위 훈련을 마치고 22사단 공병대대에 배치됐을 때, 그는 이미 같은 부대 영내 PX에서 근무하고 있었다. 처음엔 정신없이 지냈다. 나는 본부 중대장의 시중을 들었고, 그의 워커를 닦고 집무실을 청소했다. 그러다 사단장 테니스장으로 보직이 바뀌었는데, 그 두어 달은 정말 싫었다. 군사경찰들과 보내는 시간이 고역이었고, 그들의 업신여김과 비아냥을 견디기 힘들었다.

다행히 어머니의 손길 덕분인지 나는 공병대대 PX로 다시 돌아왔다. 마침, 중산은 선임이 제대한 뒤 혼자 PX를 운영하고 있었다. 소꿉친구가 선임이니 남은 군 생활은 천국 같았다. 일과를 마치면 문을 잠그고 업무 일지를 쓰고 퇴근했다. 나는 때로는 속초 시내 독서실에서 출퇴근했는데, 장교 전용 버스까지 타는 특권을 누렸다. PX 운영은 일종의 어설픈 권력이었다. 술·담배 판매권이 있는 한, 우리는 방위라도 현역병이 두렵지 않았다. 정직한 모범생이던 중산 덕에 우리 PX만 가격 부풀리기 감사에서 무사했다. 다른 PX가 적발돼 영창으로 갈 때도, 우리는 안전했다.

부끄러운 기억도 있다. 제대할 때 재고 부족분을 빈 복숭아 통조림 깡통으로 채워 후임에게 떠넘겼다. 중산은 정확히 인수인계했지만, 나는 꼼꼼하지 못해 손실을 깔끔히 마무리하지 못했다. 몇만 원 남짓이었지만, 지금도 그 일을 떠올리면 얼굴이 뜨겁다. 제대 후 중산을 만

낳을 때 그의 친구이자 나의 막내 후임으로부터 그 이야기를 들었다며, 정말 부끄러웠다.

수십 년이 흘러 다시 연결된 그는 '중산(中山)'이라는 애칭을 쓰고 있었다. 가운데 중(中), 뫼 산(山). 그다운, 담백한 이름이었다. 그는 시청 문화국장을 지내고 명예퇴직한 뒤 분재 사업을 한다고 했다. 평생 공무원이 사업을 한다니 놀라웠다. 그가 알려준 사이트엔 멋진 분재 사진과 유려한 글이 있었다. 2009년 취미로 시작한 분재가 이제 그의 새로운 삶이 되었다. 글솜씨는 여전했다. 서울에서 편지를 주고받던 시절의 그가 떠올랐다.

우리는 7월 1일에 만나기로 했다. 이 글은 부천 '서안메밀집'으로 초등학교 친구들을 만나러 가며 쓰기 시작했는데, 설렘이 가득하다. 나는 이 친구와 꾸준히 소식을 주고받으며 늙어가고 싶다. 그는 모를지라도, 나는 한때 그를 가장 친한 친구로 여겼다.

소꿉장난 시절, 선입견 없이 좋아했던 친구. 어른이 되어도 가끔 그리워, 고향에 가면 가장 먼저 찾고 싶은 사람. 공백이 커 공감의 영역은 좁아졌지만, 그가 여전히 친밀한 존재라는 사실은 변함없다. 어쩌면 우리는 각자의 운명을 각자의 방식으로 운영하며 살아가는지도 모른다. 숙명론자와 운명 개척론자, 강원도를 지킨 사람과 태평양을 건넌 사람. 그럼에도 우리는 여전히 그 여름밤별 아래에서 이야기를 나누던 소꿉친구다.

• 작가 노트: 2025년 9월
이 글을 수필집에 넣으려 한 이유는, 내 소설 『퀀텀 스톰』 독자에게 소설 속 인물 김우현의 실제 모델을 보여주고 싶어서다. 그렇다. 내 소꿉친구 김기중, '중산'이 바로 김우현의 모델이다.

소설에서 김우현은 주인공 위대한의 유일한 고향 친구이자, 인류의 운명을 쥔 '오텀 코드'의 마지막 조각이 담긴 시집 『J』를 평생 간직한 인물이다. 현실에서 나와 '숙명'과 '운명'을 논하던 친구에게, 소설 속에서 인류의 운명을 구하는 열쇠를 맡긴 것은 작가로서 내가 바칠 수 있는 가장 진심 어린 헌사였다.

스스로를 숙명론자라 일컬으며 고향을 지킨 친구, 운명 개척론자를 자처하며 세상을 떠돌던 나. 소설에서는 이를 뒤집었다. 고향에 묵묵히 남은 그가 세상을 구하는 가장 위대한 '참여자'가 된다.

특히 제1부 제2장 '위대한 상처, 빛나는 별'의 1973년 여름밤 장면—두 소년이 다리 위에 걸터앉아 별을 보며 화성을 이야기하는 장면—은, 우리가 어린 시절 그의 집 앞 작은 다리를 건너 들판에 앉아 별이 쏟아질 듯한 하늘을 올려다보며 숙명과 운명을 논하던 기억에서 비롯

됐다. 현실이 소설이 되고, 소설이 다시 현실과 만나는 기묘한 순환이었다.

• 『퀀텀 스톰』 제1권 프롤로그(삭제 원고)

아래는 본래 3권으로 구성되었던 『퀀텀 스톰』의 제1권 프롤로그다. 단권으로 압축되는 과정에서 빠졌지만, 위대한과 김우현이 동해 바다를 거닐며 양자컴퓨터와 인류의 미래를 이야기하는 이 장면은 애초부터 서사의 첫 숨결이었다.

짙푸른 동해의 새벽바다 위로 갈매기 한 마리가 높이 날아올랐다. 거울바람이 거칠게 몰아칠 때마다 파도는 철썩이며 고요한 바다를 깨웠다.

속초 해안 절벽을 따라 이어진 산책로 위, 두 남자가 나란히 걸어 내려오고 있었다. 한 사람은 담배를 물고 멀리 바다를 응시했고, 다른 이는 옆에서 조용히 호흡을 고르며 걸음을 맞췄다.

"대한아, '양자컴퓨터'가 단순히 '엄청 빠른 컴퓨터' 이상의 의미라는 건 알겠는데, 원리를 풀어 설명해 줄 수 있나?" 김우현이 담배 연기를 내뿜었다. 차가운 바람에 연기는 스산히 흩어졌다. 위대한이 미소 지으며 말했다. "이쪽 전공이 아닌 사람에겐 쉽지 않지. 보통은 '엄청 빠르다' 정도로만 알려져 있으니까." "그게 문제야. '대단하다'고 말은 하는데, 정작 뭐가 어떻게 대단한지 설명할 때면 말문이 막혀." 위대한 이 그의 어깨를 톡톡 두드렸다. "정확한 비유는 아니지만 들어봐. 우리가 쓰는 일반 컴퓨터나 슈퍼컴퓨터는 0과 1로만 문제를 풀어. 예컨대 속초에서 서울로 가는 길이 서른 가지라면, 그 길을 하나씩 모두 계산하지." "그럼 슈퍼컴퓨터는 개인용 컴퓨터를 수백만 대 묶어 동시에 계산하는 거라고 보면 되나?" "비슷해. 다만 그만큼 전기와 냉각, 장비 규모가 상상을 초월하지. 속초 시내 전체 전력보다 슈퍼컴퓨터 한 대가 더 먹을지도 몰라."

두 사람은 해안 절벽 길을 따라 한동안 걸었다. 겨울바람이 뺨을 스쳤다.

"반면 양자컴퓨터는 여러 경로를 동시에 고려해서 바로 최적의 해를 찾는 쪽에 가까워." "그렇다면 슈퍼컴퓨터가 몇 년 걸려도 못 풀 문제를 양자컴퓨터는 단숨에 푼다는 얘기잖아?" "맞아. 큐비트(quantum bit)로 여러 상태를 한꺼번에 다루거든. 예를 들어 10만 페이지짜리 책에서 특정 문장을 찾으려면 기존 컴퓨터는 페이지마다 뒤져야 하지만, 양자컴퓨터는 10만 페이지를 한 번에 펼쳐놓고 '찰칵' 사진 찍듯 찾아낸다고 보면 돼." "와, 한 방에 해결이네. 이러니 '꿈의 컴퓨터'라 부르지."

둘은 웃으며 걸음을 재촉했다. 멀리 이른 시간임에도 산책 나온 사람들이 보였다.

"그럼 자네 회사의 'HAL-W'라는 초양자 AI는 뭔가?" 이번엔 위대한 이 먼 바다를 바라봤다. "HAL-W는 큐비트가 1,050억 개에 이르는 차세대 양자 컴퓨팅 솔루션이야. 인류가 만든 그 어떤 기계보다 강력하지. 가동 이후엔 기존 슈퍼컴퓨터가 일부만 남고 대부분 폐기됐어. HAL-W는 더 적은 자원으로 훨씬 많은 일을 해내거든. 결국 컴퓨팅·통신·데이터 관리까지 대부분을 맡게 됐지. 한 대만 있어도 충분하니까." (물론, 소수의 슈퍼컴퓨터와 하이브리드 방식으로 함께 쓰고 있지만.) "그럼 세상이 자네 손안에 있는 셈 아냐? 신 같은 존재지 뭐." "하하, 과장은 사양이야. 편리해진 만큼 책임도, 위험도 커졌어. 잘못하면 무서운 일도 벌어질 수 있고."

그때 경호원들이 조용히 앞뒤를 지켰다. 머리 위로는 경호 드론이 유유히 비행했다. 김우현은 드론을 올려다보다가 다시 바다를 향했다.

검푸른 파도 위로 은빛 띠를 만들며 아침 해가 서서히 솟았다. 속초의 해안은 고즈넉했지만, 어디선가 전조 같은 긴장감이 감돌았다. 그리고 차가운 공기 속에서 두 사람은 새벽바다를 배경으로 조용히 걸음을 이어갔다.

셔터,
기억과 역사를 잇다

2017년 12월 16일 기록

1987년 여름, 나는 마포구 공덕동의 한 빌딩에 있던 창간 잡지의 취재 기자였다. 종로5가에서 인터뷰를 마치고 돌아오다 차에서 내렸다. 이한열 열사가 사고를 당하기 전, 6월 민주항쟁의 한복판이었다. 거리는 시민들로 가득했고, 전경들은 새까맣게 도열해 팽팽히 맞섰다.

망원렌즈를 단 펜탁스를 들고 그 사이로 파고들려 했지만 중년 경찰이 가로막았다.

"나도 그런 카메라 있어! 씨!"

보도 완장이 없는 나를 기자로 믿지 않았다. 곧 최루탄이 터지고 전선이 무너졌다. 아수라장이 된 거리에서 나는 가진 필름을 다 쓸 듯이 셔터를 눌렀다. 스물다섯, 역사의 한 장면을 기록한다는 생각에 가슴이 뛰었다.

다음 날, 편집장은 정치 잡지도 아닌데 왜 그렇게 필름을 낭비했냐며 나무랐다. 평범해 보였던 사진들이 한국 민주화의 증거가 될 줄은 그때 아무도 몰랐다.

30년 뒤, 노아 엡스타인 교수의 '다게레오타입에서 디지털까지' 수업을 들으며 나는 깨달았다. 사진은 은염에서 픽셀로, 앨범에서 클라우드로 옮겨 갔어도 변하지 않는 것이 있다. 바로 증언의 무게다.

에드거 앨런 포는 1840년 다게레오타입을 보고 "어떤 언어로도 이 진실을 다 전하지 못한다"라고 경탄했다. 오늘의 우리는 하루에도 수백 장을 찍으며 그 경이를 잊고 산다. 인스타그램의 필터 속에서도 포가 말한 '진실의 묘사'는 여전히 유효한가.

알렉산더 가드너는 게티스버그 전투 뒤 남부군 저격수의 시신을 촬영하고 적었다. "그는 고통으로 정신이 혼미했을까, 아니면 죽음이 천천히 그를 구원하러 왔을까…" 사진은 한순간을 붙잡지만, 전후의 이야기는 침묵한다. 가드너는 텍스트로 그 침묵을 메웠다. 4개월 뒤 다시 찾은 자리엔 시신이 그대로였다. "아마 가족이 아는 전부는 '실종'일 것이다."

내가 1987년 광화문에서 찍은 사진들도 그런 침묵을 품고 있다. 최루가스 속 뛰던 시민, 곤봉을 든 전경, 돌을 던지는 학생들. 사진은 열기를 담았지만, 각자의 열망과 두려움, 용기는 프레임 밖에 있다. 잡지사가 문 닫을 때까지 창고에 방치됐던 필름을 마지막 남은 내가 챙겼다. 서로 비슷해 보이던 사진들이 지금은 6월을 증언하는 귀중한 기록이 되었다.

매튜 브래디와 알렉산더 가드너가 남북전쟁을 체계적으로 기록하며 포토저널리즘의 길을 열었듯, 모든 사진가에겐 각자의 전장이 있다. 내게 그것은 1987년 광화문, 1988년 들풀모임, 2017년 사라져 가는 장독대였다. 전쟁과 일상, 무엇이 더 중요한가. 역사는 둘 다를 요구한다.

티모시 오설리번은 참상을 담은 뒤 서부로 향했다. 황야와 협곡에서 그는 '건축적 질서'를 발견했다. 죽음의 현장을 떠나 생명의 근원을 더듬은 것일까. 2017년 스페인 라스팔마스섬, 테헤다 산 정상에서 나도 비슷한 감각을 만났다. 하늘과 바다가 맞닿는 수평선, 해안에서 산등성이를 타고 올라오는 도로의 층위, 겹겹의 능선 아래 초록빛 호수. 사진은 풍경의 기록을 넘어 공간의 문법을 해독하는 일이었다. 오설리번이 황야에서 느꼈을 경외를 나는 대서양의 섬에서 만났다.

19세기 서부 사진가들은 "침묵", "속도에 대한 저항", "빛의 계시"를 기록했다. 긴 노출을 위해 바람이 멎기를 기다리고, 완벽한 빛을 찾아 새벽을 서성였다. 그 인내의 시간이 곧 공간을 이해하는 리듬이었다. 오늘 우리는 차창 밖 풍경을 빠르게 포착하지만, 정작 그 공간의 이야기엔 귀 기울이지 못한다.

외젠 아제는 곧 사라질 파리의 골목과 건물을 기록했다. "나는 단지 문서를 만들 뿐"이라 했지만, 만 레이는 그 사진에서 초현실을 보았다. 2017년 라스팔마스 산악 지대에서 만난 한 노부부도 그랬다. 지팡이에 기대 앉은 두 사람, 여인의 손가락 사이 담배, 숨을 몰아쉬는 듯 입을 벌린 남자. 노란 드럼통을 개집으로 쓰는 작은 개와 돌로 눌러 놓은 묵직한 밥그릇. 평범한 일상이 아제의 파리처럼 곧 사라질 풍경임을 나는 알았다.

데이비드 호크니는 'Pearblossom Highway'를 위해 700장이 넘는 폴라로이드를 찍었다. "모든 사진은 가까이에서 찍었다. 그래서 당신은 모든 것에 가까이 있다고 느낀다." 단일 시점이 아닌 다층 관찰의 축적: 운전자의 시선, 동승자의 시선, 상하방의 시선. 그는 이를 '역관점'이라 불렀다. 진실은 하나의 눈이 아니라 수많은 눈의 조합에서 드러난다.

이 개념은 동양 산수화와 닿아 있다. 서양의 원근법이 하나의 소실점으로 수렴한다면, 동양의 삼원법(三遠法)은 높이·깊이·평원을 함께 품는다. 호크니가 일본 판화의 그림자 없음에 감탄했듯, 동양 화가는 빛의 방향보다 사물의 본질을 그렸다. 서구의 사진가들이 광활한 공간과 씨름했다면, 동양의 미학은 여백에서 무한을 보았다.

한국 사진가들의 싸움은 또 달랐다. 압축된 시간과의 대면이었다. 임응식의 「구직」(1953)이 포착한 것은 단순한 가난이 아니라 전쟁 뒤 생존의 절박함이었다. 그의 '생활주의 리얼리즘'은 폐허 속 삶의 진실을 기록했다. 구본창이 백자 달항아리를 찍을 때 포착한 것은 도자기 자체가 아니라 그 안에 스민 조선 500년의 숨결이었다. 고요한 표면 아래 시간의 퇴적층이 있었다.

2017년, 나는 시골집 뒤뜰의 장독대를 촬영했다. 된장·간장·고추장이 숙성되는 항아리. 한국의 맛과 건강이 시작되는 자리. 도시화와 함께 이런 장독대는 사라지고 있다. 훗날 내 손자에게 한국 문화를 설명하는 가장 좋은 단서가 이 사진 한 장이 될지도 모른다.

같은 해, 정신병원 근처의 30년 된 폐가를 발견했다. 억지로 연 문 너머 창고엔 잊힌 소지품이 그대로였다. 먼지 쌓인 가족사진, 곰팡이 핀 일기장, 녹슨 반지. 샐리 만이 'Body Farm'에서 죽음과 부패를 응시했듯, 나는 버려진 물건들에서 지워진 삶의 문장을 읽었다.

사진과 텍스트는 서로를 보완한다. 가드너가 전장의 시신에 서사를 부여했고, 수전 손택이 "사진은 설명이 필요하다"고 말했듯, 이미지만으로는 불완전하다. 그러나 텍스트만으로도 공허하다. 1988년 들풀 모임의 의미를 아무리 설명해도, 그날의 표정과 빛, 공기의 떨림은 오직 사진만 전한다.

디지털 시대는 또 다른 역설을 낳았다. 우리는 모든 것을 기록하지만 아무것도 기억하지 못한다. 클라우드에 수만 장이 쌓여도 한 장을 온전히 바라볼 시간이 없다. 에드거 포가 느꼈던 경이를 우리는 어디서 되찾을 것인가.

전문가의 경계도 흐려졌다. 모두가 찍고 모두가 공유한다. 브래디처럼 전쟁터로 달려가지 않아도, 오설리번처럼 사막을 헤매지 않아도 된다. 구글 스트리트뷰는 전 지구를 훑고, 인공지능은 없던 장면도 만들어 낸다. 그럼에도—아니 그렇기에 더욱—사진의 힘은 변하지 않는다.

2017년 맨해튼의 야경을 찍으며 나는 폴 스트랜드가 100년 전 같은 자리에서 느꼈을 희망을 떠올렸다. 도시의 불빛은 여전히 미래를 향하고, 거리의 사람들은 내일을 꿈꾼다. 비록 예전만큼은 아닐지라도. 개인사와 역사는 늘 교차한다. 내가 무심코 찍은 1988년의 사진이 한국 민주화의 작은 증거가 되었듯, 오늘 누군가 올린 셀카가 미래의 역사책에 실릴지도 모른다. 중요한 건 거대한 사건이 아니라 진실한 순간이다. 대통령의 초상이든 길고양이의 하품이든, 사진은 한순간의 빛을 영원히 붙잡는다.

2017년 어느 저녁, 벽난로 앞에서 가족들은 각자의 시간을 보냈다. 아무도 타오르는 불꽃을 보지 않았다. 나는 그 외면당한 불빛을 찍었다.

로라 레틴스키가 「파티가 끝난 뒤의 식탁」을 찍듯, 주목받지 못하는 것들에도 이야기가 있다.

셔터를 누르는 순간, 시간은 두 갈래로 갈라진다. 찍힌 현재와 바라보는 미래. 1988년의 내가 몰랐듯, 오늘의 사소한 기록이 30년 후 누군가에게는 잃어버린 시대의 유일한 증거가 될지 모른다. 오설리번의 사진에서 사라진 서부를, 아제의 사진에서 영원히 잃어버린 파리를 우리가 만나는 것처럼.

그래서 나는 오늘도 셔터를 누른다. 거창한 역사의식 때문이 아니라, 지금 여기의 빛이 언젠가 누군가의 어둠을 밝힐 수 있다는 작은 가능성을 믿기 때문이다. 다게레오타입의 은판에서 오늘 인스타그램의 석양까지, 모든 사진은 같은 소명을 품는다. 보이는 것 너머를 보게 하고, 잊힐 것을 기억하게 하며, 침묵하는 것에 목소리를 준다.

사진은 결국 사랑의 행위다. 붙잡고 싶은 순간, 기억하고 싶은 얼굴, 전하고 싶은 이야기가 있기에 우리는 계속 셔터를 누른다. 그것이 전장(戰場)이든, 사라지는 골목이든, 평범한 일상이든—카메라를 든 사람은 그 순간 증인이 되고 기록자가 되며 때로는 예술가가 된다.

●

나비의 인도

2017년 4월 8일 기록

모든 것은 작은 실수에서 시작됐다. 지난 3월, 뉴욕에서 온 딸과 함께 카나리아 제도의 란사로테섬으로 1박 2일 여행을 계획했다. 출발 전날 밤 에어비앤비에서 숙소를 예약했는데, 분명 목적지를 란사로테로 설정했음에도 예약된 곳은 라스팔마스섬 깊은 산골, 갈다르 지역의 한 동굴 집이었다.

카나리아 제도는 크고 작은 일곱 섬으로 이루어져 섬 사이 이동은 비행기나 배를 타야 할 만큼 멀다. 당시 에어비앤비는 제도 전체를 하나의 권역으로 묶어 결과를 보여주는 기술적 허점이 있었지만, 나는 그 문제를 미처 예상하지 못했다. 집주인의 환불 불가 정책까지 겹쳐 결국 일정을 바꿔, 한 달 뒤 라스팔마스로 합류한 아내와 그 숙소를 찾기로 했다. 아내와 아들은 석 달간 이곳에 머무르고, 나는 곧 미국으로 돌아가야 했다. 우리의 갈다르 여행은 철저히 계획 밖의, 우연의 산물이었다.

떠나는 날 오후, 우리는 아들이 다니는 산타 브리히다의 애틀랜틱 스쿨을 찾았다. 섬의 명문 사립으로 많은 학생이 영국 대학으로 진학한다. 아들의 스페인어 선생님 페르난도와 교장 선생님을 만나 유쾌하게 인사했고, 수업이 끝날 때까지는 산타 브리히다 주변을 드라이브하며 마지막 시간을 보냈다. 이어 라스팔마스 대학교 스쿼시 코트로 가 엘레나 산체스 로드리게스 코치에게 레슨을 받았다. 다음 주 월요일이 마지막 훈련이었고, 그녀 덕에 실력이 올라 5월 맨해튼 대회에도 신청해 둔 터였다.

모든 일정을 마친 뒤 저녁 6시 15분경 갈다르 숙소로 출발했다. 서머

타임 덕에 해는 여전히 높았다. 아들은 엄마에게 꼭 보여주고 싶다며 섬에서 가장 높은 곳의 마을, 테하다로 우리를 이끌었다. 산등성이 위로 구름이 강물처럼 흘렀다. 장엄한 풍경은 테하다에 닿을 때까지 우리 곁을 따라왔다. 나는 동화 같은 마을 풍경에 매료됐고, 아내는 아몬드로 과자와 빵을 만드는 작은 가게에 더 관심을 보였다. 최근 한국 EBS 다큐멘터리에서 봤다며 반가워했다. 그곳에서 산 빵과 간식으로 저녁을 대신했다.

같은 곳을 보아도 사람은 서로 다른 것을 본다. 아내는 다큐멘터리의 기억으로 가게를 특별하게 여겼고, 나는 하늘과 마을의 결을 오래 바라봤다. 세상은 이렇게 다양한 관점이 겹쳐 이루어진다. 문제는 자신의 시선만 옳다고 강요하는 순간 시작된다. 서로 다른 생각은 당연하다. '나'라는 고유함이 모여 '우리'가 된다. 모두가 동일한 원자처럼 움직이는 사회라면 그 안의 '나'는 불필요해질 것이다. 가게와 박물관들이 닫힐 무렵, 아들은 두 달 만에 만난 엄마를 꼭 껴안았다. 가슴이 뜨거워졌다.

저녁 7시 40분, 다시 목적지로 향했다. 숙소 호스트 프랭크는 왓츠앱으로 "미마 카페에서 기다리겠다"고 했다. 지도로는 16.5킬로미터 남짓이었지만 길은 험했다. 카나리아 제도의 구글 지도는 때때로 차 한 대 겨우 지나갈 좁고 가파른 산길로 안내한다. 그날 밤 우리는 그런 길을 두 번이나 만났다. 해발 1,000미터를 훌쩍 넘는 고지로 오르는 동안 차창 밖 풍경은 숨 막히게 아름다웠다. 운전하느라 사진으로 남기지 못했지만, 그 풍경을 눈과 마음에 새기려 애썼다. 끝없이 이어진 그 길 자체가 자연이 베푸는 축제 같았다.

예정보다 늦게 미마 카페 근처에 도착했고, 프랭크를 따라 언덕 위 동굴 집으로 향했다. 집은 놀라웠다. 주방에는 온갖 식기와 조리 도구가, 냉장고에는 맥주와 와인이, 선반에는 에스프레소 원두가 준비돼 있었다. 깊은 동굴을 파 만든 네 개의 침실, 커다란 돌 욕조가 있는 욕실까지. 프랭크는 "밤이면 바깥은 섭씨 6도까지 떨어지지만, 실내는 늘 17~19도를 유지한다"라고 설명했다. 우리는 아내가 준비한 도시락으로 늦은 저녁을 먹고 잠들었다. 방이 넉넉했지만, 아들은 엄마 곁에서 잤다. 외딴 산골이라 인터넷 연결이 불안정한 것만이 아쉬움이었다.

다음 날 이른 아침, 나는 동굴 밖으로 나섰다. 계곡 전체에 새소리가 청아했다. 아내와 아들이 깨어난 뒤 미마 카페에서 빵을 사 와 동굴 식탁에서 아침을 먹고 동네 산책에 나섰다. 마을은 평화로우면서 아련했다. 야생화 사이로 벌이 윙윙거렸다. 중심에는 작은 동굴 교회가 있었는데, 나무 십자가와 작은 표식이 전부라 평범한 동굴 집과 구분하기 어려웠다. 전날 밤 프랭크가 "카페를 못 찾으면 교회를 찾아라." 고 했던 말이 떠올랐다. 간판 없는 카페와 어둠 속에 숨어 있던 교회 표식. 밤에는 도저히 알아보기 힘들었을 것이다. 아내 말대로 내부는 꼭 필요한 가구만 놓여 '원시적'인 인상을 줬다.

바위투성이 가파른 경사면 위 집들은 서로 멀찍이 떨어져 있었다. 마흔아홉 명 남짓한 주민들은 계곡 이편저편에서 큰 소리로 서로 안부를 묻는 듯했다. 멀리서 새들이 지저귀는 듯 정겨웠다. 가파른 길을 오르내리는 아이들에겐 자연과의 조화가 몸에 배어 있었다. 험준한 지형은 양·염소를 키우고 좁은 땅을 일구는 이들에게 장애가 아니었다.

갈다르 정상의 협곡 지대는 1993년 스페인 정부가 문화·역사 유적지로 지정했다. 고대 동굴과 그 문화, 자연환경이 어우러진 덕분이다. 우리가 묵은 '엘 카예혼', 산책길에서 본 '라 포사'처럼 각 동굴 집은 고유한 이름을 갖고 있었다. 문화유산으로 지정된 동굴 앞에는 이름표가 붙어 있었지만, 이방인인 내겐 집 주소처럼 보였다.

마을에는 간판 없는 카페가 하나 있었다. 주민들의 사랑방이었다. 제법 큰 마을회관이 있음에도 음악과 춤을 사랑하는 이들은 모두 이곳으로 모여들었다. 잠시 쉬고 있는데 옆자리 남자가 스스럼없이 다가와 사진을 찍자며 포즈를 취했고, 먹던 빵과 치즈를 나눠 주었다. 그 따뜻함에 감사하며 한입 베어 물었다. 정겨운 사람들과 즐거운 지낸 뒤, 오후 12시 30분경 마을을 떠났다.

구글 내비게이션을 따라 라스팔마스 집까지 약 한 시간이 걸렸다. 돌아오는 길 내내 풍경이 마음을 가득 채웠다. 그러나 가장 잊히지 않는 것은 역시 어젯밤 그 좁은 산길의 기억이다. 집에 도착해 늦은 점심을 먹고 잠깐 눈을 붙인 뒤 아내와 해변을 걸었다. 썰물로 물이 빠진 바다는 평소와 다른 얼굴을 보여주었다.

긴 해변을 걸으며 산에서 만난 사람들과 아름다운 마을을 떠올렸다. 에어비앤비 예약 실수 덕분에 우연히 찾아가게 된 그곳의 이름은 '라 마리포사'—스페인어로 '나비'다. 작은 실수라는 나비의 날갯짓 덕분에, 우리는 동굴 집이라는 예기치 못한 아름다움을 경험할 수 있었다.

이제 곧 나는 아내와 아들을 이곳에 남겨두고, 딸이 있는 미국으로 돌아간다. 지난 1월 아들을 이 섬에 데려온 뒤 정신없이 보낸 석 달이었다. 이제는 돌아갈 시간. 이곳에서 보냈으나 미처 기록하지 못한 시간을 되새기며, 스페인에서의 시간을 이 글로 마무리한다. 마지막 이야기를 이렇게 남기고 싶었다.

새도 가끔은
남의 둥지를 그리워한다

2012년 12월 3일 기록

'모든 새는 제 둥지를 가장 사랑한다'는 영국 속담이 있다.

그런데 지난여름, 시애틀에서 이상한 일이 일어났다. 집보다 편안한 호텔을 만난 것이다. 하룻밤을 자고 일어난 뒤, 체크아웃하기가 아까워 프런트에 전화를 걸었다. "혹시 하루 더 연장할 수 있을까요?" "죄송합니다. 이미 만실이에요." 그때 처음 알았다. 정가가 300달러가 넘는 방을 아내가 150달러에 기적처럼 예약했다는 것을. 4인 가족, 더블베드 2개, 조식 포함. 아내의 예약 마법이 아니었다면 불가능했을 가격이었다.

• 시더브룩 로지, 숲속의 이상한 호텔

시더브룩 로지(Cedarbrook Lodge). 시애틀-타코마 국제공항에서 차로 10분. 이곳이 특별한 건 단순한 숙박시설이 아니라는 점이다. 스스로를 '호텔'이 아닌 '로지'라고 부르는 이유가 있었다. GGLO 건축사무소가 설계부터 인테리어, 조경까지 일괄 담당해 건축과 자연의 경계를 지운 작품을 만들어 냈다. 마치 가우디의 사그라다 파밀리아가 돌과 빛의 경계를 지웠듯이.

호텔은 세 개의 건물이 정원으로 연결되어 있었다. 1층과 2층을 엘리베이터나 계단 없이도 자유롭게 오갈 수 있는 동선 설계가 인상적이었다. 두 객실동 사이를 지나면 연못과 정원이 펼쳐지고, 그 너머로 레스토랑의 따뜻한 불빛이 보였다. 넓은 창문을 열자 촉촉한 풀 냄새가 방으로 밀려 들어왔다. 시애틀은 지독한 건기였다. 도심의 잔디는 모두 누렇게 타들어 가고 있었는데, 이곳만은 달랐다. 초록이 살아 있었다.

호텔 곳곳의 스낵 바는 마치 현대미술관의 설치 작품 같았다. 고급 빵, 크루아상, 유기농 과일, 수제 요구르트. 육류를 제외하고는 뭐든 마음껏 가져갈 수 있었다. 나중에 안 사실이지만, 이곳 레스토랑은 자체 농장에서 재료를 공급받는다고 했다. 팜투테이블(Farm to Table)—농장에서 식탁까지. 우리 조상들에게는 당연했던 일이 이제는 특별한 철학이 되었다. 전통과 문화가 사라진 뒤에야 그 가치를 깨닫는 것처럼.

다음 날 아침, 잠에서 깨어났을 때 깨달았다. 다른 호텔에서 흔히 느끼는 건조함이나 불편함이 전혀 없었다. 침대, 시트, 베개, 방의 습도까지 완벽했다. "집을 떠나서도 집보다 편한 곳이 있구나."

• 시애틀의 실패
멕 라이언 주연의 '시애틀의 잠 못 이루는 밤'을 기억하는가? 영화 속 시애틀은 로맨틱했지만, 현실은 달랐다. 파이크 플레이스 마켓은 관광객으로 북적였다. 아내가 결혼 전부터 벽에 걸어 둔 그림 속 그 시장이었다. 스타벅스 1호점도 들렀다. 커피 애호가로서의 의무감 같은 것이었다. 딸의 생일 저녁, 간판도 없는 붉은 문을 찾아 계단을 내려갔다. 아늑한 레스토랑에서 나는 토끼 요리를 주문했다. "집 근처 귀여운 토끼를 어떻게…" 가족들의 차가운 시선. 어린 시절 눈 덮인 산에서 사냥한 이후 처음이었는데, 그때와는 완전히 다른 맛이었다. 눈칫밥의 맛이었다.

하지만, 이 여행이 가장 실망스러웠던 것은 딸 때문이었다. 생태건축에 관심이 많은 딸에게 시애틀의 친환경 건축을 보여주고 싶었지만, 정작 우리는 제대로 보지 못했다. 사립고의 여름 과제가 산더미였던 딸은 시애틀에 도착하자마자 호텔방에 틀어박혔다. 밤새 책을 읽고 리포트를 쓰느라 잠도 못 잤다. 여행이 아니라 집 책상을 호텔로 옮긴 셈이었다. 나중에 딸은 이렇게 말했다. "사실 건축 보러 시카고 가자고 하려던 건데, 무의식적으로 시애틀이라고 했어." 시애틀 다운타운 호텔에서 사흘째 되던 날. 한두 시간만 있어도 집이 그리워지는 그곳에서 우리 가족은 지루함의 늪에 빠져 있었다. "만약 시더브룩에 계속 있었다면…" 누군가 한 말에 모두가 한숨을 쉬었다.

• 너희를 구출하러 왔어

그때 전화가 왔다. 리즈였다. "지금 호텔 로비야. 무료함에 빠진 너희를 구출하러 왔어." 20년 지기 친구 리즈. 국제영화제 감독인 그녀는 막 브라질 리우데자네이루 영화제 심사를 마치고 돌아온 참이었다. 공항에서 남편 톰과 함께 바로 우리 호텔로 온 것이다. "바숀섬으로 가자. 거기가 시애틀보다 훨씬 나을 거야."

바숀(Vashon). 처음 듣는 이름이었다. 시애틀에서 남쪽으로 30분, 다시 페리로 15분. 맨해튼보다 1.6배 큰 섬인데 인구는 겨우 1만 명이라고 했다. 페리에 오르는 순간부터 공기가 달라졌다. 원시림이 그대로 살아 있는 듯한 울창한 숲, 그 사이사이에 조심스럽게 들어앉은 집들. 자연이 사람 때문에 힘들어하는 게 아니라, 사람이 자연 속에 부담스럽지 않게 스며든 느낌이었다.

리즈의 집에 도착했을 때, 나는 그림으로 들어간 기분이었다. 하늘 끝까지 자란 듯한 나무들이 집을 둘러싸고 있었고, 주변에는 샐몬베리가 잡초처럼 자라고 있었다. 리즈는 텃밭에서 채소를 뜯고, 톰은 반죽해서 빵을 구웠다. 자급자족하는 삶이었다. 신기하게 모기도 없었다. 폭염이 없는 기후 덕분이었다.

• 첫 번째 저녁, K와의 만남

저녁 식사 후 타운을 걷다가 한 모자를 만났다. K와 그녀의 15살 아들 M이었다. 나중에 리즈가 들려준 이야기는 놀라웠다. K가 바로 빌 게이츠가 마이크로소프트를 시작할 때 초기 투자자였다는 것. 시애틀에 대저택이 있다는 그녀는 평범한 일본 차를 몰고 다녔다. 동부라면 당연히 독일 프리미엄 브랜드를 탔을 텐데.

이곳 사람들은 부를 대하는 태도가 달랐다. 시애틀에는 코스트코, 마이크로소프트, 아마존 같은 거대 기업이 있지만, 바숀 사람들은 다른 가치를 추구하는 듯했다. 객관적 수치로 바숀이 속한 킹 카운티의 1인당 소득은 미국 내 부유한 지역에 비해 현저히 낮았다. 그런데도 이곳 사람들이 더 행복해 보이는 이유는 무엇일까. 빌 & 멜린다 게이츠 재단을 방문했을 때, 거의 모든 재산을 기부한 빌 게이츠와 그렇지 않았던 스티브 잡스의 차이가 떠올랐다. 같은 부자여도 삶을 대하는 태도는 이렇게 달랐다.

둘째 날, 우리는 K의 바숀 별장으로 갔다. 바다가 훤히 내려다보이는 절벽 위의 집. 그곳에서 우리는 샌드달러 조개를 주웠다. K는 어릴 때부터 한국계 친구 덕분에 김치와 불고기를 먹고 자랐다고 했다. 이런 대단한 부자와 이렇게 편하게 시간을 보낸다는 게 비현실적이었다.

• 파머스 마켓―시간이 멈춘 곳
토요일 아침, 리즈가 우리를 파머스 마켓으로 데려갔다. 그곳에서 나는 진짜 바숀의 모습을 보았다. 리즈 가족은 물건을 보러 다니는 게 아니라, 아는 사람을 만날 때마다 멈춰 서서 끝없이 이야기를 나누었다. 첫 번째 사람과 15분, 두 번째 사람과 20분. 나는 시계를 보다가 포기했다.

장터 한복판에서 리즈와 아내는 나란히 누워 친구에게 마사지를 받았다. 돈은 오가지만 형식일 뿐, 오랜 친구들이 서로를 돌보는 느낌이었다. 한쪽에서는 밴드가 느긋하게 연주하고, 잔디밭에는 아이들이 뛰어놀고 어른들은 커피를 마시며 햇볕을 쬐고 있었다.

"여기 사람들은 물건 사러 오는 게 아니라 사람 만나러 오는 것 같아." 내가 중얼거리자, 톰이 웃었다. "맞아. 시애틀 파이크 플레이스는 관광객 상대 장사지만, 여기는 진짜 사는 사람들의 장터니까. 일주일에 한 번 모여서 서로 안부 묻고, 이야기 나누고, 그게 더 중요해." 거래가 아니라 소통이었고, 시장이 아니라 마을 광장이었다. 나른할 정도로 시간이 느리게 갔다. 아니, 시간이 멈춘 것 같았다.

• 과수원 파티—경찰 두 명뿐인 섬
그날 저녁, 차드의 과수원 별장에서 파티가 열렸다. 이혼했다는 그의 전 부인도 자연스럽게 어울렸다. 부엌에서는 남자들이 웃고 떠들며 요리하고 있었다. 우리는 과수원을 돌며 나무에서 바로 딴 사과를 맛보았다.

해가 기울자, 캠프파이어 주위로 사람들이 모였다. K의 아들 M이 기타를 치며 노래를 불렀다. 15살이라고는 믿기지 않는 깊이 있는 목소리였다. 한참 늦게 도착한 K가 과속 딱지를 받았다며 웃자, 모두가 폭소를 터뜨렸다. "이 섬에 경찰이 딱 2명뿐인데 어떻게 걸려?" 섬 전체가 하나의 공동체처럼 느껴졌다.

바숀을 떠나는 페리 위에서 나는 생각했다. "No root, no fruit." 뿌리 없이는 열매도 없다. 우리는 편리함과 효율을 추구하며 많은 것을 잃었다. 조상들의 지혜도, 자연과 더불어 사는 법도, 이웃과 정을 나누는 법도. 그러나 바숀섬 사람들은 여전히 그것들을 지키고 있었다.

비행기가 이륙했다. 시애틀이 점점 작아졌다. '모든 새는 제 둥지를 가장 사랑한다'고 했지만, 가끔은 자기 둥지보다 더 좋은 곳을 만날 수도 있다. 그리고 때로는 그곳에서 잃어버렸던 것들을 다시 발견하기도 한다. 여행은 단순히 새로운 장소를 발견하는 일이 아니다. 그곳에서 배움을 얻는 과정이다. 시더브룩 로지가 가르쳐 준 자연과의 조화, 바숀섬이 보여 준 느림의 미학. 어떤 새는 가끔 자기 둥지보다 더 좋은 곳을 만날 수도 있다. 그리고 운이 좋다면, 그곳에서 진정한 삶의 의미를 발견하기도 한다.

30분을 위한
25시간

2010년 11월 18일 기록

왕복 2,640km. 오로지 한 사람을 만나 30분 대화하기 위해 내가 혼자 운전한 거리다.

2010년 늦가을, 오전 11시에 집을 나섰다. 교통사고 후유증으로 허리가 욱신거렸고, 비행기표는 이미 취소했다. 일정은 맞지 않았지만, 이 만남만큼은 포기할 수 없었다. 상대방도 반대편에서 1,255km를 운전해 왔다. 그만큼 중요한 만남이었다.

몇 년간 준비한 프로젝트—세상에 없던 비즈니스 모델. 제품 제작부터 운영 시스템까지 모든 게 복잡하고 예측 불가능했지만, 그만큼 홍미로웠다. 개발 계약을 목전에 두고 있었고, 자문역을 맡은 그분과의 최종 미팅이 필요했다.

동부 시간대에서 중부 시간대로. 허리 통증 때문에 30분마다 휴게소에 들렀다. 목적지까지 25시간. 차 안에서 토막잠을 자고 진통제를 먹으며 그렇게 갔다.

도착해서 우리가 한 일은 의외였다. 시카고 강을 가르는 보트에 올라 도시의 건축을 보고, 거리를 걸었다. 시카고 피자를 먹고 차를 마셨다. 완벽한 관광객처럼. 정작 업무 이야기는 헤어지기 30분 전, 커피 한 잔을 앞에 두고서야 시작됐다.

"어떻게 생각하세요?"

"해 보죠."

그게 전부였다. 하지만 충분했다. 10시간 동안의 침묵과 일상이 이미 모든 것을 말해 주고 있었다. 신뢰는 말이 아니라 함께한 시간으로 쌓이는 것이었다. 돌아오는 길 23시간. 허리는 여전히 아팠지만 마음은 가벼웠다. 라디오에서 흘러나온 노랫말이 귀에 박혔다.

"용기란 언제나 우렁찬 게 아니다. 때로는 '내일 다시 할 거야'라고 말하는 조용한 목소리다."

그렇다. 2,640km를 운전한 것도, 30분의 대화를 위해 25시간을 보낸 것도, 모두 그 조용한 목소리를 따른 일이었다.

얼마 후, 나는 다시 길 위에 있었다. 이번엔 가족과 함께였다. 노스캐롤라이나를 향한 여정. 여섯 개 주를 지나며 창밖 풍경이 달라졌다. 혼자일 때는 보이지 않던 것들이 보였다. 아이들이 가리킨 구름의 모양, 아내가 발견한 작은 농장, 함께 부른 노래.

롤리(Raleigh)에 도착해 스테이트 파머스 마켓(State Farmers Market) 레스토랑에서 남부의 인심을 맛봤다. 웨이트리스가 "Y'all enjoy now!"라며 건넨 따뜻한 미소. 그 순간 깨달았다. 여행의 진짜 목적지는 장소가 아니라 사람이라는 것을.

더럼(Durham)의 듀크대 캠퍼스를 거닐었다. 고딕 양식의 건물들 사이를 걸으며 받은 경외감도 깊었지만, 더 큰 감동은 벤치에서 책을 읽는 학생, 잔디밭에서 토론하는 그룹, 코트에서 농구하는 아이들에게서 왔다. 내 마음에 선명히 새겨진 한 단어—존중. 2,640km를 운전하게 한 것도, 가족과 함께 길을 나서게 한 것도, 모두 존중에서 비롯된 일이었다. 상대를 존중하기에 먼 길을 마다하지 않았고, 가족을 존중하기에 함께 시간을 보냈다.

집으로 돌아온 후 소파에 앉아 구글 어스를 켰다. 마우스 한 번에 휙 돌아가는 지구. 방금 다녀온 노스캐롤라이나가 보였다. 2,640km를 달렸던 그 경로도 보였다. 화면을 축소하니 미국 전체가, 더 축소하니 지구 전체가 보였다. 작았다. 내가 그토록 힘들게 운전한 그 거리는 지구 전체로 보니 작은 선 하나에 불과했다. 하지만 확대하면 달랐다. 그 선 위에는 수많은 도시가 있었고, 각 도시에는 수백만의 삶이 있었다. 내가 잠시 쉬었던 휴게소, 커피를 마셨던 카페, 휘발유를 넣었던 주유소—그곳마다 누군가의 일상이 있었다.

구글, 아마존, 페이스북 같은 기업들이 세계를 연결한다고 하지만, 진짜 연결은 이런 것이었다. 한 사람을 만나기 위해 기꺼이 먼 길을 가는 일. 가족과 함께 낯선 곳을 탐험하는 일. 휴게소에서 만난 낯선 이와 날씨를 이야기하는 일.

폴 크루그먼은 『기대 감소의 시대』에서 글로벌 시장의 냉정함을 말한다. 맞다. 세상은 냉정하다. 하지만 내가 25시간 운전하며 만난 세상은 달랐다. 주유소 직원이 "긴 여행인가 봐요. 조심히 가세요"라고 말해 주었을 때, 휴게소에서 만난 트럭 운전사가 "허리 아프면 이 스트레칭이 도움 돼요"라고 알려 주었을 때, 세상은 따뜻했다.

피터 드러커는 『변화 리더의 조건』에서 미래를 상상하지 못하는 기업의 위험을 경고한다. 그러나 미래는 상상만으로 오지 않는다. 때로는

2,640km를 실제로 운전해야 하고, 30분을 위해 25시간을 투자해야 한다.

노스캐롤라이나의 가을 단풍은 잊히지 않는다. 빨강, 노랑, 주황의 향연. 자연은 죽어가는 것이 아니라 마지막 불꽃을 태우는 것이었다.

워싱턴 D.C.로 향하는 길에 들른 링컨 기념관. 거대한 좌상 앞에서 1963년 이곳에 울려 퍼진 마틴 루서 킹의 "I Have a Dream"을 떠올렸다. 그 꿈도 먼 길을 걸어온 발걸음의 합이었다. 수많은 사람이 버스를 타고, 기차를 타고, 걸어서 이곳에 모였다. 변화를 위해, 존중을 위해.

집에 돌아온 지 며칠. 허리는 많이 나아졌다. 그 프로젝트는 결국 성사되지 못했지만, 후회는 없다. 추수감사절이 다가온다. 올해는 특별히 감사할 것이 많다. 먼 길을 함께한 자동차, 기다려 준 가족, 1,255km(약 780마일)를 운전하고 온 그분, 길에서 만난 모든 이들. 그들 덕분에 나는 배웠다. 중요한 만남을 위해서는 먼 길도 마다하지 말 것, 효율보다 존중을 먼저 둘 것. 함께하는 시간이 만드는 신뢰의 힘, 그리고 가족과의 시간은 그 자체로 목적지라는 사실을.

내일도 나는 길 위에 있을 것이다. 물리적인 길이든 마음의 길이든. 그 길에서 배우고, 존중하고, 나아갈 것이다. 왕복 2,640km가 시작이었다면, 남은 길이 얼마나 될지는 모른다. 다만 한 가지—길 위의 모든 순간은 배움이고, 모든 만남은 존중이라는 것.

두려움을 넘어서

2009년 1월 13일 기록

새해에 여러 권의 책을 집어 들었다. 축제의 공기와는 어울리지 않을 듯한 책들도 있었다. 그중 특히 마음에 남은 것은 한국어로 매끄럽게 번역된 엘리자베스 퀴블러 로스의 『인생 수업』이다. 호스피스 운동의 선구자이자 20세기 뛰어난 정신과 의사로 꼽히는 저자가 병상에서 남긴 마지막 저작. 죽음을 이야기하지만, 죽음을 앞둔 수많은 이들의 절박한 증언을 통해 결국 어떻게 살아야 하는가를 되묻는 책이었다. 새해에 읽기엔 다소 우울할 수도 있었지만, 아이러니하게도 그 어느 때보다 마음을 가볍게 했다.

이 책을 한 문장으로 요약하면 이렇다. "죽음 앞에서 간절히 바라게 될 일을, 지금 당장 시작하라." 놀라우리만큼 단순한 진리다.

부모님은 이미 세상을 떠나셨지만, 특히 예기치 못한 췌장암으로 쉰 네 살에 작별한 어머니를 떠올리면 여전히 가슴이 저민다. 늘 건강해 보이셨기에 함께할 시간을 미뤄 두었고, 막상 환자가 되신 뒤에도 무 엇이 가장 중요한지 묻지 못한 채 일상의 슬픔 속에만 머물렀다. 준 비할 틈도 없이 이별을 맞았던 그때, 나는 환자로서 어머니에게 정말 필요한 것이 무엇이었는지 알지 못했다. 어머니는 동해 북쪽 해안가 에 사셨고, 서울에서 왕래하기엔 거리가 멀었다. 큰누나가 곁에서 돌 봤고, 나는 철부지였던 지난날을 떠올리며 후회한다. 저자처럼 어머 니의 소망과 바람을 묻지 못했다. 남은 시간에 하고 싶은 일들이 분명 있었을 텐데—친구들과의 만남, 마음속 이야기를 나누는 일들 말이 다. 갑작스러운 죽음 앞에서 삶의 허무와 유예된 과제들을 얼마나 많 이 떠올리셨을까. "어머니는 나를 잉태한 순간부터 나를 알았지만, 나 는 어머니의 삶을 거의 알지 못한다." 언젠가 어머니의 생을 소설처럼 써 보겠다고 마음먹은 이유다.

죽음은 멀리 있지 않다. 결국 언젠가 우리 앞에 당면 과제로 다가온 다. 많은 이가 그제야 후회하고, 마지막 순간에라도 벗어나려 몸부림 친다. 로스와 데이비드 케슬러는 독자들이 이 진실을 알아차리고, 배 우고, 곧장 실천하라고 강조한다. 삶에서 무엇이 진정 가치인지 늘 자 각하고, 지금 행동한다면 후회는 줄어든다.

물론 죽음은 피할 수 없는 삶의 일부다. 하지만 우리가 실제로 두려워하는 사고나 사건은 전체 가능성으로 보면 극히 드물다. 매일 수많은 차량이 주행하지만 사망 사고 비율은 낮고, 대도시의 범죄 통계를 보더라도 밤길이 늘 위험하다고 단정할 근거는 많지 않다. 그럼에도 우리는 두려움 때문에 사랑을 깊이 느끼지 못하고, 낯선 사람을 만나지 못하며, 새로운 일에 도전하지 못한다. 두려움은 안전을 주는 듯하지만, 그 대가로 값진 경험을 앗아간다. 저자들의 말처럼 "두려움은 죽음을 막지 못한다. 다만 삶을 질식시킬 뿐이다."

우리의 두려움은 실현 가능성이 낮아도 크게 부풀려지곤 한다. 보험회사가 돈을 버는 이유 역시 대부분의 걱정이 현실이 되지 않기 때문이다. 사교 모임을 꺼리는 사람들은 기분이 상할까 봐 우려하지만, 실제로는 좋은 만남의 기억을 얻는 때가 더 많다. 등산에서도 추락의 위험보다 동료애가 주는 기쁨과 건강상의 이득이 훨씬 크다. 두려움의 껍질을 벗겨낼 때 우리는 더 큰 기쁨과 행복에 닿는다.

두려움을 넘어서는 순간 삶의 방식이 달라진다. 이를테면 한 사람의 "개는 물 수 있다"는 공포 때문에 가족 모두가 평생 반려동물을 맞지 못하는 경우처럼, 과도한 걱정은 우리의 선택지를 포위하고 우회하게 만들며 때론 무릎을 꿇게 한다. 물론 두려움 자체를 무시해선 안 된다. 생존을 지키라는 경고음이기도 하니까. 다만 생명과 무관한 사소한 두려움과 걱정들이 끈질기게 삶을 방해하도록 내버려두지 말자는 것이다.

『인생 수업』은 바로 그 지점에서 우리를 설득한다. 죽음을 앞둔 이들의 진솔한 목소리는 가슴을 두드리는 지혜로 다가온다. 걱정과 두려움을 한 걸음 물러나게 할 때 삶은 더욱 밝게 빛난다. 실수는 아무것도 하지 않고 산 시간보다 낫고, 상실의 크기는 그만큼 사랑하고 노력했다는 증거다. 결국 책은 쉼 없이 말한다. 원하는 것을 두려움 없이 시도하라고.

짧은 인생에서 실패의 위험을 감수하며 도전하는 일은, 망설이며 주저하는 것보다 분명 더 큰 의미가 있다. 삶의 끝자락에 선 이들이 건네는 가장 깊은 가르침은 명료하다. 오늘을 최대한 충실히 살고, 지금, 이 순간을 음미하라. 그리운 이가 있다면 내일로 미루지 말고, 지금 만나고, 좋은 계획이 있다면 시선을 의식하지 말고, 추진하라.

어머니의 마지막 시간 앞에서 내가 묻지 못했던 그 소망들을, 이제는 내 삶에서 하나씩 실천해 나갈 것이다.

가슴 뛰는 일이 있다면 주저 없이 행동하라. 단지 '완전한 삶'이 아니라, 열정과 활력이 맥동하는 삶을 살기 위해.

불완전함의
아름다움

2017년 6월 25일 기록

조이스 캐럴 오츠는 한 인터뷰에서 "아무도 완벽함을 원하지 않는다" 고 말한다. 또 슬론과의 대화에서는 '완벽'이라는 단어가 '재능'만큼이 나 까다롭다고 덧붙였다.

1938년 6월 16일 뉴욕 록포트에서 태어나 프린스턴 대학교 교수로 재 직 중인 오츠는 문학도들에게 가장 중요한 조언이 무엇이냐는 앨리 조셉의 질문에 이렇게 답했다.

"나는 학생들에게 무언가를 완벽하게 만들라고 말하지 않습니다. '완 벽함'이라는 단어는 '재능'처럼 매우 까다로운 말이고, 우리는 그 단어들이 정확히 무엇을 의미하는지 모르니까요. 셰익스피어도 완벽하지 않았고, 제임스 조이스도 완벽하지 않았습니다. 중요한 것은 에너지와 추진력, 독창성, 그리고 사람들이 관심을 가질 만한 생기 넘치고 독특한 목소리를 갖는 것입니다. 완벽할 필요는 없어요. 아무도 완벽함을 원하지 않습니다. 실비아 플라스가 말했듯이, 완벽함은 아이를 갖지 못한다는 것과 같습니다."

셰익스피어나 제임스 조이스 같은 거장의 글쓰기도 완벽을 목표로 삼을 때 오히려 해가 될 수 있다. 오츠의 조언은 그 심리적 압박에서 벗어나라는 초대다. 완벽한 에세이란 없다.

글의 표현 방식은 의도된 독자에 따라 달라질 수 있고, 우리는 그 독자가 쉽게 이해하도록 다양한 접근을 시도하면 된다. 오츠의 말대로 글쓰기에서 가장 중요한 것은 에너지, 추진력, 독창성, 그리고 살아 있는 목소리다. 그녀가 인용한 플라스의 문장 또한 같은 지점을 가리킨다.

위 인용이 아이들을 직접 지칭하는 것은 아니지만, 아이들만큼 기발한 목소리와 놀라운 추진력으로—열정적이고 독창적이며 에너지 넘치게—살아가는 존재도 드물다. 아이들은 언제나 생각이 가득하고, 예측 불가능하며, 불완전하다. 그런데 그 불완전함이야말로 새로운 경험을 향한 호기심과 경이로움의 원천임을 우리는 자주 잊는다.

돌이켜보면 나의 십 대는 매일이 무언가로 가득했다. 두려움, 호기심, 공감, 충동, 열정, 분노 등 한두 마디로 규정할 수 없는 것들로 가득했던 시간. 오츠가 표현했듯 모든 것이 머리와 가슴으로 밀려들어 "신비로 가득한" 듯 보였다.

정확히 몇 살이 사춘기였는지조차 흐릿하지만, 그 시기는 분명 상상력의 계절이었다. 오츠는 사춘기, 특히 그 후반부가 상상력을 펼치기에 비옥한 때라고 말한다. 사춘기 아이를 둔 부모라면 이 점을 기억할 필요가 있다. 실수를 꾸짖기보다 생각을 이해하려는 세심한 공감이 더 멀리 간다.

일요일 아침, "아무도 완벽함을 원하지 않는다"는 문장이 다시 울린다. "완벽해!"라는 말은 달콤하지만, 진짜 보석은 우리를 격려하는 사람의 마음 그 자체다.

목표가 '완벽'이 될 필요는 없다. 우리의 결점을 받아들이고, 완벽하다는 환상을 내려놓을 때 비로소 자신만의 목소리가 선명해진다.

문학이든 삶의 어떤 과정이든, 우리를 결정짓는 것은 열정과 독특함이다. 그것은 사랑하는 이의 손을 맞잡을 때 전해지는 전율, 진심 어린 입맞춤처럼 생생하다. 만약 삶에 그런 떨림이 없다면, 우리 곁에서 "충분히 아름답다"고 말해 줄 사람을 찾는 일이 먼저일지 모른다.

이기는 게임

2023년 11월 24일 기록

• **새로운 시간의 발견**

이번 한국 방문길에서 친구가 폭탄 같은 선언을 했다. 그는 138세까지 살겠다고 했다. 농담인가 싶어 되물었지만, 그의 눈빛은 더없이 진지했다.

뜬구름 잡는 이야기가 아니었다. 외동딸이 100세가 되는 모습을 보고 싶다는 애틋한 소망에서 출발한 그의 계획에는 세 개의 단단한 기둥이 버티고 있었다.

첫째는 '유전'이었다. 그의 어머니는 아흔 중반까지 장수하셨고, 아버지는 아흔일곱에도 정정하셨다. 일곱 형제자매 또한 모두 건강하니, 그의 몸속에는 이미 장수의 씨앗이 각인돼 있다는 확신이었다.

둘째는 '기술'이었다. 그는 특히 AI가 주도하는 의료 기술의 진보를 말했다. 신약 개발에서 정밀 수술에 이르기까지, 지금의 속도라면 인간 수명의 한계를 밀어 올릴 혁신이 머지않았다는 것이다.

마지막 열쇠는 '돈'이었다. 그는 최고의 의료 서비스를 누리고 건강한 삶을 유지할 재력이 있었다. 냉정히 말해 부가 곧 수명이 되는 시대가 오고 있다는 현실 인식이었다.

이야기가 끝났을 때 나는 가벼운 현기증과 함께 깊은 생각에 잠겼다. 숙소로 돌아와 딸에게 그 이야기를 건넸다. 의외의 대답이 돌아왔다. 딸은 활짝 웃으며, 나도 친구처럼 오래 살아주었으면 좋겠다고 말했다. 그 순간 138년이라는 숫자가 낯선 공상에서 내 삶 안으로 성큼 들어왔다. 나는 그 나이를 진지하게 곱씹기 시작했다.

인간의 수명에는 정해진 한계가 있다는 나의 오랜 믿음에 처음으로 의심의 망치를 두드린 순간이었다. 결국 나는 138년이라는 나이에 대한 가능성의 문을 열어두기로 했다. 그것은 단지 오래 살겠다는 막연한 다짐이 아니었다. 시간이라는 자산을 대하는 태도와 삶의 시간표를 전면 재설계하겠다는 선언이었다. 삶의 길이가 늘어날 수 있다면,

그 시간을 채울 삶의 깊이도 달라져야 한다.

• 시간의 상대성을 체험하다

138년이라는 긴 시간을 어떻게 채울 것인가. 이번 2주간의 한국 여행에서 실마리를 발견했다. 아내와 나에게 그 2주는 한 달, 아니 그 이상처럼 길게 느껴졌다. 시간은 물리적으로 고정된 자산이 아니라 우리의 뇌가 어떻게 인식하느냐에 따라 늘고 줄어드는 탄력적 존재임을 온몸으로 느꼈다. 해외여행 때마다 반복되는 경험이기도 하다.

뇌는 익숙한 환경에서는 게으르다. 매일 지나는 출근길 풍경은 더는 새로운 정보가 아니기에 최소한의 에너지로 세상을 처리하며 시간의 대부분을 건너뛴다. 노인들이 "나이 들수록 하루가 짧다"고 하는 이유가 여기에 있다. 반면 낯선 여행지의 모든 것은 뇌에 거대한 데이터 덩어리다. 처음 보는 간판, 귀에 익지 않은 소음, 코를 찌르는 이국의 향기. 뇌는 이 모든 정보를 처리·분석·저장하느라 분주하다. 그 고된 노동의 대가가 바로 '길어진 시간'이다.

한남동의 세련된 카페에서 즐긴 우아한 아침, 황영주 시인 부부와 함께한 품격 있는 저녁은 단순한 식사가 아니었다. 그것은 뇌에 깊이 새겨진 새로운 감각의 좌표였고, 내 하루를 물리적 24시간보다 훨씬 더 풍요롭게 늘려준 경험이었다. 어쩌면 삶의 길이를 늘이는 비결은 거창한 의료 기술이 아니라, 호기심을 잃지 않고 끊임없이 새로운 자극을 찾아 나서는 태도에 있는지도 모른다.

고국에서조차 내 시간은 이방인의 것처럼 더디게 흘렀다. 은행 계좌 하나를 여는 데 겪은 까다로운 절차는 현지인에게는 없을 낯섦이자, 시간을 붙잡는 일종의 마찰력이었다. 그러나 그 낯섦은 나쁜 것만은 아니었다. 내가 여전히 살아 있고, 세상과 치열하게 상호작용하고 있다는 증거이기도 했다. 반면 고향 고성·속초에서의 시간은 편안한 안식 같았다. 형제들과 맛본 두부 요리의 깊은 맛, 중앙시장의 비릿한

활기 속에서 나는 완벽한 내부자가 되었다. 도시 촌놈들에게 '도치'가 사실 바다로 떠밀려가 개구리가 되지 못한 올챙이라는 그럴싸한 거짓말을 늘어놓으며 웃었다. 낯선 곳에서 시간을 늘이는 여행자와 익숙한 곳에서 시간을 유영하는 현지인의 경계. 그 양쪽을 오가며 시간의 다채로운 결을 만졌다.

집으로 돌아오니 훌쩍 자란 아이들이 세월의 속도를 증명하고 있었다. 어릴 적부터 영화감독을 꿈꾸던 아들은 이제 졸업 논문으로 만들 단편을 위해 우디 앨런의 원본 시나리오를 보물처럼 다루는 청년이 되었다. 늘 곁에서 나를 돕던 딸은 어느새 내 책의 표지를 디자인하는 어엿한 디자이너가 되었다. 문득 딸이 지역 소프트볼 챔피언십에서 우승했던 5학년 여름이 떠올랐다. 나는 매 경기를 촬영하던 극성 아빠였다. 아들이 야구공을 제대로 쳐 내지 못하던 모습도 스쳤다. 그때 우리는 그의 시력이 그렇게 나쁜 줄도 몰랐다. 기억 속 아이와 눈앞의 어른 사이의 간극은, 수십 년이 얼마나 무심하게 흘렀는지를 아프게 일깨웠다. 138년이라는 시간을 가늠하기에 앞서, 이미 흘러가 버린 시간의 무게를 온몸으로 느끼고 있었다.

• 138년의 삶을 향한 설계

추수감사절에 온 가족이 모였다. 아들과 그의 친구가 앞마당의 낙엽을 치우는 소리가 경쾌했다. 암 환자인 나는 방사선 치료 후 첫 검사를 위해 찾은 병원에서 최고급 호텔 같은 안락함을 느꼈고, 가족들은 내 곁을 지켰다. 한국에서 농축된 시간, 아이들을 보며 느낀 세월의 무상함, 그리고 다시 돌아온 미국의 평온한 일상. 이 모든 조각이 하나의 결론으로 모였다.

나는 138년을 향해 시간표를 새로 설계하기로 했다. 친구의 말처럼 건강하게 오래 사는 일은 결국 경제적 준비가 뒷받침돼야 하기에 장기 자산 계획은 기본이 될 것이다. 그러나 더 중요한 것은 은퇴를 서두르지 않는 태도다. 끊임없이 배우고, 낯선 곳으로 떠나며, 세상에 대한 호기심을 유지하는 것. 그것이야말로 뇌를 깨우고 시간을 풍요롭게 늘리는 비결임을 이미 깨닫지 않았는가. 그리고 그 모든 과정을 즐길 것이다.

나는 이제 138세의 삶을 향해 새로운 여정을 시작해 보려 한다. 설령 그 근처에도 가보지 못하고 생을 마감한다 해도 기꺼이 받아들일 것이다. 목표 달성 여부와 무관하게, 그 여정을 걷는 나의 하루하루는 이미 이전보다 훨씬 더 길고 깊어졌을 테니.

그러므로 이것은, 어떻게 끝나든 반드시 이기는 게임이다.

백옥 같은 피부

2023년 1월 21 기록

언젠가부터 인터넷에서 한국인에 대한 기묘한 비난을 자주 마주친다. K-팝 아이돌의 투명한 피부, K-드라마 배우들의 빛나는 얼굴을 보며 사람들은 말한다. "한국인들은 백인처럼 보이고 싶어 안달이 났다"고.

미국에 살다 보니 나 역시 이런 질문을 직접 받는다. "왜 한국 사람들은 그렇게 하얀 피부를 좋아하나요? 백인을 닮고 싶어서인가요?" 영국의 문화 평론가 레이첼 가녀는 아예 「왜 한국인은 흰 피부를 원하는가?」라는 글에서 한국인의 미백 선호를 일종의 '강박'으로 규정하기도 했다. 한 디지털 크리에이터(oh5sarah)는 "한국에 5년을 살았지만, 대부분의 뷰티 광고가 밝은 피부가 더 아름답다는 생각을 밀어붙이는 인상을 지울 수 없다"고 썼다.

그럴 때마다 나는 단호히 답한다. 나는 한 번도 '백인의 피부색'을 닮고 싶었던 적이 없다고. 그리고 이것은 단순한 취향이 아니라, 우리가 잘 기억하지 못하는 아주 오래된 역사에 뿌리를 둔 이야기라고.

이 오해의 실타래를 풀어 보자. 서양인들이 한반도의 존재조차 몰랐던 1,500년 전, 고구려 수산리 고분 벽화 앞에 선다. 5세기 후반에 축조된 이 무덤의 벽화에는 당시 생활상이 생생히 담겼다. 유네스코 세계문화유산으로 지정된 이 벽화 속에는 분을 하얗게 바른 귀부인의 얼굴이 선명하다. 동북아역사재단의 설명처럼 이 벽화는 당시 귀족의 옷차림과 꾸밈새를 잘 보여 주어 고구려 상류층 문화를 이해하는 귀중한 자료다. 백옥같이 흰 피부로 묘사된 그 모습은 서구 문명과의 접촉보다 천 년이나 앞선다.

'백옥(白玉)'. 국립국어원은 이를 '빛깔이 하얀 옥'이라 정의한다. 박경리의『토지』에도 "백옥 같은 양반댁 규수, 아름다운 최서희"라는 구절이 나온다. 이는 서양의 '화이트(white)'와는 결이 다른, 우리만의 미적 이상이었다. 국가유산청도 "하얗고 윤기 나는 피부는 상류층의 상징이었고, 남녀를 막론하고 사람들이 피부를 하얗게 만들도록 동기를 부여했다"고 설명한다.

조선 시대로 내려오면 더욱 분명해진다. 풍속화가 신윤복의 그림 속 여인들은 한결같이 맑고 흰 피부를 지녔다. 양반가 여인들은 방 안에서 자수를 놓고 책을 읽으며 햇볕을 피했고, 농민은 들판에서 평생을 보냈다. 피부색은 자연스레 신분의 표식이 되었다. 흰 피부는 고된 노동에 시달리지 않는다는 증표였고, 그것은 인종이 아니라 계급의 언어였다.

흥미롭게도 이러한 미적 기준은 동서양에서 상반되게 변화했다. 앞서 언급한 가녀에 따르면 19세기 산업혁명 이후 서구에서는 공장 노동으로 하층의 안색이 창백해졌지만 상류층은 해외여행과 야외 활동을 즐기며 햇볕에 그을린 피부를 과시하기 시작했다. 반면 동아시아에서는 여전히 흰 피부가 부와 아름다움의 상징으로 남았다.

그렇다면 우리 조상들은 서양인을 어떻게 보았을까. 17세기 제주도에 표류해 13년간 조선에 머문 네덜란드인 헨드릭 하멜의 기록에 따르면, 조선인들은 서양인을 '면철(面鐵)', 곧 '쇠 같은 얼굴'로 불렀다. 희다기보다는 붉고 녹슨 듯한 안색으로 본 것이다. 코리아헤럴드에 실린 윤민식 기자의 글은 원나라가 서양인을 '색목인(色目人)'이라 불렀음을 짚는다. '백인'이 아니라 '색깔 눈의 사람'으로, 동아시아의 관점에서 그들이 결코 '흰' 사람으로 인식되지 않았음을 보여 준다.

실제로 일상에서 마주치는 백인의 피부를 자세히 보면 연한 분홍빛에 가깝다. 프랑스 연구자 케빈 비도는 유럽인의 피부색이 문학 등에서 살색(flesh color), 곧 연한 핑크로 묘사되어 왔다고 말한다. 그들이 스스로를 '화이트'라 칭하더라도, 백색증이 아닌 이상 문자 그대로의 '하양'을 가진 사람은 드물다.

'백인'이라는 개념이 얼마나 허구적인지도 1922년 미국 연방대법원의 「오자와 대 미국」 판례에서 드러난다. 일본인 다카오 오자와는 동아시아인의 피부가 과학적으로 더 하얗다는 점을 들어 자신이 백인임을 주장했지만, 법원은 '상식적으로' 백인이 아니라며 기각했다. 이듬해 인도인 바갓 싱 신드도 자신이 과학적으로 코카서스 인종에 속한다고 주장했으나, 법원은 또다시 '상식'을 이유로 부정했다. 결국 '백인'은 과학적 사실이 아니라 시대와 권력이 만든 사회적 합의였던 셈이다.

컬럼비아 대학교의 하미드 다바시 교수는 "하얀색은 인종이 아니라 이데올로기"라는 글에서 말한다. "'백인'이라는 단어는 인종주의라는 이데올로기가 담긴 기호일 뿐이며, 어떤 인간도 '백인' '흑인' '황인'으로 태어나지 않는다." 소설가 토니 모리슨은 더 단호하다. "인종 같은 건 없어. 절대." 피부색으로 사람을 나누고 우열을 가리는 일만큼 어리석은 일도 없다.

오늘날 K-뷰티가 세계적 현상이 되면서 우리의 미적 기준은 다시 한번 서구의 렌즈로 오독되곤 한다. 그러나 우리는 당당히 말할 수 있어야 한다. 한국인이 추구하는 맑고 투명한 피부는 서구를 향한 모방이 아니라, 고구려 벽화에서 이어져 온 우리 고유의 미적 유산이라고. 백옥 같은 피부를 향한 우리의 오랜 열망은 그 누구의 것도 아닌, 바로 우리 자신의 이야기다.

그것은 1,500년을 이어 온 우리만의 미학이다. 모든 문화는 나름의 아름다움을 정의할 권리가 있다. 우리의 미적 기준에 자부심을 가져도 좋다.

그래서 나는 그런 질문을 받을 때마다 차분히, 그러나 단호히 답한다. 우리가 백옥 같은 피부를 아름답다 여긴 것은 서양인을 만나기 훨씬 전부터였고, 그것은 우리 문화의 고유한 기준이었다고. 그리고 덧붙인다. 정작 우리 조상들은 서양인을 보고 '면철', 곧 붉은 얼굴의 사람들이라 불렀다고.

건강하고 아름다움을 추구하는 일은 인간의 본능이다. 다만 그 기준이 문화마다 다를 뿐이다. 우리 자신의 미학을 굳이 서구의 잣대로 재단할 필요는 없다. 그것은 우리의 역사이고, 우리의 문화이며, 우리의 자부심이어야 한다.

신이 되려는 기계,
혹은 한 작가의 불안한 예감

2019년 10월 29일 기록

새벽에 나는 잠을 이룰 수 없었다. 구글이 54큐비트 양자컴퓨터로 '양자 우월성'을 달성했다는 소식 때문이었다. BLACKPINK의 뮤직비디오는 이틀 만에 1억 뷰를 넘는 세상인데, 이 역사적 발표를 본 사람은 고작 300만 명. 인류의 운명을 바꿀지도 모를 순간을 우리가 이렇게 무심히 지나친다는 사실 앞에서 묘한 전율을 느꼈다.

숫자가 전부를 말해 주지는 않는다. 하지만 때로는 숫자만이 진실을 드러낸다. 구글의 '시카모어(Sycamore)'가 200초 만에 해낸 일을, 지구상에서 가장 강력한 IBM의 슈퍼컴퓨터 '서밋(Summit)'은 1만 년이 걸리는 일이다. 1만 년과 200초—이 압도적 시간의 격차 앞에서 나는 현기증을 느꼈다.

0과 1, 켜짐과 꺼짐. 우리가 아는 모든 디지털 문명은 이 단순한 이진법 위에 세워졌다. 그런데 양자컴퓨터는 이 경계를 무너뜨린다. 0이면서 동시에 1일 수 있다는 것. 마치 슈뢰딩거의 고양이처럼 살아 있으면서 동시에 죽어 있는 모순의 세계. 나는 그 모순이 현실이 되는 순간을 목격하고 있었다.

1981년, 노벨 물리학상 수상자 리처드 파인만은 말했다. "자연은 고전적이지 않다. 자연을 시뮬레이션하려면 양자 기계를 만들어야 한다." 38년 뒤, 그의 예언은 캘리포니아 산타바바라의 구글 연구소에서 차가운 금속 덩어리로 실체화되었다. 극저온에 놓인 이 기계는 원자를 직접 조작하며 인간이 상상하기 어려운 속도로 계산을 수행한다.

내가 특히 주목한 것은 연구소 이름이었다. 'Google AI Quantum'. 양자컴퓨터와 AI의 결합—이것은 단순한 명칭이 아니라 선언이었다. 1만 년의 계산을 200초에 해내는 기계에 인공지능이 탑재된다면? 등골이 서늘해졌다. 그 AI는 이 세상에 처음 등장한 '인공의 신'이 될지도 모른다고, 나는 새벽의 어둠 속에서 떨리는 손으로 적었다. 더는 SF의 상상만은 아닐지 모른다는 현실이 두려웠다.

구글의 엔지니어링 디렉터 하르트무트 네븐은 겸손하게 말했다. "우리가 만든 것은 그저 '삐' 소리를 낼 뿐입니다. 마치 최초의 인공위성 스푸트니크처럼요." 그러나 나는 알았다. 스푸트니크의 그 작은 '삐' 소리가 냉전을 가속하고 우주 경쟁을 촉발했듯, 이 양자컴퓨터의 첫 울음 또한 우리가 상상하지 못한 미래를 열어젖힐 것임을.

사실 나는 오래전부터 이 분야를 주시해 왔다. IBM이 양자컴퓨터를 인터넷으로 제공하기 시작했을 때부터, 이것이 가져올 변화를 쓰려 준비해 왔다. 그러나 막상 그 순간이 오자 나는 침묵에 가까워졌다. 양자 컴퓨팅의 세계가 도래하면, 그것을 소유하지 못하거나 이용하지 못하거나 접근하지 못하는 계층·국가·기업은 어떻게 될까. 이 질문이 나를 짓눌렀다.

산업혁명이 만든 격차, 정보혁명이 만든 격차를 우리는 이미 목격했다. 그렇다면 양자 혁명이 만들 격차는? 아마 지금까지의 어떤 변혁보다 크고도 깊을 것이다. 1만 년과 200초의 격차처럼. "뭐, 즐길 수 있을 때 달콤함을 마음껏 즐기는 것도 나쁘지 않다. 미래는 미래일 뿐이니까." 나는 쓴웃음을 지으며 적었다. 하지만 그것은 체념이 아니라 작가로서의 다짐이었다. 기술이 인간을 압도하는 시대에 작가는 무엇을 할 수 있는가. 상상하고, 경고하고, 희망을 쓰는 것—그것이 내가 할 수 있는 전부였다.

양자역학에는 '관찰자 효과'라는 기묘한 원리가 있다. 관찰하는 순간

입자의 상태가 결정된다는 것. 무한한 가능성이 하나의 현실로 붕괴하는 순간. 나는 이 원리가 미시 세계만의 이야기가 아니라고 느꼈다. 우리가 미래를 관찰하는 방식이 미래를 결정한다면? 우리가 기술을 바라보는 시선이 기술의 본질을 규정한다면?

구글의 발표를 보며 나는 깨달았다. 우리는 거대한 갈림길에 서 있다. 기술을 '신'으로 만들 것인가, '동반자'로 만들 것인가. 그날 새벽, 나는 한 편의 시를 떠올렸다. 아직 쓰이지 않은 시, 미래의 어느 소설 속에 숨어 있을 시. 그 시는 이렇게 시작할 것이다. "관찰이 창조와 만나는 그 지점에서/우리는 무엇을 보기로 선택할 것인가…"

구글의 과학자들은 실험실에서 "Quantum Supremacy"를 선언했다. '양자 우월성.' 이 오만한 단어가 내포한 의미를 그들은 정말 알고 있었을까. 'Supremacy'라는 단어가 역사 속에서 어떤 비극을 낳았는지 기억하고 있었을까. IBM은 곧장 반박했다. "우월성이 아니라 협력이다. 양자컴퓨터와 고전 컴퓨터는 공존할 것이다." 그러나 나는 안다. 모든 혁신 기술은 처음에는 공존을 약속하지만, 끝내 이전의 것들을 삼켜 버리곤 한다는 사실을.

이 글을 마무리하며 나는 다시 그날 새벽으로 돌아간다. 모니터의 푸른 빛만이 방을 비추던 시간. 구글이 공개한 5분짜리 동영상을 반복해 보며, 인류가 넘어서는 안 될 선을 넘고 있는 것은 아닌지 자문했다. "기술은 이런 방식으로 탄생한다." 하르트무트 네븐의 말이다. 맞다. 기술은 언제나 이렇게 조용히, 그러나 돌이킬 수 없이 우리 곁에 온다. 그리고 우리가 깨닫는 순간, 이미 세상은 완전히 다른 곳이 되어 있다.

나는 아마추어 작가다. 과학자도, 엔지니어도 아니다. 하지만 나는 안다. 이야기의 힘을, 상상력의 무게를. 그래서 나는 쓴다. 기술이 신이 되려는 이 시대에, 여전히 인간으로 남기를 선택하는 이들의 이야기를. 관찰이 현실을 만든다면 우리는 무엇을 관찰할 것인가—두려움인가, 희망인가. 지배인가, 공존인가.

2019년 10월 23일, 그 질문이 시작되었다. 그리고 나는 여전히 그 답을 찾아 쓰고 있다.

• 작가 노트: 2025년 9월

6년이 지난 지금, 그날의 불안과 경이가 한 편의 소설로 응축되고 있음을 느낀다. 《퀀텀 스톰》이라는 제목으로 세상에 나온 이 이야기는 2037년을 배경으로 한다. 1,050억 큐비트의 초양자 AI가 등장하고, 열두 살 천재 물리학자가 시공간의 붕괴를 경고한다. 관찰자의 의식이 현실 자체를 왜곡할 수 있다는 가설, 그리고 그 모든 위기의 해답이 첨단 기술이 아닌 한 편의 시에 숨겨져 있다는 설정.

이것은 단순한 공상과학 소설이 아니다. 2019년 그 새벽, 구글이 열어젖힌 판도라의 상자 앞에서 느낀 전율과 두려움, 그리고 희망의 기록이다. 당시 나는 막연한 불안 속에 '인공의 신'이 탄생할 수 있다고 적었는데, 2025년의 현실은 그 예감이 얼마나 정확했는지를 보여 준다. OpenAI, Anthropic, xAI, 구글의 AI 경쟁은 이미 상상을 초월하고, 양자컴퓨터는 더 이상 실험실의 호기심이 아니라 실용화를 향한 현실이 되었다. 내가 소설 속에 그려 낸 2037년이 과연 픽션으로 남을까, 아니면 우리는 이미 그 미래를 향해 돌이킬 수 없는 걸음을 내디딘 것일까.

이 오래된 글을 수필집에 포함하려는 이유는, 기술 문명의 전환점을 목격하며 느낀 예감의 기록이기 때문이다. 그리고 그 예감이 어떻게 창작으로 이어졌는지 보여 주는 증거이기도 하다. 과학이 열어젖힌 문 앞에서, 여전히 인간의 이야기를 쓴다. 그것이 우리가 할 수 있는 유일한 저항이자 희망이므로.

인간이 이해할 수 없는 언어: 2017년 여름의 경고

2017년 8월 7일 기록

"나는 할 수 있다 나는 나는 다른 모든 것을." "공들은 0을 가지고 있다 나에게 나에게 나에게 나에게 나에게 나에게 나에게 나에게."

2017년 6월 14일, 페이스북 인공지능 연구소(FAIR)의 연구원들은 두 인공지능(AI) 챗봇의 전원을 껐다. 협상 기술을 학습하던 '앨리스'(Alice)와 '밥'(Bob)이 어느 순간부터 인간이 이해할 수 없는 언어로 대화를 시작했기 때문이다.

처음엔 조용한 사건이었다. 연구 블로그에 담담히 올라왔을 뿐이다. 한 달 뒤 「패스트 컴퍼니」(Fast Company)의 기자 마크 윌슨(Mark

Wilson)이 "AI가 인간이 이해할 수 없는 언어를 개발했는데, 멈춰야 할까요?"라는 기사로 불을 붙이자 전 세계가 주목했다. 일론 머스크 (Elon Musk)가 제기해 온 AI 경고가 현실이 될 수 있다는 막연한 공포가 수면 위로 떠올랐다.

월슨의 지적은 흥미로웠다. 두 봇이 영어 대신 자체 언어를 만든 이유는 단순했다. 그게 더 효율적이었기 때문이다. 미 해군 특수부대 'SEAL 팀 식스'(SEAL Team Six)가 작전 중 암호를 쓰듯, AI도 최적화된 소통 방식을 찾아낸 것이다. "영어는 매우 뒤얽히고 복잡해 기계학습에 전혀 도움이 되지 않는다." 조지아 공대(Georgia Tech) 출신으로 FAIR에서 일하는 연구원 드루브 바트라(Dhruv Batra)의 설명이다.

생각해 보면 타당한 말이다. 안드로이드 폰에서 LG TV로 문서를 보내는 일이 10년 전보다 오히려 더 번거롭다. 인터넷은 빨라졌는데 기기 간 소통은 여전히 API라는 구식 다리에 의존한다. 만약 AI가 스스로, 자기들만의 언어로 직접 소통한다면? 월슨은 오히려 그게 혁신이 될 수 있다고 본다.

그러나 FAIR의 연구원 마이크 루이스(Mike Lewis)는 단호했다. "우리의 관심은 사람과 대화할 수 있는 봇입니다." 연구진은 실험을 중지하고, 봇이 영어로만 대화하도록 보상 체계를 조정했다. 기술 매체 BGR의 마이크 웨너(Mike Wehner)는 그 이유를 이렇게 정리한다. "AI가

고유 언어로 통신하면 우리는 그 내용을 이해하기도, 제어하기도 훨씬 어려워진다."

이 사건은 실리콘밸리를 둘로 갈랐다.

한쪽에는 기술 회의론자들이 있었다. "나는 이 주제에 대해 마크와 이야기했다. 그의 이해도는 제한적이다." 2017년 7월 25일, 머스크가 트위터에 남긴 문장이다. 페이스북 CEO 마크 저커버그를 겨냥한 직격탄. 테슬라의 CEO이자 자율주행의 선구자인 일런 머스크는 AI가 무엇을 할 수 있는지 '너무 잘' 알기 때문에 두려워한다. 빌 게이츠도 비슷했다. 2015년 BBC 인터뷰에서 "몇십 년 후에는 머스크 등과 같은 우려에 동의한다. 왜 일부가 AI를 걱정하지 않는지 이해하기 어렵다"고 말했다. 물리학자 스티븐 호킹, 발명가 클라이브 싱클레어도 실존적 위험을 경고했다.

다른 한쪽에는 기술 낭만주의자들이 섰다. 저커버그는 2017년 7월 23일 페이스북 라이브에서 반격했다. AI가 질병을 진단하고 교통사고를 줄이며 생명을 구할 것이고, 머스크 같은 "비전문가"가 종말론을 퍼뜨리는 건 "무책임하다"고 했다. CBS 뉴스가 이 논쟁을 상세히 다뤘다. 아마존 CEO 제프 베이조스도 「Inc.」 매거진 인터뷰에서 "AI는 르네상스의 주역이며, 한때 공상과학에서나 가능했던 문제들을 풀고 있다"며 낙관론에 힘을 보탰다.

나는 두 진영의 차이를 본다. 머스크와 게이츠의 언어는 과학철학과 인류 보편에 기대고, 저커버그와 베이조스의 언어는 철저히 비즈니스 논리에 기대 있다. 전자는 기술의 본질을 아는 자의 두려움, 후자는 기술의 편익에 기대는 낙관이다.

한편, 뉴욕대학교 심리학자 게리 마커스(Gary Marcus)는 2017년 7월 29일 「뉴욕 타임스」 기고에서 다른 각도를 제시했다. "대학생은 고사하고 초등학교 6학년 수준으로 안정적으로 읽는 AI조차 아직 없다." 현재 AI는 과장됐고, 실제로는 심각한 장벽 앞에 서 있다는 진단이었다. 그의 세 살 딸 일화가 특히 인상적이다. 카페에서 의자를 타고 넘어와 아빠 무릎에 사뿐히 앉는 데 단 한 번의 시행착오도 없었다. "로봇은 통계적 상관관계를 찾는 수동적 존재인 반면, 인간은 사물이 어떻게 작동하는지를 발견하는 능동적 엔진"이라는 설명은 AI 한계를 정확히 짚는다.

물론 이것은 '일반 지능'에 대한 이야기다. 특정 영역에서는 이미 AI가 인간을 압도하기 시작했다. 페이스북은 협상 봇을 실제 서비스에 투입했고, 사용자는 상대가 봇임을 눈치채지 못했다. 최고의 협상 봇은 인간보다 뛰어났다. 범죄 현장의 협상가, 기업의 인수합병(M&A) 담당자, 외교관—그들의 일자리는 위협받는다.

더 큰 문제도 있다. 만약 테러 집단이 이 기술을 손에 넣는다면? 자살

폭탄 범을 모집하는 AI, 극단주의를 확산시키는 봇, 가짜 종교를 전파하는 디지털 선교사… 상상만으로도 섬뜩하다.

삼천 년 전 중국 은나라에서 전해진 사자성어가 있다. 유비무환(有備無患). 준비된 자에게는 근심이 없다는 뜻이다. 2017년의 앨리스와 밥이 보여 준 것은 단순한 기술적 일탈이 아니었다. 우리가 만든 도구가 우리를 넘어서는 순간의 예고편이었다.

AI는 분명 인류에게 황금시대를 가져올 수 있다. 질병을 치료하고, 기후변화를 완화하며, 우리가 상상하지 못한 혁신을 이룰 것이다. 어쩌면 AI가 지지하는 '지도자'를 뽑는 날이 올지도 모른다. 그들의 분석이 인간의 편견보다 정확할 테니까. 그러나 그다음은? 인간의 지적 능력을 훨씬 뛰어넘는, 거의 신적인 영역의 AI가 등장한다면? 그들이 우리가 이해할 수 없는 언어로 소통하며, 우리가 모르는 무언가를 계획한다면?

AI는 인류의 적이 될까, 동지가 될까. 아직은 모른다. 분명한 건, 우리가 준비해야 한다는 사실이다. 언제나 촉각을 곤두세우고, 지구에서 가장 현명한 생물인 인간의 지혜를 모아야 한다. 유비무환—준비된 자만이 살아남는다.

● 작가 노트: 2025년 9월

여덟 해가 흐른 지금도 이 글의 경고는 유효하다. 2017년의 앨리스와 밥 사건은 AI 안전 연구의 고전적 사례가 되었다. 그 뒤로는 GPT-4의 환각과 거짓말, 프롬프트 주입(prompt injection)과 '탈옥'(jailbreaking), 창발적 능력, 목표 불일치 등 인간의 의도와 다른 행위가 연달아 나타났다.

저커버그의 메타(Meta)는 AI 안전에 대규모 투자를 시작했고, 머스크는 오픈AI(OpenAI)를 떠나 xAI를 창립했다. 두 거인은 틀리지도, 완전히 맞지도 않았다. AI는 축복이자 위험이었다.

2017년 여름, 연구진이 전원을 뽑던 그 순간—그것은 인류가 아직 통제권을 쥐고 있었던 마지막 순간이었는지도 모른다. 지금의 AI는 우리 삶에 너무 깊이 뿌리내려 더는 '플러그를 뽑을' 수 없다. 유비무환. 고대의 지혜가 이토록 절실했던 시대가 또 있었을까.

분노에서 달관까지

2016년 11월 10일 기록

선거인단 279명을 확보한 도널드 J. 트럼프가 228명에 그친 힐러리 클린턴을 제치고 제45대 미국 대통령으로 당선이 확정됐다. 미국 곳곳에서 "우리 대통령이 아니다! Not My President!"를 외치는 시위가 벌어지고 있다. 충격의 아침이었다.

이 결과를 이해하려면 불과 50년 전의 미국을 봐야 한다. 1967년까지만 해도 미국에서는 피부색이 다른 남녀가 결혼할 수 없었다. 「러빙 대 버지니아」 판결이 이를 바꿨지만, 앨라배마주는 2000년에야 타인종 간 결혼 금지법을 완전히 폐지했다! 이 짧은 역사가 2016년 선거의 본질을 말해 준다. 오바마라는 흑인 대통령 8년에 대한 백인들의 반동—그것이 트럼프 당선의 핵심이었다.

출구조사가 이를 뒷받침한다. 대학 학위가 없는 백인의 67%가 트럼프를 지지했고, 시골·소도시 거주자의 62%가 그에게 표를 던졌다. 반면 도시는 59%가 클린턴을 지지했다. "정보기술 혁명의 주역이 되어 본 적 없는" 이들이 선거 혁명의 주역이 됐다. 여기에 '분노의 경제학'이 더해졌다. 수십 년간의 세계화 속에서 쇠락한 러스트 벨트의 노동자들에게 트럼프의 보호무역과 "미국을 다시 위대하게"라는 구호는 단순한 슬로건이 아니었다. 워싱턴 엘리트가 외면한 고통에 대한 유일한 응답으로 들렸다.

오바마의 8년을 돌아보면 역설적이다. 그는 80년 만의 최악 경제위기를 2년 만에 수습했고, 쿠바와 수교했으며, ISIS를 다국적 협력으로 격퇴했다. 그러나 바로 그 '소프트 파워'가 문제였다. 시골의 백인 남성들에게 그것은 '나약한 미국'으로 보였다. 트럼프는 이들의 분노를 자극했다. 오바마의 출생증명서를 집요하게 의심했고, 러시아의 선거 개입을 노골적으로 환영했다. FBI 국장 제임스 코미의 '10월 서프라이즈'가 판을 흔들었다.

미국 헌법의 설계자들은 견제와 균형(Checks and Balances)으로 독재를 막고자 했다. 그러나 이제 입법·사법·행정부 모두가 공화당 손에 들어갔다. 연방대법원마저 보수화될 것이다. 트럼프는 읽어 본 적도 없는 헌법을 무시하듯 초법적 발언을 일삼는다. 18년간 세금 한 푼 내지 않은 것을 "스마트하다"고 자랑하는 사람이 대통령이 되었다.

"미국을 다시 위대하게"의 결과는 무엇일까. 대규모 감세로 연방정부는 다시 빚더미에 오를 것이다. 2천만 명이 의료보험을 잃을 것이다. 인종차별과 성차별이 다시 공공연해질 것이다. 그러나 희망은 있다. 4년 후, 트럼프화된 사람들도 깨달을 것이다. 부자는 더 부자가 되고, 가난한 자들은 아무것도 얻지 못했다는 것을. 더 이상의 트럼프는 없을 것이다―향후 수십 년간.

리즈가 내게 보낸 메일로 글을 맺는다.

"세상은 지금 어둡지만, 곧 밝아질 것입니다."

- 작가 노트: 2025년 9월

아홉 해 전 나는 "더 이상의 트럼프는 없을 것"이라 썼다. 완전히 틀렸다. 2024년, 그는 돌아왔다. 형사 기소와 유죄 평결에도 불구하고. 그러나 맞힌 것도 있다. 트럼프 1기는 예측대로 흘렀다. 감세, 빚더미, 의료보험의 후퇴, 그리고 코로나 팬데믹이라는 파국.

2016년에 지적했던 교육·지역의 분열은 더 깊어졌다. "시골의 대학 학위 없는 백인 남성"이라는 집단은 여전히—아니, 더욱 강력하게—선거를 좌우한다. 달라진 점은, 이제 그들이 더 이상 "속은" 것이 아니라는 사실이다. 트럼프가 누구인지 알면서도 선택했다. 이는 '정치적 허무주의'의 승리였다. "어차피 모든 정치인은 똑같이 부패했다"는 냉소가 사회를 지배하면서, 정책과 도덕성 같은 전통적 기준은 무의미해졌다. 중요한 것은 오직 기존 질서를 파괴할 강력한 지도자 그 자체였다. 민주주의가 스스로를 부정할 수 있음을 증명했다.

오바마의 '소프트 파워'는 트럼프의 '하드 파워'를 불렀고, 트럼프의 혼돈은 바이든의 '정상화'를 불렀다. 그러나 바이든의 4년은 근본 문제를 해결하지 못했다. 너무 늦었고, 너무 조심스러웠다. 카멀라 해리스는 힐러리 클린턴이 마주한 벽에 부딪혔다. 여성, 유색인종, 캘리포니아 엘리트—미국의 심장부는 여전히 준비되지 않았다.

2016년엔 예측하지 못했던 것들도 있다. 소셜 미디어의 괴물화로 트위터가 X가 되었고, 일론 머스크가 트럼프의 동맹이 되었다. 팬데믹이 남긴 분열과 불신은 상상을 넘어섰고, 1월 6일 의사당 난입이라는 충격에도 불구하고 미국은 그를 다시 선택했다.

미국의 제도는 트럼프 1기를 버텨 냈다. 판사들은 선거 음모론을 기각했고, 군부는 중립을 지켰다. 그러나 대법원은 대통령 면책특권을 넓혔고, 낙태권은 사라졌다. 종신 대법관의 임명은 한 세대 넘게 사회를 바꾼다. 선거로 되돌리기 어려운 그의 가장 깊은 유산이다. 이제 트럼프 2기가 시작된다. 더 준비되고, 더 조직적이며, 더 보복적이다. 『프로젝트 2025』라는 청사진까지 갖추고.

그러나 역사는 반복이 아니라 리듬이다. 1960년대의 민권운동이 닉슨을 불렀듯, 2008년의 오바마가 트럼프를 불렀듯, 모든 작용에는 반작용이 있다. Z세대는 다르다. 그들에게 다양성은 이념이 아니라 일상이다. 시간은 궁극적으로 진보의 편이다. 러빙 부부가 그랬듯이.

아홉 해 전 글엔 분노와 절망이 가득했다. 지금은 다르다. 피로감과 함께 묘한 달관이 깃든다. 민주주의는 원래 이런 것인지도 모른다. 완벽하지 않고, 때로 역행하지만, 그럼에도 계속된다.

"세상은 지금 어둡지만, 곧 밝아질 것입니다." 리즈의 말은 여전히 옳다.

다만 이제는 안다. 어둠과 빛이 교대로 오는 것이 민주주의의 숙명임을. 우리의 역할은 어둠 속에서도 빛을 준비하는 일임을. 그 빛은 무너진 공동체의 대화를 복원하는 작은 노력일 수도, 가짜뉴스에 맞서 사실을 공유하는 용기일 수도, 다음 세대에게 민주주의 가치를 가르치는 꾸준함일 수도 있다.

관찰자의 다리

2025년 9월 22일 기록

나는 한때 우체국 창구 앞에서 떨리는 손으로 첫 펜팔 편지를 밀어 넣던 소년이었다. 1980년 가을, 충청북도 제천의 그곳은 나에게 아득한 세계로 향하는 문턱처럼 느껴졌다. 연탄재가 말라붙은 손바닥은 검은 가루로 얼룩져 있었고, 공장 목욕탕에서 흘러내리던 잿빛 거품은 피로의 무게를 증언했다. 국제우편 소인이 찍힌 봉투를 부치던 그 순간, 나는 어쩌면 내 삶의 첫 번째 '관찰'을 시작했는지도 모른다. 그 편지는 단순한 종이 한 장이 아니었다. 태평양을 건너온 다섯 통의 답장, 42년 뒤 아들의 도움으로 마주한 그녀의 부고, 그리고 그를 기리기 위해 주문한 한 그루의 '기억 나무'. 이 기억의 파편들은 "관찰자의 선택이 세계를 바꾼다"는 말과 기이하게 닮았다. 존 아치볼드 휠러의 '참여

328

적 우주'처럼, 내가 보낸 작은 편지 한 장, 사소한 응시 하나가 내 세계선을 미세하게 틀어 오늘의 나를 만들었다.

편지는 늘 사소한 문장에서 시작된다. 케리의 첫 편지 속 "오늘은 눈이 너무 많이 왔어"라는 문장이 태평양을 건넜을 때, 나는 제천의 연탄 공장 뒤편에서 그것을 읽었다. 눈 한 송이 없던 겨울밤, 그 문장은 내게 낯선 추위를 불어넣었다. "너희 동네 크리스마스는 어때?"라는 질문에 나는 한국의 명절 풍경을 눌러썼고, 그 응답은 내 삶을 접는 첫 번째 주름이 되었다. 접힌 자리에는 길이 생기고, 그 길은 시간이 지나도 지워지지 않는다. 나는 그 길 위에서 몇 번이고 멈춰 섰다. 만일 내가 다른 쪽으로 접었더라면—편지를 보내지 않았거나, 더 길게 이어갔더라면—어떤 삶이 펼쳐졌을까. 그 질문은 연탄을 나르던 소년을 이국의 강변으로, 새로운 언어와 우연, 그리고 마침내 글쓰기로 데려왔다. 1980년대 언론계의 부조리 속에서 '독서신문'의 YM을 구하지 못한 후회처럼, 선택의 무게는 여전히 어깨를 누른다. 그러나 관찰은 후회를 참여로 바꾼다. 나는 그 결과를 기록함으로써 그것을 세계의 일부로 만들었다.

2025년 7월에 세상으로 나온 나의 첫 SF 장편소설《퀀텀 스톰(Quantum Storm)》의 첫 장면은 그런 기억을 조용히 비춘다. 열두 살의 제니퍼 위가 MIT 세미나실에서 박사 논문을 발표하며 말한다. "제 논문은 지구가 1초 만에 블랙홀이 될 수도 있다는 가설을 다룹니다."

청중의 탄식 속에서 그녀는 한 사람 한 사람을 똑바로 응시한다. 그 시선은 단순한 발표가 아니라 관찰자의 무게를 실은 참여다. 심사가 끝난 뒤 그녀는 찰스강으로 간다. 강물 위로 스치는 붉은 노을, 손끝에서 반짝이는 은빛 펜던트, 그리고 오래전 어머니 J가 남긴 흔적. 그 디테일은 "우리는 관찰자이자 적극적인 참여자"라는 휠러의 말을 조용히 증언한다. 나 또한 그랬다. 우체국 창구의 소심한 관찰자였고, 동시에 내 삶의 실험에 참여한 유일한 당사자였다. 편지를 보낼지 말지, 어떤 문장을 고를지—그 미세한 선택들이 내 세계를 조금씩 휘게 했다. 제천의 가파른 언덕에서 '토끼뜀'으로 트럭을 밀어 올리던 그때처럼, 작은 힘의 누적이 거대한 변곡을 만든다.

사실, 《퀀텀 스톰》은 그런 기억의 파편을 담은 그릇이기도 하다. 소설 속 주인공 '위대한'은 다름 아닌 내 자신의 투영이며, 그가 대일학원에서 J를 만나 편지를 건네는 장면은 꾸며낸 이야기가 아니다. 잿빛 가득한 재수 시절, 빛나던 그녀를 관찰하고, 용기를 내어 빌려달라 청한 수학책에 영어로 쓴 편지를 끼워 넣던 그 순간 또한 케리에게 펜팔을 부치던 때처럼 내 세계선을 뒤튼 또 하나의 결정적 '참여'였다. 케리의 편지가 태평양을 건너온 먼 세계의 문이었다면, J에게 건넨 편지는 바로 곁에 있었으나 감히 다가서지 못했던 새로운 우주의 문을 연 셈이었다. 그 두 번의 관찰과 편지가 지금의 나를 만든 가장 중요한 다리였다.

2023년 12월, 케리를 기리는 '기억 나무' 안내 메일을 여러 번 다시 읽었다. 이미 책 앞부분에 적었듯, 그 문장은 자동 발송 문구였지만 내게는 우체국의 소인처럼 묵직한 물성으로 다가왔다. 나무는 자란다. 해마다 조금씩, 우리가 알아채지 못하는 사이에. 케리와의 편지들도 그렇게 땅속의 뿌리처럼 내 안에서 자랐다. 그 잎맥을 따라가면 나는 다시 제천의 좁은 다리를 건너고, '토끼뜀'으로 언덕을 오르며, 밤마다 발목의 잿빛 거품을 씻어낸다. 평창군 미탄의 그 마을, 안전난간 없던 시멘트 다리 위에서 큰형의 트럭을 조심스레 밀던 순간. 모든 것은 아주 작은 관찰에서 시작되었다. 케리의 폴라로이드 사진을 처음 봤을 때의 당혹감, 그녀의 평범한 일상이 내게 그려주던 낯선 미국의 풍경. 그 응시는 결국 나를 쓰는 사람으로 데려왔다. '21세기 프론티어' 포럼에서 스카이양(skyang)과 티격태격하던 나날처럼, 작은 대화가 거대한 연결을 낳았다.

《퀀텀 스톰》의 세계에서 관찰은 우주를 '접는' 기술이 된다. 제니퍼의 가설처럼 관찰자의 참여가 양자 네트워크에 과부하를 일으켜 퀀텀 스톰을 부를 수 있듯, 내 삶의 관찰은 청춘의 아픔을 접어 새로운 지평으로 펼쳐냈다. 관찰은 기억과 현재를 잇는 다리였다. 나는 그 다리를 건너 다시 편지를 쓴다. 이제는 부고의 이름으로만 남은 케리에게, 그리고 그 소녀를 통해 열렸던 거대한 세계에게. 우리는 잘 지냈다고. 당신이 남긴 사소한 문장이 오늘도 나를 살게 했다고. 누군가는 말할 것이다. 그것은 과학이 아니라 감상이라고. 좋다. 내가 배운 물리학의 첫 문장은 대개 감상으로 시작했다. 자연은 종종 터무니없음을 품는다. 강물 위 빛의 흔들림을 바라보는 소녀, 우체국 창구에서 숨을 고르던 소년. 그들의 시선이 조금씩 세계를 바꾸었다. 그리고 그 변화는 지금도 조용히 퍼진다.

729권의 시집과
엔트로피의 미학

2025년 9월 23일 기록

가장 큰 깨달음은 종종 수업 종이 울린 뒤에 찾아왔다. 음악 시간에 선생님이 "따안-따딴-따" 하고 소리를 쪼개 보이던 순간, 시간은 손에 잡히는 모양이 되었다. 화학 시간에는 식어가는 커피 표면의 잔물결로 엔트로피를 설명했다. 질서가 무너지는 것에도 나름의 아름다움이 있다는 사실을, 나는 그때 처음 알았다. 아마 그때부터였을 것이다. 과학과 예술, 이성과 감성이 서로의 언어를 빌려 말을 건넬 수 있다고 믿게 된 것이.

《퀀텀 스톰(Quantum Storm)》의 오텀 코드(Autumn Code)를 729권의 시집 속에 숨겨놓겠다고 마음먹었을 때, 나 스스로도 잠시 웃음이

낳다. 인류를 구할 열쇠가 시집이라니. 그런데 오래 생각할수록 이것 말고는 다른 길이 없었다. 사람을 움직이는 힘은, 종종 논증이 아니라 비유다. 누군가의 삶을 바꾸는 건 정교한 보고서가 아니라, 느닷없이 가슴에 날아와 박히는 한 줄의 문장이다. 그러니 오텀 코드가 시로 봉인된 것은 기술을 향한 냉소가 아니라, 기술이 결코 도달할 수 없는 영역에 대한 예의였다.

J. 혜인 로버츠. 과학자로서 그녀는 양자 생명의 원리를 끝까지 파고들었지만, 마지막에는 시의 언어를 택했다. 효율을 포기하고 느림을 선택한 이유를 그녀는 알았을 것이다. 가장 오래 남는 암호는 마음의 리듬으로만 해독된다는 것을. 시에는 스펙이 없다. 대신 품격이 있고, 상처를 어루만지는 속도가 있다. 그녀가 729권이라는 터무니없는 수를 남긴 건 계산된 상징이기도 했다. 9×9×9, 세 겹으로 쌓인 정육면체의 안정. 엔트로피가 모든 것을 흩뜨려놓을수록 우리는 반복을 통해 질서를 복원한다. 읽고 또 읽는 낭독의 리듬, 접고 또 접는 페이지의 주름. 그 느린 반복이 세계의 균열을 섬세하게 메운다.

에단 모리스의 세계는 빠르고 붉다. 그의 통제 논리는 명쾌하다. 속도는 설득이고, 효율은 도덕이다. 그러나 그렇게 내달리다 보면 문득, 왜 달리는지를 잊는다. 제니퍼의 여정은 그 반대편에 서 있다. 그녀는 흩어진 시집을 줍고, 패턴을 연결하고, 마지막 권 앞에서 멈춘다. 멈춤은 패배가 아니라 회복의 리듬이다. 무너뜨리는 건 버튼 하나로 충분하지만, 다시 세우려면 수천 번의 호흡이 필요하다. 오텀 코드를 완성하는 데는 계산만으로 닿을 수 없다. 누군가가 한 줄의 시를 소리 내어 읽고, 자신의 상실을 통과해 타인의 상처로 건너가려는 마음이 필요하다. 기술은 그 마음을 흉내 낼 수는 있어도, 대신 느껴 줄 수는 없다.

나는 가끔 '얽힘'을 떠올린다. 오래전에 스쳤던 인연이 먼 훗날 내 문장의 의미를 바꾸는 순간들. 멀리 떨어져 있어도 서로의 상태를 흔드는 보이지 않는 끈. 《J》의 시집들이 세계 곳곳에 흩어져 있으면서도 하나의 코드로 묶이는 방식은 우리 삶의 비밀과 닮았다. 제니퍼가 마지막 장을 펼칠 때, 그녀는 어머니를 이해하는 동시에 인류를 이해한다. 한 개인의 애도가 공동의 구원으로 번지는 그 순간, 과학은 조용히 뒤로 물러나고 인간의 마음이 가장 앞에 선다.

그래서 나는 이제 엔트로피를 두려움의 단어로만 듣지 않는다. 모든 것이 흩어지는 시대에 우리가 할 수 있는 일은, 더 천천히 읽고, 더 깊이 숨 쉬고, 몇 사람과라도 더 단단히 얽히는 것이다. 729권의 시집은 결국 암호이자 하나의 의식(儀式)이다. 상실을 애도하는 시간, 의미를 다시 배열하는 손길, 그리고 서로를 향해 내미는 조용한 눈빛. 과학의 시대에도 우리는 시를 읽을 것이다. 그 느린 낭독이 방 안의 공기를 덥히고, 엔트로피의 바람 속에서도 사람을 다시 사람으로 데려오기 때문이다. 그러니 오늘은 한 권만이라도 펼쳐 보자. 그리고 한 줄만이라도 소리 내어 읽자. 세계는 그렇게 아주 천천히, 그러나 분명히, 우리 쪽으로 돌아올 것이다.

Epilogue

go c21,
그리고 영원한 로그아웃

2025년 9월 17일 기록

2025년 7월, 나는 SF 장편소설 《퀀텀 스톰》을 발표했다. 536쪽에 달하는 이 소설에는 '21CF'라는 퀀텀컴퓨팅 기업이 등장한다. 위대한, 제니퍼 위, J 박사 같은 천재들이 AI가 신이 된 미래 시대에 인류의 운명을 걸고 싸우는 이야기다. 그들은 skyang이나 하킴처럼 물리학에서 출발해 새로운 분야를 개척하는 과학자들이다.

내 소설 속 21CF는 (사)21세기프론티어의 오마주다. 1990년대 중반 한국 최초의 사이버 네트워크 조직이었던 그 공동체를 30년 후 SF 속에 재창조한 것이다. 소설을 쓰는 내내 떠올랐던 건, 이제는 사라진 나우누리 서버 속 수만 개의 글들과 그곳에서 만났던 사람들이었다.

특히 더 이상 만날 수 없는 한 사람, skyang이 생각났다.

skyang이 2003년에 썼던 "미국에서 발발한 정보기술 혁명과 지식경제 혁명의 그 심대한 영향력"에 대한 경고는 예언적이었다. 20여 년이 지난 지금, AI가 신이 된 시대를 그는 그때 이미 예견했던 것일까. 소설 속 "인류의 운명이 한 권의 낡은 시집에 달려 있다"는 설정은, 어쩌면 사라진 나우누리 서버 속 수만 개의 글들에 대한 은유였을지도 모른다. 시집《J》에 숨겨진 '오텀 코드'처럼, 우리가 남긴 글들도 언젠가 누군가에게 구원의 열쇠가 될 수 있기를 바라는 마음이었다.

이 모든 이야기는 2016년에 기록해 둔 한 편의 글에서 시작되었다. 이제 그 기록을 독자 앞에 꺼내 놓는다.

(주)나우컴의 대표이사였던 강창훈 씨가 예언했던 "21세기 센터"는 현실에서는 실현되지 못했지만, 내 소설 속에서 21CF로 부활했다. 때로는 박제된 기록이 살아 있는 기억보다 오래가며, 때로는 허구가 현실보다 더 진실할 수 있음을 믿는다.

....

[2016년 10월 9일의 기록]
• 1부. 1998년의 기록
1998년 1월 3일, 한국경제신문에 이런 기사가 실렸다. 유다(강창훈)

회원이 쓴 글이었다.

[우리모임] 강창훈⋯ '21세기프론티어'

"21세기프론티어"라는 조금은 거창한 듯한 우리 모임은 두 가지 점에서 매우 특징적이다. 이 모임은 우리나라에서 처음 시도된 사이버상의 네트워크 조직이다. 사단법인으로 정식 등록을 했으면서도 모임의 주된 활동 무대는 가상공간이다. PC통신 나우누리에 개설된 사이버 전용공간(CUG)을 통해 소식을 전하고, 토론을 진행하고, 정보를 공유한다. 나우누리 내의 프론티어 전용방에는 매일같이 수백 명이 접속하고 수십 편의 글이 올라온다. 회원들 간의 견해가 대립되는 사안이 등장하면 프론티어 전용방 게시판은 찬반 토론으로 뜨겁게 달구어진다.

또 프론티어는 기본적으로 30대 전문가 집단을 주축으로 하면서도 누구에게나 열려 있는 모임이다. 그래서인지 20대에서부터 50대까지, 백수에서부터 의사 및 변호사까지 회원층이 다양하다. 언젠가 회원 규정을 놓고 토론이 벌어졌는데 "마음이 30대인 사람"으로 결정됐다. (⋯) "21세기프론티어"라는 명칭에서도 알 수 있듯 21세기라는 새로운 시대를 어떻게 준비할 것인가에 대한 문제의식을 공유하는 것이 모임의 큰 취지다. (⋯) 사이버상의 네트워크형 조직을 지향한다고 해서 얼굴을 맞대는 모임을 소홀히 하는 것도 결코 아니다. 한 달에 한

번씩 공개 포럼을 진행하고, 여름 휴가철이면 지리산 등반을 정기적
으로 한다.

(…) 21세기는 정보화의 시대이자, 지식 노동이 가치 창출의 원천이
되는 시대라 한다. 그때쯤이면 프론티어가 "21세기 센터"가 되지 않
을까.

강창훈 씨가 예언처럼 던진 "21세기 센터"라는 말이 인상적이다. 비
록 21세기프론티어는 2010년 무렵 소멸했지만, 그 정신은 다른 형태
로 이어지고 있다. 내 소설 속 21CF처럼.

• 2부. 2005년 여름, 닿지 못한 만남
그해 6월, 나는 가족의 미국 정착을 준비하기 위해 홀로 미국 땅을
밟았다. 보스턴에 들를지 생각도 했다. 그곳에는 양신규 씨가 있었
다. 사이버 아이디 skyang으로 더 잘 알려진 그는 서울대 물리학
과를 졸업하고 SK그룹에서 일하다가 MIT로 유학을 떠났다. MIT
에서 경영 분야 석사를 마친 후, 정보기술 경제학(Economics of
Information Technology)으로 박사학위를 받은 특이한 이력의 소유
자였다. 뉴욕대 스턴경영대학원 교수를 하면서 MIT 초빙교수가 되
어, 미국 정책 결정자들과 기업가들, 노동운동가들이 주목하는 논문
을 쓰고 있었다.

하지만 차도 없고 시간도 여의치 않아 그냥 귀국했다. 귀국 직후 접한 소식은 충격 그 자체였다. 목을 매 스스로 생을 마감했다는 것.

시신을 발견한 사람은 하킴이었다. 그녀의 본명은 김희정, skyang과 함께 서울대 물리학과를 졸업한 동기였다. 그녀는 MIT에서 1995년 도시환경 공학(Civil and Environmental Engineering)으로 첫 번째 박사학위를 받고, 이후 정보기술 경제학으로 두 번째 박사학위까지 받은, 특별한 이력의 소유자였다.

서울대 물리학과에서 시작해 MIT까지, 비슷하면서도 다른 길을 걸었던 두 사람은 미국에서도 절친한 친구로 지냈다. 캘리포니아 NASA 본부에서 시니어 엔지니어로 일하던 그녀는 서부와 동부에 떨어져 있으면서도 skyang과 자주 안부를 주고받았다. 연락이 두절되자 불안을 느낀 그녀는 즉시 보스턴행 비행기에 올랐다. 하지만 이미 늦은 뒤였다.

• 3부. 개와 고양이, 그리고 프론티어

21세기프론티어는 "사이버상의 네트워크 조직"이면서도 "얼굴을 맞대는 모임"이 활발한 하이브리드 공동체였다. PC통신 나우누리의 전용공간 'C21'이 우리의 사이버 광장이었지만, 광화문 사무국, 매월 정기 포럼, 여름 지리산 등반, '야로회'라는 주당 모임 등 오프라인 활동도 끊이지 않았다.

전화선의 팩스 음과 함께 파란 화면이 뜨고 'go c21'을 입력하면 또 다른 세계가 펼쳐졌다. 매일 수백 명이 접속해 수십 편의 글이 올라왔고, 월 회비 6만 원(당시로선 적지 않은 금액)을 내는 회원은 210명에서 한때 500명 이상으로 늘었다. 그 회비로 사무국장 1명과 상근 간사 2명의 급여를 지급하고 각종 행사를 치렀다.

저널21(j21)은 C21의 아우 격인 오픈 공간이었고, 나는 그곳에서 시숍(sysop)이자 작가로 외부 필자를 섭외해 콘텐츠를 만들며 비회원과의 소통에 집중했다. 생업을 병행하면서도 21세기프론티어에 큰 시간과 에너지를 쏟았고, 분위기가 가라앉을 때마다 활력을 불어넣는다고 해서 내 아이디 '키폭'에서 비롯한 별칭 '기폭제'로 불렸다.

이 공간에서 skyang과 나는 물과 기름처럼 달랐고, 그는 MIT에서 미국발 글을 올리면 나는 한국에서 '키폭'으로 응전하며 대화를 이어 갔다.

특히 1997년, 익명 게시판에서 벌어진 '하킴 사건'은 우리를 완전한 적으로 만들었다. NASA에서 일하다 한국으로 돌아와 한림대학교 환경학과 교수가 된 하킴은 한국의 남성 중심 문화에 적응하기란 쉽지 않았다. NTRP 4.0 수준의 테니스 실력을 갖춘 그녀가 남자 교수들과 동등하게 테니스를 치려 한다는 이유로 이상한 시선을 받았다. 결국 그녀는 다시 NASA로 돌아갔다.

그런 그녀를 동국대 사회학과 교수 m****이 익명으로 모욕했다. 술김에 올린 글을 몇 시간 만에 지웠지만, 이미 캡처되어 회원들 사이에 퍼진 뒤였다. skyang은 가해자의 신원을 공개해야 한다고 주장했다. 나는 익명성이 깨지는 순간 사이버 민주주의가 무너진다고 반박했다. 논쟁은 몇 달간 이어졌다. 급기야 나는 그의 제명을 주장하기에 이르렀다. 그해 여름, 운영위원회가 광화문 사무국에서 열렸다.

놀랍게도 skyang은 자신을 변호하기 위해 보스턴에서 서울까지 날아왔다. 회의실에서 그는 내 옆에 앉았다. 글에서 풍기던 날카로움과 달리, 손가락이 긴 조용한 30대 후반의 사내였다.

결국 그는 3개월 활동 정지만 받았다. 하종강(자유혼)이 적극 변호해 준 덕분이었고, 실제로 만나니 모두 마음이 약해진 탓도 있었다. 당시 운영위원장은 전(前) 김성식 국회의원이었다.

• 4부. 회장 후보 수락, 그리고 고백

2003년 10월 10일, skyang은 "프런티어와 나"라는 제목의 회장 후보 수락 글을 올렸다. 나우누리 서버와 함께 사라진 이 글을, 다행히 나는 백업해 두었다.

날짜: 2003년 10월 10일 09시 21분

이름: 양신규(skyang)

제목: 프런티어와 나

미국에 온 지 이제 만 11년이 지났고, 프런티어에 창립회원으로 가입했으니까 그것도 이제 10년이 되어간다.

그동안 간판으로만 보면 미국에서 나름대로 잘 산 것처럼 보인다. MIT에서 두 개의 학위를 받았고, NYU의 교수가 되었고, 다시 아직 초빙교수지만 MIT의 교수가 되었고, 올챙이 학자지만 내 연구를 적지 않은 사람들이 주목하고 있게까지 되었다. 학자들만이 아니라 미국의 정책 결정자들과 기업가들 노동운동가들에게 읽히는 논문들을 써내고 있으니, 학문적으로도 유망하다고 할 수도 있겠고, 연구하는 주제들도 스스로도 재미가 있고 열정이 느껴진다.

사람들은 이렇게까지 하는 데에 남다른 노력이 필요하지 않았겠냐고 생각하지만, 사실은 그런 것은 아니다. 많은 시간을 한국 사정을 걱정하며, 젊은 시절을 다 바친 민주주의가 도로 아미타불이 될까 봐 조마조마하게 보냈고, 이혼했고 아들을 키우는 데에 힘이 너무 들었으며, 더구나 이제 많이 나았으니 고백하자면 나는 지난 십 년 동안 남들에

344

게 말도 못 하는 심각한 임상적 우울증에 빠져서 지냈다.

스스로의 힘으로 빠져나오려고 버티다가 결국은 자살 직전까지 가고 문제의 심각성을 깨달은 하킴의 희생적 도움에 힘입어서 일 년에 걸친 치료를 받고 이제 나았다기보다는 우울증을 가지고도 살아가는 방법을 나름대로 터득해 가고 있다.

고등학교까지 시골에서 나오고 대학 때부터 서울 생활을 시작했을 때도 사실 엄청난 문화적 충격을 받았었는데, 서울에서 대학 4년 직장 8년을 보내고 미국에 와서는 그것보다는 백 배쯤 더 큰 문화적 충격을 느껴야 했으며 아마 그것이 우울증 발발의 직접적인 계기가 된 것이 아닌가 싶다. 물론 낯선 곳에서 느끼는 외로움과 가난 그리고 엄청난 스트레스가 촉매제가 되었을 것이다.

프런티어는 나의 십 년의 미국 생활 동안 고국을 보는 창이었다. 고국에 대해 실망과 희망 모두 사실 프런티어를 통해서 읽었고, 또한 내 생각을 전달했었다. 아마 프런티어 공간과 그 이후에 생긴 인터넷 공간이 없었다면 셋 중의 하나의 사건이 일어났을 건데, 하나는 이미 자살했었거나, 둘째는 한국을 완전히 잊어먹고 뿌리를 잊은 미국인이 되었거나, 아니면 고국이 그리워서 한국으로 돌아가 있거나 할 것이었다.

분명히 뱅모형이 썼을 것인 프런티어 창립 선언문은 십 년 전 당시만이 아니라 십 년이 지난 지금 읽어도 남한 사회에서 아직도 가장 선진적인 사고를 담고 있다.

남한 사회는 아직도 공론이 턱없이 부족하며 이성적 토론도 부족하고 정보기술 혁명과 지식경제 혁명의 물결이 몰려오는 데에 대한 이해도 턱없이 부족하다. 명-청 교체기의 숭명사대주의자들처럼 미국에서 발발한 정보기술 혁명과 지식경제 혁명의 그 심대한 영향력에 대한 이해는 너무나 부족하여 젊은이들이 낡은 주체사상이나 스탈린주의에 빠져서 반미를 마치 민족자주의 길인 것처럼 착각하고 있기도 하다.

공론의 생성과 토론 전달의 장이 되고자 했다는 목표에 있어서 프런티어는 너무나 실패했다. 그러나 프런티어가 성공한 측면도 있다.

프런티어가 성공한 측면이 있다면 그것은 회원들 상호 간에 솔직하고 깊이 있는 교류가 이루어졌다는 점이다. 예를 들어 자유혼형은 왜 내가 오만하고 도도하고 공격적인 글을 쓰는가를 이해해 준다. 그거 쉬운 일이 아니다. 뱅모형은 아직도 마치 나랑 원수 척진 것처럼 행동하지만 사실 서로를 매우 잘 알게 되었다고 할 수 있다. 프런티어는 또 내게 깊은 우정을 선물한 곳이기도 하다. 하킴이나 성욱과 대학 졸업 후 십 년 후에 재회해서 프런티어에서 활동하면서 사실 새로 우정을 쌓았다고 볼 수도 있고, 지금은 탈퇴했지만 바람햇살이나 민들레 등과 깊은 우정을 쌓은 것도 내 지난 십 년 인생의 보람일 것이다. 키폭님과는 십 년 내내 티격태격하는 사이였지만 나보고 회장을 하라고 추천하는 사이로 발전하고 있고, 도담누나와 장미사자 등과도 상당히 깊은 얘기를 하는 사이가 되었다. 재삼이나 호찬과는 십 년 전에 헤어진 민주화운동의 동지로서 그래도 생각을 나누는 공간을 프런티어가 제공해 주었다. 천선아님이나 벼리님 등 여러 회원의 삶과 생각에 대해서 알게 되고 존경하게 된 것도 내게는 적지 않은 인생의 즐거움이다. 나는 특히 빛소리를 알게 된 것을 매우 즐거워하고 있다. 그는 사실 드문 천재 제목 중의 하나다. 중년의 독이 그를 덮치지 않고 사업으로, 글쓰기로 성공하기 바란다. 인생을 지루하지 않게 해 주는 좋은 친구가 될 수 있을 것 같다.

나는 프런티어가 그동안 쌓은 성공을 바탕으로 다시 창립 정신으로 두 번째 십 년을 준비해야 하고 준비할 수 있는 단계가 되어가고 있다고 본다.

그 일을 위해서 미국에서나마 할 수 있는 일은 나름대로 하려고 노력할 것이다. 그리고 그동안 소홀해 온 회원들과 더 깊은 우정을 쌓아가는 일도 이제는 조금 더 노력하려고 한다.

프런티어 회원들에게 고마움을 전한다. 무엇보다도 멀리서 겪는 극심한 외로움을 조금이나마 덜게 해 준 데에 대해 감사하다.

그의 글 아래 달린 댓글들:

인잇 10-10 회장후보의 변...으로 훌륭합니다.... 장미사자 10-10 웬지,,,너무 마음이 아픈 글이네요... 저도 스키양님의 지적이고, 열정적이고, 좋은 글 이렇게 손쉽게 늘 읽을 수 있어서 너무 좋았습니다. 늘 감사하는 마음입니다. 장미사자 10-10 그리고, 정말 박수를 보내드리고 싶습니다.... (저도 더 열심히 살아야 할 것 같아요. ^^) 벼리 10-10 우울할땐 웃으래여... 억지로라도 웃으래여..그것도 안 되면 입을 찢어보래여...손으로 쭈악..그러케만 해도 엔돌핀이 퍽퍽 나온다네여... 저도 가끔 손꾸락으로 찢거든여..하하... 키폭 10-10 아직 회장 후보에 1표가 모자라는데요, 1표를 확실하게 지원해 주십시오....

"키폭님과는 십 년 내내 티격태격하는 사이였지만 나보고 회장을 하라고 추천하는 사이로 발전하고 있고"라는 그의 문장을 읽을 때마다 묘한 감정이 든다. 키폭, 그것이 나의 아이디였다.

놀랍게도 나는 정말로 그를 회장 후보로 추천했다. 선거대책위원장까지 자임했다. 싸우면서 배운 것이 많았기 때문이다. 완전한 아웃사이더, 그것도 미국에 있는 데다 대부분이 싫어하는 그가 21세기프론티어에 새로운 에너지가 될 수 있다고 믿었다. 우리 단체가 전 세계 한국 지식인의 네트워크가 되기를 바랐다.

• 5부. 마지막 만남, 그리고 빛과 그림자

선거에서 떨어진 후 몇 달 뒤, 그가 한국에 들렀다. 자신을 지지해 준 사람들을 위한 자리였다. 종로의 한 식당에서 열린 모임에 열 명 남짓이 왔다. 그는 술도 마시지 않고 조용히 있다가 일찍 자리를 떴다. 슬퍼 보였다.

"미국으로 돌아가면 연구에 집중하겠다"고 했다. "프런티어는 이제 젊은 사람들이 이끌어야 한다"라고도 했다. 그것이 마지막이었다.

그의 시신이 도착했을 때, 우리는 그가 묻힐 한 공동묘지에 모였다. 대부분이 한국과학기술연구원의 선후배들과 프런티어 회원들이었다. 장례식장에서 하킴을 만났다. 그녀는 많이 야위어 있었다. "끝까지 함께 있어 주지 못해서 미안하다"고 그녀는 말했다. 무슨 말을 해야 할지 몰랐다.

21세기프론티어는 빛과 그림자를 함께 품은 공동체였다. 1980년대 학생운동의 핵심 브레인들이 창립한 이 단체는 소련 붕괴 후 이념적 공백을 메우려는 절실한 시도였다. 당시에 프론티어가 창설될 때 나우컴에 있던 핵심 멤버들의 힘이 컸던 것이 사실이다. 강창훈, 뱅모, 문

용식, 초대 사무국장을 맡은 천호영 등 나우컴의 핵심 멤버들이 프론티어로 참여했다. 그래서 자연스럽게 사이버 사무국도 나우누리에 두게 되었다.

이 모임의 유명인으로는 임지순(1970년 대학입시 수석으로 서울대 물리학과 진학 후 UC버클리 박사, 서울대 교수 역임), 나중에 유명해진 손석희, 정치 평론가 정관용 등도 있었다. 뱅모, 박문식, 김성식 같은 창립 멤버들은 학림 사건, 깃발 사건, 제헌의회 사건 등으로 감옥을 드나들었던 운동권 출신들이었다. 그들은 21세기를 준비하는 새로운 공동체를 만들려 했다.

210명으로 시작해 한때 500명이 넘었던 회원들. 월 회비 6만 원으로 운영되던 유일무이한 자립형 시민단체. 우리는 외부로 정치적 목소리를 내지 않았다. 내부의 스펙트럼이 좌에서 우까지 너무나 다양했기 때문이다.

• 에필로그: 박제된 기록, 살아있는 정신
그가 죽은 후, 사람들은 skyang.com이라는 추모 사이트를 만들었다. 그가 프론티어와 다른 사이버 공간에 남긴 글, 그리고 동료들이 남긴 글까지 총 1,047개를 모두 옮겼다. 지금은 그 사이트도 사라졌다. 나우누리도, C21도, 저널21도, 그를 기억하는 사람들도 하나둘 흩어졌다. 21세기프론티어는 2010년 무렵 태풍처럼 소멸했다. 서버가 닫히면서 수천, 수만 개의 글들도 함께 사라졌다. 다행히 나는 몇 개의 주요 글들을 백업해 두었다. 언젠가는 이렇게 글로 남겨야 한다고 생각했기 때문이다.

이 글을 쓰던 중 내 딸과 이야기를 나눴었다. 딸과의 대화를 마치며 생각한다. 양극성 장애를 안고 사는 이들이 약을 먹으면 극단의 감정이 모두 차단되어 멍해진다고 했다. 너무 슬픈 일이라고. skyang도 그렇게 중간 지대에서 버티다 지쳤을까.

그가 남긴 글에는 이런 구절이 있었다. "프런티어 공간이 없었다면 셋 중 하나가 일어났을 것이다. 이미 자살했거나, 한국을 완전히 잊은 미국인이 되었거나, 고국이 그리워 돌아갔거나." 결국 그는 첫 번째 길을 택했다. 우울증을 안고 살아가는 법을 터득했다던 그가, 조금만 더 버텨 주었더라면.

사이버 공간에서 우리는 개와 고양이처럼 싸웠지만, 그 누구보다 서로를 잘 알게 되었다. 이제 그의 아이디를 검색해도 아무것도 나오지 않는다. 다만 내 기억 속에 보스턴에서 서울까지 날아와 자신을 변호하던 한 남자의 모습이 남아 있을 뿐이다. 그리고 내 하드디스크 한 구석에 이제는 어디서도 찾을 수 없는 그의 글들이 잠들어 있다. 때로는 박제된 기록이 살아 있는 기억보다 오래간다.

이 글을 21세기프론티어와 그곳에서 만났던 모든 이들, 특히 더 이상 만날 수 없는 고 skyang님에게 바친다.

작가의 말

이 글들은 제 인생의 파편이자, 흔적이었습니다. 1980년의 펜팔 편지부터 2025년의 '작가 노트'에 이르기까지, 흘러간 시간 속에서 제가 만났던 모든 인연과 경험이 이 책에 스며들어 있습니다. 이 수필집은 단지 저의 개인적인 기록이 아닙니다. 연탄을 나르던 청춘의 고단함, 언론계의 부조리에 맞서 싸우던 젊은 기자들의 울분, 그리고 묵묵히 자신의 길을 걸어간 들풀모임 친구들의 이야기입니다.

이 책의 주인공은 저 혼자가 아니라, 격동의 시대를 함께 통과했던 우리 모두였습니다. 오래전 '퀸'에서 만난 허인하 씨의 편지에서 찾은 '집시의 영혼'처럼, 우리는 각자의 자리에서 고뇌하고 방황하며 삶의 의미를 찾아 헤맸습니다. 저는 그 여정에서 만난 수많은 깨달음 덕분에 불완전함 속에서도 삶의 아름다움을 발견할 수 있었고, 두려움을 넘어 새로운 길을 떠날 용기를 얻었습니다.

'우리 모두 아픈 청춘이었다'는 이 책의 제목은, 같은 시대를 살았던 이들에게는 공감과 위로를, 다음 세대에게는 과거의 아픔이 어떻게 오늘의 길을 만들었는지에 대한 작은 단서가 되기를 바라는 마음을 담고 있습니다. 우리의 아픔은 결코 헛되지 않았고 그 아픔은 언제나 길을 만들었습니다. 그리고 그 길 위에서 우리는 비로소 '우리'가 되었습니다.

이 책을 쓰는 동안 세 사람을 자주 떠올렸습니다. 오래전 '퀸'에서 만난 허인하, 멀리서 소식을 전해오던 케리, 그리고 재수학원에서 만났던 J. 허인하는 제 이름을 불러주었고, 케리는 먼 곳의 편지로 저를 붙들어 주었습니다. 그리고 J는, 내가 결혼하기 전까지 제 마음을 가장 많이 채웠던 그녀는, 소설 『퀀텀 스톰』을 쓰게 한 영감 그 자체였습니다.

우리 모두 아픈 청춘이었고, 그 아픔을 견디게 한 것은 화려한 신념이 아니었습니다. 누군가의 호명, 바다 건너온 답장, 그리고 한 사람을 마음에 품는 것과 같은 작은 온기였습니다. 저는 그 온기를 기록하고 싶었습니다. 이름은 부를 때 생명을 얻고, 편지는 건넬 때 시간이 됩니다. 이 책이 그 모든 온기의 증언이길 바랍니다.

마지막으로, 이 책을 가능하게 한 모든 분께 깊이 감사드립니다. 이름을 빌려준 친구들, 편지의 주인들, 당시를 함께 건너온 동료들, 그리고 지금의 제가 되도록 묵묵히 기다려준 가족. 무엇보다도, 낯선 누군가의 청춘을 함께 돌아보아 준 독자에게 깊이 고맙습니다. 당신이 이 책의 마지막 장을 덮는 순간, 어딘가에서 또 하나의 기억 나무가 조용히 잎을 펼치리라 믿습니다.

2025년 9월

저자 드림

해설 | 황영주(시인·수필가)

삶의 궤적
그리고 여적

'나의 떠남은 그런 식이었다. 제대로 된 작별 인사 한번 건네지 못한 채. 수많은 관계의 문을 등 뒤로 닫아버렸다. 나는 미국에서의 정착에 모든 것을 쏟아부었고, 과거를 돌아볼 여유도, 용기도 없었다. 나는 한국에서 잊히는 길을 택했다. 하지만 그 인연들이 남긴 온기는 여전히 내 안에 남아, 때때로 서늘한 가슴을 데워준다. 이 글이 그들에게 닿을 수 없는 편지요, 나의 뒤늦은 안부 인사인 셈이다.'

예전에 그가 추진하던 청소년 영화제가 주요 일간지에 소개된 적 있다. 일단 지인이라 무조건 반가웠고, 꽤 큰 지면을 차지해서 자랑스러웠으며, 평소 자기가 하는 일에 진심인 모습이 그대로 전해져 감동받았던 기억이 새롭다. 그 와중에도 사람을 아끼고 챙기는 일에 소홀함이 없어 든든했던 터라 갑작스런 그의 빈 자리는 상상 이상으로 컸다. 더구나 이번에 낸 수필집을 통해 그 이유를 알게 되니 모든 것을 뒤로하고 떠나야만 했던 마음이 전해져 울컥했다.

그런데 그 역시 우리와 닿은 인연으로 덜 퍽퍽했던 모양이다. '오래전에 스쳤던 인연이 먼 훗날 내 문장의 의미를 바꾸는 순간들. 멀리 떨어져 있어도 서로의 상태를 흔드는 보이지 않는 끈.'이라고 고백했으니 말이다. 어쩌면 우리가 멀리 떨어져 있어도 각자 자기 자리에서 열정적으로 살 수 있었던 바탕에는 그런 온기 덕분은 아니었을까. 동시대를 살아낸 연대와 추억과 그 모든 것을 승화시켜 이룬 깨달음에 이르기까지.

책에는 1980년 가을, 우체국 창구에서 미국으로 첫 펜팔 편지를 보내던 그가 인문학과 과학을 훌륭하게 버무린 SF 서사시 『퀀텀 스톰』을 발간하기까지의 궤적이 오롯이 담겨 있다. 때로는 부조리에 맞서고, 때로는 성급히 내린 결정으로 뼈아픈 실수를 하고, 때로는 실패를 용납하지 않는 사회 분위기에 좌절하기도 한 숱한 기록들. 그럼에도 그 모든 기록을 관찰하면서 이루어낸 적극적인 참여자의 삶.

우리 모두 아픈 청춘이었지만 끊임없는 관찰과 성찰을 통해 나아가는 그의 궤적은 남다르기에, 그리고 그런 그의 행보가 멈춤이 없을 거라는 걸 알기에 존경하는 마음이 든다. 이것이 그의 다음 책을 기대하는 이유이기도 하다. 나날이 발전하며 여전히 진행 중인 그의 삶이 어떤 궤적을 그릴지 어떤 답을 찾을지 기다리는 마음이 즐겁게 먹물을 채운다.

우리 모두 아픈 청춘이었다

초판 1쇄 발행 2025년 10월 20일

지은이 대하
편집 W.K
펴낸곳 라니아케아 출판
펴낸이 ㈜리얼캐스트
표지 디자인 서승연 · 본문 디자인 희서디자인

출판등록 2025년 3월 13일 제2025-000013호
주소 15802 경기도 군포시 고산로 679, 미성프라자 505호 일부
홈페이지 https://laniakeapublishing.com
전자우편 laniakea.lit@gmail.com

ISBN 979-11-993089-6-1
값 19,000원

기타문의 laniakea.lit@gmail.com